同济人文社科丛书（第七辑） 丛书主编 江波

认知能力
与企业竞争优势

许 涛 著

同济大学出版社
TONGJI UNIVERSITY PRESS

图书在版编目(CIP)数据

认知能力与企业竞争优势 / 许涛著. —上海：同济大学出版社，2019.4

(同济人文社科丛书/江波主编. 第 7 辑)

ISBN 978 - 7 - 5608 - 7746 - 4

Ⅰ. ①认… Ⅱ. ①许… Ⅲ. ①企业竞争—研究 Ⅳ. ①F271.3

中国版本图书馆 CIP 数据核字(2018)第 030260 号

认知能力与企业竞争优势

许 涛 著

责任编辑 张 睿 **责任校对** 张德胜 **封面设计** 陈益平

出版发行 同济大学出版社 www.tongjipress.com.cn

(地址:上海市四平路 1239 号 邮编:200092 电话:021-65985622)

经　　销 全国各地新华书店

排　　版 南京月叶图文制作有限公司

印　　刷 常熟市华顺印刷有限公司

开　　本 700 mm×1 000 mm 1/16

印　　张 12.5

字　　数 250 000

版　　次 2019 年 4 月第 1 版 2019 年 4 月第 1 次印刷

书　　号 ISBN 978-7-5608-7746-4

定　　价 56.00 元

前　言

基于演化经济学和复杂适应系统的观点认为：企业具备生命有机体的性质，而不是一台机器，它是一种分散的系统，是思想的系统，是共同工作、共同学习的人的系统。这些人有的是企业内部的，有的是企业外部的。它是智能型的，以人类认知能力为发动机。到20世纪90年代，企业理论研究和实践人员逐步达成共识，尝试从理论与经验层面去理解企业在面对环境变化时，何种条件下能够保持其竞争优势而另外一些情形下则不能。在这一过程中，以往基于定位和资源优势的一些静态理论逐步被更为动态地探析企业如何重组和整合其资源以适应环境变化的动态能力理论所取代。然而，这一理论目前仍然存在不少有待深入研究和解决的问题，其中，有关能力的微观认知问题目前正引起越来越多研究者的关注。

个体的认知、学习、知识、经验、技能决定个体的能力，同样道理，企业竞争优势和企业的组织认知、组织学习、组织知识和组织技能有着密切的联系。新兴的知识管理理论已经证明，以集体属性而不是以个体属性存在的知识体系构成企业的竞争优势。在数字化的全球资源整合时代，企业必须不懈地通过组织学习、知识创新和知识传播，锻造动态的企业核心能力，修正自己对本行业的认识，创建竞争的规则，并向现状发起挑战。因此，本书从组织认知能力这一当前组织能力研究的热点切入，对于进一步推进战略管理与能力演化的微观基础研究具有重要的理论价值，同时对于更为全面完整地理解动态能力的发展演化过程，完善动态能力理论也具有十分重要的意义。

本书首先在文献研究的基础上，界定了组织的概念。传统的组织研究往往把组织视为机械的、无生命的实体，基于演化经济学和复杂适应系统的观点认为，企业具备生命有机体的性质，而不是一台机器，它是一种分散的系统，是思想的系统，是共同工作、共同学习的人的系统。这些人有的是企业内部的，有的是企业外部的。它是智能型的，以人类认知能力为发动机的有机的、智慧的系统。

其次，本书综合认知科学的研究成果以及认知理论在企业能力理论和企业竞争优势研究中的突破性发展和贡献，把认知概念从个体认知能力和团队共享心智的层面进一步推进到组织层面，提出并界定了组织认知概念，并在扎根理论的基础上确认了组织认知能力系统构成要素。

第三，对于基于组织能力研究的企业竞争优势来说，虽然以往的研究也意识到组织成员的能动作用，但仍然把个体的认知与行为降低为次要因素，由于动态能力本身就意味着对经验性势力影响的克服，因而仅仅关注经验主导的行为逻辑将难以全面完整地解释组织能力和竞争优势的发展演化过程，更为全面地解答能力从何而来，如何发展演化这一能力研究的基本问题，由此，本书试图打开能力研究的黑箱，把研究的视角从宏观拓展到微观，以进一步探寻导致能力异质性的个体微观层次认知与行为根源及其与组织层面因素的相互作用机理。

第四，本书在界定了组织认知能力概念的基础上，从组织认知能力的视角探析企业竞争优势源泉。组织能力通常被解释为习得的稳定的集体行动模式，其异质性的来源一般归因于组织与环境互动的演化历程及路径依赖过程，因而能力通常是一个集体层面的概念。然而，以往组织能力研究（包括动态能力研究）大多承袭了演化经济学与卡内基学派（carnegie school）组织研究的传统，强调惯例主导下基于反馈的经验学习（experiential learning）在能力演化中的作用，这实际上是一种后视式（backward-looking）的经验主导逻辑，很大程度上忽视了前瞻式（forward-looking）的认知逻辑的影响。因此，本书重点研究了认知理论视角的前瞻式组织学习（包括个体学习、团队学习）和组织知识建构为基础的企业竞争优势。

第五，本书梳理了企业竞争优势理论研究，摒弃了传统的企业竞争优势外生理论视角，而把研究的焦点转到企业竞争优势的内生根源，即建构于组织认知能力系统要素基础上的竞争优势起源，并提出了认知理论视角的企业竞争优势模型。

最后，本书对组织认知能力和企业竞争优势进行了实证研究。实证研究结果证实了组织认知水平高的企业更倾向于克服自身的认知惯性与运营刚性而采取的战略行动，取得并保持企业竞争优势。

目录

Contents

第1章
绪　论

随着越来越多的中国企业进入《财富》世界500强，以及近年来志向远大、雄心勃勃的中国企业在全球市场上的并购和开拓，中国企业的全球影响力日益上升。中国已超越德国成为最大的出口国，并取代日本成为世界第二大经济体。然而，2008—2009年肇始于美国并迅速席卷全球的金融和经济危机所引发的混乱使经济环境变得日趋复杂和不确定：全球政策的急转、形势的突变、情绪的波动和矛盾的迅速转化。同时，这次危机也检验了企业适应新经济环境的能力：一些超大规模且声名显赫的企业相继申请了破产保护，例如银行业的雷曼兄弟和汽车业的通用汽车，一些看似坚不可摧的企业面临倒闭、破产的威胁，但也有不计其数的企业反而抓住了动荡的市场带来的新机会。正如阿尔文·托夫勒在《权力转换》(*Poweshift*)一书中描述的一个混沌无序的世界、一个加速变化的世界。在这里经济不是以土地、货币或原材料为基础，而是以智力资本为基础；这里竞争惨烈、市场无情；这里小公司将在全球范围内打败大公司；这里顾客将拥有无限的购买产品、服务和信息的渠道；这里网络将比国家更重要；在这里你要么抓住时机拓展业务，要么走向死亡。面对如此动荡、多变的环境，组织如何生存、获取并保持竞争优势？

为了在剧变时期生存并取得持续竞争优势，企业必须重新审视21世纪个人或企业的本质、竞争优势的源泉和持续成长的基础。简而言之，企业和企业研究人员需要对未来做出新的假设并迎接范式转变的到来。以往战略管理的研究表明，企业战略行动发起和实施的前提是管理者必须关注到环境的变革要求并进行适当的解释和意义建构(Bar et al.,1992)，这一过程受到其认知结构与认知行为的影响，如果管理者的认知结构与认知行为不能与环境变化要求相适应，那么企业就难以发起有效的战略行动并取得期望的战略结果。此外，企业采取的战略行动也受到自身能力的影响，特别是与变革和适应环境密切相关的组织认知能力等企业动态能力，缺乏这一能力将使企业难以克服自身的认知惯性与运营刚性，进而导致企业竞争优势的丧失。

William E. Halal (1993)在《新世界秩序中的全球化战略管理》一文中指出，当前的世界已日益成为一个更加纷繁复杂的世界，体现出“全球性大趋势”。如表1-1 所示。

表 1-1　全球性大趋势

信息时代	在 2000—2010 年，相对于那时更便捷、高性能的新一代系统来说，今天的个人电脑就像我们眼中先前的计算尺一样原始。小型便携式电脑将成为我们家庭、工作、出行不可或缺的助手，而包含上万个芯片的大型处理器将使我们能够在信息高速公路上驰骋。只要轻轻动一下手指，人们就会获得丰富的信息资源：和世界各地的人进行视频交流；获得任何话题、书籍、期刊的数据；查看全球的最新消息；还有让人眼花缭乱的娱乐八卦
技术变革	信息革命使人们获得知识的能力增强，而知识正是科技进步的核心，这种巨大的乘数效应导致了各个领域的历史性突破。比如生物基因工程不久便可以控制生命过程，可以创造出任何能够想到的有机物种，就如物理学现在可以制造氢弹和开发宇宙空间一样
全球化	信息技术的力量正将整个世界连接成一个统一的整体。就如几年前人们还认为欧盟(The United States of Europe)和北美自由贸易协定(North American Free Trade Agreement)难以想象，而在未来十几年中，当今的经济集团可能走向联合，由此将带来绝大多数国家间的自由贸易、巨大的新兴市场、全球性的统一调控，以及资本、信息、人力资源跨国界间的自由流动
生态转变	亚洲、南美洲以及非洲中产阶级的兴起必定大大加快工业化进程，乃至以近10 倍的速度增长，从而对已处于衰退中的生态系统带来更大压力。因此，当前的科技、经济、社会系统必须向环境友好型的新系统转化，尽管人们对这个系统还知之甚少
多元化	信息革命使人们对个人成就、文化认同和精神价值的追求更加迫切，由此不可避免地带来难以掌控的多元化

资料来源：Halal W. E.. Global strategic management in a new world order[J]. Business Horizons, 1993, 36(6):5-10.

与此同时，为数众多的公司用系统的、有机的、动态的方式认知复杂性、数字化全球资源整合的新经济时代带来的挑战和机遇,在竞争白热化的商业环境中倾力培育企业能力、打造竞争优势,实现企业的持续成长。而平庸的企业被全球资源整合时代的新经济大潮甩在后面,传统的理念和战略不再有效。要想立于潮头,公司必须做与众不同的事或者以与众不同的方式做事,而且要做得快。

1.1 研究的现实背景

全球资源整合的新经济时代,动态性、复杂性、多样性、不确定性是对这个时代抽象又形象的认知和描述。同时,这也是一个充满挑战的时代,这些挑战既非从天而降,也非转瞬即逝。在过去50年间,市场压力与日俱增:1950年到2003年间,非金融类企业利润缩水三分之二,从占美国国内生产总值的18%降到只有6%①。其次,一家公司在标准普尔500指数上的平均停留寿命下降了80%,从20世纪30年代的七十五年降至2000年的十五年②。与以往任何时候相比,竞争都更加惊心动魄,价值创造和价值毁灭往往只是一念之间,机会转瞬变成灭顶之灾。曾经指引公司攻城掠地、战无不胜的传统竞争优势战略在复杂性、动态性、多样性、不确定性与日俱增的数字化全球资源整合时代下失去了昔日的光辉而不堪一击,因为事先制定的战略只是代表了这个瞬息万变的数字化新经济时代的某一瞬间。尽管人们承认关于商业环境变化无常的观点已是老生常谈,但还是有太多的公司做不到高瞻远瞩,忽视未来的各种可能。很多时候,很多公司如同被一叶障目,只关注可视的生存时限和有限的成长机会。

管理大师Charles Handy曾说:"在这个时代,几乎没有任何东西是确定无疑的。"③唯有知己知彼,方能百战不殆。IBM(大中华区)全球企业咨询服务部经理Marc Chapman(2010)说:"如果回望上个世纪,那些在逆境里成功战胜各种挑战,

---

① "What Doth It Profit?" Economist, December 6, 2001, 65. & "A Survey of the World Economy," Economist, September 28, 2002, 9.

② Richard Foster, Sarah Kaplan. Creative Destruction: Why Companies That Are Built to Last Underperform the Market and How to Successfully Transform Them [M]. New York: Currency Doubleday, 2001, 12-13.

③ 罗文·吉布森.重思未来[M].海口:海南出版社,1999.

并保持强有力的增长速度和领先地位的企业，都是一些能够预见到未来的发展趋势和潜在危机并具有居安思危优秀品质的企业。”[①]这也说明了为什么一些曾经成功的大企业陷入困境，而另一些企业在复杂、动荡的环境中幸存、蓬勃发展并持续成长。也许，幸运之神的眷顾是一方面，但更重要的是公司的能力发挥了关键的作用。达尔文的进化论表明，适应能力是生物生存、进化的根本保证。哈佛商学院教授 Michael Tushman(2010)根据组织演化理论的最新进展考察了组织适应能力的问题。研究发现，在面临重大的技术与市场变化时，成功的企业能有效地管理其组织内部的相机选择过程。所谓组织的“双向性”(organizational ambidexterity)，或称一个组织同时发掘新机会和有效管理现有业务的动态能力，即代表了这一适应能力。生存时间更长的企业通过增加新部门和新业务，同时终止或剥离低增长、低利润业务而不断成长。中山大学新闻传播与设计学院院长胡舒立(2010)也认为，企业在新经济时代的适应能力至关重要，她说：“在全球化改写竞争格局的时代，适者生存意味着企业要么成为世界最富有竞争力的领导者，要么把自己融入全球顶尖企业的价值链，或者避其锋芒。”笔者认为，作为复杂适应系统的企业有机体的适应能力即是组织认知能力系统的重要组成。

Saul Berman、Peter Korsten、Ragna Bell 等(2010)通过对全球超过 1 000 名 CEO、总经理以及公共部门和企业机构高级主管的访谈并基于这些访谈和问卷统计及企业财务分析，独具特色地描述了在新经济环境下企业发展竞争优势、茁壮成长的特质。研究发现，CEO 们普遍认为，未来成功的企业具有以下特征：渴求变革；让创新超出客户的想象；全球整合；颠覆性的业务创新；真诚，而不仅仅是慷慨。如表 1-2 所示。

表 1-2　未来成功企业的五项特质

渴求变革	能够快速成功地进行变革。这样的企业能够创造和引领变革趋势，而不只对变革做出反应。市场和行业的转变是甩开竞争对手的绝佳契机
让创新超出客户的想象	能够超越日益增加的客户期望。深层的协作关系使企业能借助创新给客户带来惊喜，使客户和企业自身更加成功
全球整合	不断进行整合，以便能充分利用当今全球经济的优势。其业务的战略目标是获取全球各地最佳的能力、知识和资产，并将它们应用于全球有此需求的任何地方

① Saul Berman，Peter Korsten，Ragna Bell，等. 未来企业之路：洞察全球顶尖企业愿景与制胜策略[M]. 北京：北京大学出版社，2010.

（续表）

颠覆性的业务创新	对传统的业务模式发起根本性的挑战，彻底打破了原有的竞争机制。它关注价值主张的转变，颠覆传统的交付方式，只要机会出现，它就彻底变革企业本身和整个行业
真诚，而不仅仅是慷慨	不只是热心慈善且遵纪守法，它的所有行动和决策都反映出对社会的诚挚关怀

资料来源：Saul Berman，Peter Korsten，Ragna Bell，等．未来企业之路：洞察全球顶尖企业愿景与制胜策略[M]．北京：北京大学出版社，2010．

传统意义上的规模经济、政策限制和地理屏障，这些传统上赋予企业竞争优势的结构性资源如今随着数字化技术的飞速发展和全球资源整合时代的到来已经渐渐消融。单靠流程再造、供应链管理等运营环节消减成本越来越难以取得并维持企业竞争优势、企业绩效和持续的成长追求。

1.2　研究的理论背景

基于演化经济学和复杂适应系统的观点认为：企业具备生命有机体的性质，而不是一台机器，它是一种分散的系统，是思想的系统，是共同工作、共同学习的人的系统。这些人有的是企业内部的、有的是企业外部的。它是智能型的，以人类认知能力为发动机。William E. Halal（1996）指出："在这个变化就是唯一真理的年代，生物系统的有机性、可变性、凌乱性特征，必定能提供一种具有创造性的行为模式，而这种行为模式正是任何一个企图在这个动荡世界维持生存的组织所需要的。"[①] 其实，早在 1969 年，本尼斯（Bennis，1969）已经预测到了官僚机构的消亡，因为所有的环境都变得起伏不定，只有"有机的"、非一体化的结构可以存在（Buchanan 和 Boddy，1992）。在信息与通信技术的帮助之下，在越来越多的产业中，尤其是服务方面具有高比例附加值的产业中，标准化和稳定的组织一体化可能会被削弱、限

① Halal W. E.. The New Management: Democracy and Enterprise Are Transforming Organizations[M]. 155 Montgomery Street, San Francisco, CA 94104-4109: Berrett-Koehler Publishers, Inc., 1996.

制，或完全被消除[①]。

这一问题一直以来就是管理学、经济学、社会学、心理学关注的焦点(O. Reilly 和 Tushman, 2005)，由这一问题所发展的组织理论十分丰富，包括了竞争优势理论(Porter, 1980)、战略冲突理论(Shapiro, 1989)、组织生态理论(Hannan 和 Carroll, 1992)、制度理论(Meyer 和 Rowan, 1977)、资源基础理论(Barney, 1991)，以及动态能力理论(Teece et al., 1997)等。这些理论从不同的视角研究组织在面对变化时是否能适应和进行变革？如何取得竞争优势？如果可以，又是如何做到的？在这一问题上，组织理论研究和企业管理实践者一直存在着广泛的争议，由此形成了有关组织变革的两大理论流派：一种观点认为组织能够有效适应环境变化进而获得持续发展；而另一种观点则把组织视为一个演化系统，认为组织变革是通过变化—选择—保留这样的优胜劣汰机制实现的，因而随着环境的变化，那些难以突破惯性的现有组织将会被新的、更能适应环境变化的组织所取代(Barnett 和 Caroll, 1995)。实际上，组织实践和已有的实证研究对上述两种观点都有足够的支撑证据(O. Reilly 和 Tushman, 2008)。例如，Louca 和 Medonca (2002)对 20 世纪美国最大的一些制造企业的研究表明，226 家企业中仅有 26 家企业在 1917—1997 年期间一直存在，大多数的企业由于无法适应而被取代。麦肯锡公司对标准普尔 500(S & P500)企业预期寿命的一项研究也表明，1935 年这些企业的平均预期寿命为 90 年，到 1975 年这一数字下降到 30 年，而该数字到 2005 年会进一步降到仅仅 15 年(Foster 和 Kaplan,2001)。这些研究结论说明，即使是作为某一时期最大和最为成功的企业也无法保证能持续存在。因此，相当一部分学者认为，组织的生态位置在很大程度上是惯性和无法改变的(如：Amburgey et al., 1993; Audia et al., 2000; Hannan 和 Carrol,1992)，面对环境的混乱，战略管理者的工作实际上发挥不了什么作用(Dew et al., 2006)。然而，即使是面对如此高的失败率，现实中仍然有一些企业生存了下来并能在相当长的时间保持繁荣。O. Reilly 和 Tushman(2008)列举了 23 家平均寿命超过 105 年的企业名录，其中就有诺基亚(1865 年成立)、3M(1902 年成立)、施乐(1906 年成立)等知名企业。De Geus(1997)的研究报告也指出：有相当数量的企业存在的时间已经超过 200 年，这些长寿企业最初生产的产品与目前的业务很多都大相径庭，但它们通过不断适应

① 约翰·福斯特，J.·斯坦利·梅特.演化经济学前沿：竞争、自组织与创新政策[M].北京：高等教育出版社，2005.

环境而获得了持续发展。因此,到20世纪90年代,上述两种观点(适应 vs. 选择)的争论已经逐步演变为以下共识,即尝试从理论与经验层面去理解企业在面对环境变化时,何种条件下能够保持其竞争优势而另外一些情形下则不能(O. Reilly和Tushman, 2008)。在这一过程中,以往基于定位和资源优势的一些静态理论(如:Barnet et al. ,1994;Porter,1980)逐步被更为动态地探析企业如何重组和整合其资源以适应环境变化的动态能力理论所取代。尽管Teece等(1997)正式提出动态能力理论已超过十年时间,但这一研究主题正在世界范围内持续引起管理研究者和实践者的关注与兴趣,这一点可以从其日益增长的引用率及美国战略管理学会(Strategic Management Society)、美国管理学会(Academy of Management)等顶尖学术团体所发起的多次学术会议得到有力的证明(Easterby-Smith et al. , 2009)。动态能力理论得到持续关注,一方面是因为其涉及众多主流的理论议题,如组织适应、战略更新、组织学习、知识管理等。然而,这一理论目前仍然存在不少有待深入研究和解决的问题,其中,有关能力的微观基础问题目前正引起越来越多研究者的关注,具体表现在两个方面:第一,由于组织能力通常被解释为习得的、稳定的集体行动模式,其异质性的来源一般被归因于组织与环境互动的演化历程及路径依赖过程,因而能力通常被视为是一个集体层面的概念,在这一集体概念的主导下,组织中个体的作用被同质化,其能动性在很大程度上被忽视,个体的认知与行为等因素也被简单地解释为组织惯例(routines)与能力驱动的结果;第二,以往组织能力研究(包括动态能力研究)大多承袭了演化经济学与卡内基学派(Carnegie School)组织研究的传统,强调惯例主导下基于反馈的经验学习(experiential learning)在能力演化中的作用,这实际上是一种后视式(backward-looking)的经验主导逻辑,很大程度上忽视了前瞻式(forward-looking)认知逻辑的影响(Gaverti和Levinthal, 2000)。

对于基于组织能力研究的企业竞争优势来说,虽然以往研究也意识到管理者的能动作用,但仍然把个体的认知与行为降低为次要因素(Salvato, 2009)。由于动态能力本身就意味着对经验性势力影响的克服,因而仅仅关注经验主导的行为逻辑将难以全面完整地解释组织能力的发展演化过程,也难以全面地解答能力从何而来,以及如何发展演化这一能力研究的基本问题。打开能力研究的黑箱需要把研究的视角从宏观拓展到微观,以进一步探寻导致能力异质性的个体微观层次认知与行为根源及其与组织层面因素的相互作用机理(Felin和Foss, 2005; Foss, 2006; Gavetti, 2005),参见图1-1和图1-2所示的企业能力研究的"黑箱"和"双浴缸"模型。

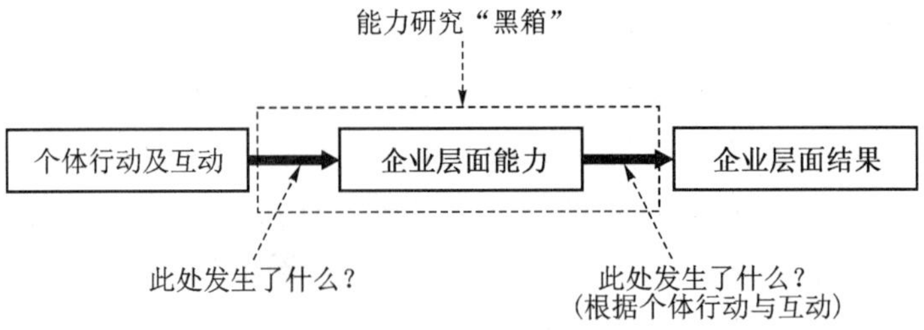

资料来源：Foss(2006)，略有调整。

图 1-1 企业能力研究的"黑箱"

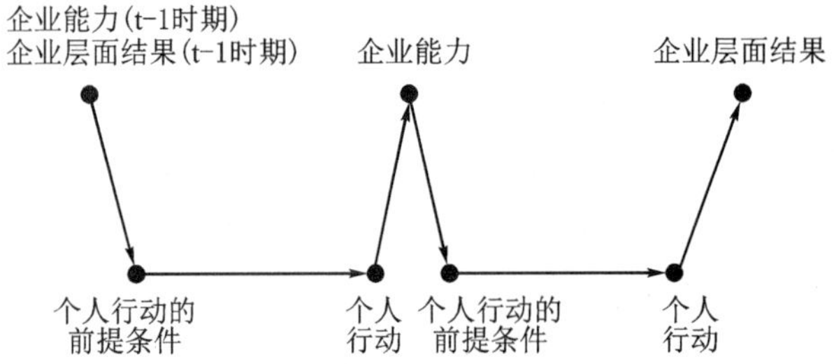

资料来源：Foss(2006)。

图 1-2 企业能力研究的"双浴缸"模型

近年来，组织认知研究蓬勃发展，自上而下的信息加工理论表明个体通过创造知识结构来加工信息并做决策。尽管研究人员承认知识结构的好处，但他们也越来越担心这些知识结构可能会限制决策者理解、认知信息环境的能力，并因而做出妥协决策①。因此，在数字化的全球资源整合时代，企业必须不懈地通过组织学习、知识创新和知识传播，锻造动态的企业核心能力，修正自己对本行业的认识，创建竞争的规则，并向现状发起挑战。借用查尔斯·汉迪的话就是，胜利者将是那些"发明世界"的人，而不是那些适应世界的人。Cannon-Bowers 和 Salas(2001b)综述了文献中与组织认知视角有关的四种解释(Cooke -Salas、Cannon-Bowers 和

① Meindl J. R., Stubbart C., Porac J. F.. Cognition within and between Organizations: Five Key Questions [J]. Organization Science, 1994, 5(3): 289-293.

Stout，2000；Mohammed 和 Dumville，2001；Cannon-Bowers et al.，1993）。第一种解释认为，群体认知是个体认知的“重合”，团队成员拥有团队的共有知识。第二种解释是把群体认知理解为团队成员之间的“相似性”或者“同一性”，也就是说团队成员有同样的知识。第三种解释认为，群体认知是“互补的”，也就是说，团队成员不需要有完全一样的认知，但是对工作任务有相同的期望。第四种解释是群体认知是“分布式”的，任务所必需的知识分散在群体中不同成员身上。所有认知角度的研究都把群体认知的概念定义为个体心理结构的相似性或重合性，都对团队成员的认知共性感兴趣。Cannon-Bowers 和 Salas（2001a）认为，这些文献都包括这一概念“团队成员拥有相似的或者重合的知识”。大多数研究人员在定义群体认知时使用“相似性”这一概念。比如 Mohammed 和 Ringseis（2001）就把群体认知定义为群体成员的相似性。也有人使用“汇合或重合”把群体心智模式定义为个人心智模式的集合，如 Mathieu 等（2000）。

案例研究表明，在研究认知和决策制定时，组织层面的分析是有益的。比如 Stikins 说，信息获取和加工习惯可能会固定化并以组织成员意识不到的方式对它们产生影响。共享偏好和认知图式也是组织环境的一部分，并影响个体的认识理解。从上面的话中可以清楚地看到对认知模型在组织环境中的重要性的肯定。Sandelands 和 Stablein （1987）写道：组织是能够思想的心理/精神存在。实体的字面理解似乎不可能让人满意。按照 Gioia 和 Sims（1986）的观点，组织认知最好被理解为一个隐喻，正如 Tenkasi 和 Boland（1993）反驳说，人脑的计算机模型（Stubbart，1989）作为认知模型发展中最主要的隐喻，似乎对理解组织认知而言是个太狭隘的观点。因此，就像组织学习一样，在评估认知模型的价值时，应该采用比主流研究文献对这一概念更宽泛的理解。按照 Morgan（1986）的观点：隐喻有助于我们描述组织的本质并给我们提供组织应该是什么的思考与选择。组织认知也许能够解释个人理性选择无法解释的各种组织行为。然而，也许难以宣称组织认知给出了“清晰的观点和选择”。Pentland（1992）分析了三种不同的研究方法：第一种被描述为认知方法，关注“知觉、意义理解和信仰”；第二种是结构方法，关注的是“客观存在物、结构和惯例”；第三种是“情境”视角，强调的是“情境表现或者习惯做法”。Gioia 和 Sims（1986）提出了组织认知的相似的三分法：首先是基于个体认知的视角；第二个观点认为人就是组织，他们的认知、观点和行为决定了“被组织起来”的本质；第三个观点认为组织成员和组织环境融为一体，组织环境影响组织成员知觉，个体思维难以明显区别于组织思维。

企业如何在复杂、动荡的环境中获得竞争优势？如何创建意义深远的思想和目标——这个目标是独一无二的，能卓立于一个拥挤、混乱的世界并赋予其组织长久的竞争优势？答案是组织认知能力。因为组织认知能力能使企业在复杂、动荡中眺望前方，关注竞争，预见未来，洞察初露端倪的新趋势和新机遇，化解即将到来的危机。

1.3 研究目的及意义

1.3.1 研究目的

正如前文所述，在寻求竞争优势资源的过程中，企业有着不同的战略观或者战略认知。Gary Hamel 和 C. K. Prahalad 在《竞争未来》(*Competing for the Future*)一书中指出：企业应该把商业战略构筑在核心竞争力之上。① 这种观点是战略理论领域人们熟知的核心竞争力战略观，具有久远而深厚的学术根基。将组织视为一个认知主体，从整体的角度、以系统的观点去看待组织层面的认知能力，其是企业能力系统中的本质问题，是笔者研究的首要出发点。同时，随着竞争的加剧，企业如何在复杂、动荡的环境中获取竞争优势？针对这一问题，本书探析了组织认知能力系统构成要素对企业竞争优势的影响，是笔者研究组织认知能力的另一个出发点。

在这样的背景下，笔者以组织认知能力为主要研究对象，以实现组织能力的持续发展和竞争优势的获取为目标，把认知科学研究领域中的相关概念引入到企业管理研究中，界定组织认知能力的概念，分析组织认知能力的内涵，阐释组织认知能力的特点，识别组织认知能力系统构成要素，辨析组织认知能力系统各构成要素的内涵、形成及相互关系，构建组织认知能力系统理论模型。同时，笔者也研究了企业竞争优势的本质，提出基于组织认知能力的学

① Gary Hamel, C. K. Prahalad. Competing for the Future: Breakthrough Strategies for Seizing Control of Your Industry and Creating the Markets of Tomorrow [M]. Boston: Harvard Business School Press, 1994.

习—知识—能力的企业竞争互动模型，分析组织认知能力和企业竞争优势获取的内在关系。

1.3.2 研究意义

长期以来，在传统的认知结构中，多数人仍认为未来不过是现在的直线延伸，恰如通向地平线的又长又直的大道。对未来的这种错误态度源于人类文化中根深蒂固的"可预知性"及"控制"理念。在《伟大的猜想》(*The Great Reckoning*)一书中，詹姆斯·戴尔(James Dale)和威廉·里斯·莫格(William Rees-Mogg)说："错误的结论就像计算机病毒一样被编入我们的生活。"他们批评说，几个世纪以来，牛顿理论对现实的看法左右着我们的世界观。按牛顿理论的观点，变化是线形的、连续的，而且在相当程度上是可预知的，事实的变化是从A到B到C再到D。然而，复杂适应系统理论告诉人们，事实并非如此，人们想当然认为的直线其实并不存在，线形是一种不真实的世界观。既然意识到这一点，就需要以一种全新的方式认知公司、社会和个人生活的未来。本书就是尝试用新的思维方式更替旧的思维方式，抛弃那种认为人们能够控制并预知未来的观点，转而采取一种基于"复杂适应系统理论"和"演化经济学"的认知方式，也就是说将新奇视为寻常。事实是，未来并非过去的继续，而是一系列的不连续事件。只有承认这种复杂性并设法适应它，企业才有机会在复杂、动荡的数字化的21世纪生存并获得成功。复杂性的激动人心之处在于其孕育着机遇，它意味着21世纪不属于任何人，为了抓住未来，企业或者个体必须放开过去，放弃过去的模式、过去的制度、过去的战略、过去的假说和过去的成功秘诀，以建立在组织认知能力系统上的思维迎接挑战，开创未来。正如查尔斯·汉迪(Charles Handy)所说："你不能认为未来是过去的延续……因为未来将会不同。我们确实有必要抛开我们在过去所用的方式，以适应未来。"彼得·圣吉(Peter Senge)说："我们再也不能试图以回顾过去的方法来找出未来的答案。"迈克尔·哈默(Michael Hammer)说："如果你认为自己很棒，你就死定了。过去的成功并不意味着未来的成功。……过去为你赢得成功的方程式甚至将给你的明天带来失败。"CK·普拉哈拉德(CK Prahalad)说："假如你想逃脱过去的引力作用，你就得乐意质疑自己的正统信念，重新归纳自己的核心战略，反思自己对怎样进行竞争的最基本的认识。"IBM大中华区董事长及首席执行总裁钱大群说："世界正在进入智慧的时代，企业将依靠创新和变革走出湍流，走向一个新的高峰，创造更好的未来。”[①]William E. Halal(1996、1998)说:“优秀管理者依托某种心智模式或者哲学——用以解释他们的组织是怎样运行的——从事管理工作,以组织的运行结果来检测这种模式正确与否,并通过反复试错和调整来提升管理能力。”

本书正是在上述基础上展开,从组织认知能力的视角探析企业竞争优势的获取和维持。从组织认知能力这一当前组织能力研究的热点切入,对于进一步推进战略管理与能力演化的微观基础研究具有重要的理论价值,同时对于更为全面完整地理解动态能力的发展演化过程,完善动态能力理论也具有十分重要的意义

1.4 本书的研究方法、技术路线和框架结构

1.4.1 研究方法

一般说来,在复杂性科学中,数学描述和计算机模拟方法的适用性与层级复杂程度的提高成反比例变化,而历史的、比较的和解释学的方法则与层级复杂程度的提高成正比例变化。这也就是说,如果数学描述和计算机模拟的方法对研究物理系统是完全适用的,那么在研究生物系统时它就存在着局限性,而对于人类社会经济系统来说,这种局限性就更加明显。美国数学家和数学史家克莱因在其所著的《数学:确定性的丧失》一书中指出:“现有的关于数学自身本质的各种矛盾以及今日数学不再是一个被普遍接受的、无可辩驳的知识体系这一事实毫无疑问支持了这样一种观点,即数学是人为的。”这也就是说,数学本身并不是真理的化身,它只不过是人类有限理性的产物[②]。许多人认为,数学推理可以得出精确的结论,可以避免研究者之间在交流上所产生的歧义。但是,在经济学中,这种交流在很多情况

① Saul Berman, Peter Korsten, Ragna Bell,等. 未来企业之路:洞察全球顶尖企业愿景与制胜策略[M]. 北京:北京大学出版社,2010.

② Richard Foster, Sarah Kaplan. Creative Destruction: Why Companies That Are Built to Last Underperform the Market and How to Successfully Transform Them [M]. New York: Currency Doubleday, 2001.

下总是以筛除掉更富有创新性的思想为代价的[①]。组织认知能力、知识、思维方式、创造力、文化、制度，以及新奇的持续突现等质的变化是人类社会发展，也是企业竞争优势的产生最为关键的变量。显而易见，数学和计算机模拟的方法难以对此做出深入的研究、深刻的解释和富有洞察力的见解。实际上，社会经济现象越复杂，数学方法越深奥的所谓高级微观经济学或高级宏观经济学就越是低级的方法。正如主流经济学的历史所表明的，数学方法的泛滥不仅没有导致最前沿性的思想创新，反而阻碍了新的世界观的传播[②]。正如罗马尼亚著名经济学家 Nicholas Georgescu-Roegen（尼古拉斯·乔治斯库-罗根）所指出的，人类社会历史的关键性部分是用日常语言所讲述的故事、在对复杂性程度最高的人类社会进行研究方面，数学、计量经济学和计算机模拟的方法毕竟是相对简单的方法，而历史的、比较的、制度的和解释学的方法很可能才是经济学中真正的复杂性方法，但这种方法至今仍未得到系统的发展[③]。

此外，全球资源整合时代的核心问题是基于知识的资源创造和创新性使用，而不是新古典经济学的资源配置；企业系统的复杂性也需要采用系统的或者说有机的方法，而不是恪守方法论个人主义；新奇的持续突现要求研究人员更注重定性的研究并与数量分析相结合，而不是脱离数学形式主义；持续的经济转变需要人们把“生生不已”作为“看问题的出发点”，而不是把它塞入均衡分析框架中。本书借鉴复杂性思想、系统理论和演化经济学思想的目的，是为了加深对作为人类社会经济系统的企业竞争优势建立基础和成长途径的认识，为企业创造价值、追求并保持持久竞争优势提供新的视角。

1.4.1.1 文献分析法

文献分析法是根据一定的研究目的，通过调查和分析文献来获得资料，从而全面地、正确地了解掌握所要研究问题的一种方法。文献分析法被广泛用于各种学科的研究中，其作用包括：①能了解有关问题的历史和现状，帮助确定研究问题；②能形成关于研究对象的一般印象，有助于观察和访问；③能得到现实资料的比较资料；④有助于了解事物的全貌。因此，文献综述研究法是研究者分析问题、理论

① 约翰·福斯特，J.·斯坦利·梅特卡夫，等. 演化经济学前沿：竞争自组织与创新政策[M]. 北京：高等教育出版社，2005.

② 同上.

③ 迈克尔·曾伯格. 经济学大师的人生哲学[M]. 北京：商务印书馆，2001.

推导以及进行研究创新的基础，正如 Ghauri 等人(1995)所指出的，文献分析法的主要目的是结构化研究问题并为研究定位。

1.4.1.2 隐喻法

隐喻作为研究方法，它是一种思考或看待事物的方式，是我们企图用熟知(或已知)的知识去理解、研究一种未知(或生疏)的对象时使用的一种思维方法(Morgan G.，2006)。使用隐喻发展概念是因为我们不能直接从对客体和事件的直接观察与实验控制中获得它们的意义，人们习惯于借助隐喻这一熟悉的思维方式，利用不同事物之间的相似性来把握客体对象的性质(魏屹东，2009)。隐喻由两个域构成：一个结构相对清晰的始源域(Source Domain)和一个结构相对模糊的目标域(Target Domain)，是指将始源域的图式结构映射到目标域之上，让我们通过始源域的结构来构建和理解目标域(Morgan G.，2006)。也就是说，隐喻不仅是一种认知手段，而且是一种不可替代的获取新知识的认知手段。在我们现有的知识中，有很多是通过隐喻的方法获得的，如信息加工模型、神经网络模型以及进化认知心理模型(魏屹东，2009)。本书通过隐喻的这个思维方法，在第 3 章总结中提出了组织在相关问题上的假设，即组织认知与人类似，存在认知能力，组织的认知资源和认知能力是有限的，组织通过组织学习和组织知识可以改善其认知能力，提升组织绩效和企业竞争优势。

1.4.1.3 演绎法

本书中演绎法的运用体现在组织认知能力系统的推导过程中。演绎法是形成概念，检验和发展科学理论的重要思维方法，因此也是进行科学研究的重要方法。它是一种从普遍性结论或一般性事理推导出个别性结论的方法。在演绎推理中，普遍性结论是依据，而个别性结论是论点。演绎逻辑中的大前提是必需变异度定律(Law of Requisite variety，LRV)，该定律是由著名的控制论专家 Ashby(艾什比)从控制论的角度总结提出的一般系统的普适性规律(Richardson，KA，2004)，描述控制者与被控制对象(系统)变异数的数量关系，被认为是比香农的熵理论更具一般性的系统规律(Ashby，1958)。演绎逻辑中的小前提是“组织是一种具体的系统”，因此逻辑结论是“组织同样也要遵循必需变异度定律”。得出此结论后，通过在组织认知层面对该定律的诠释，从而提出了能够解释组织学习、组织知识、组织认知能力与企业竞争优势之间的逻辑关系。

1.4.1.4　案例分析法

案例研究方法是组织管理学研究的基本方法之一，也是构建和验证管理理论的有效方法，是研究“为什么”和“怎么样”之类研究问题的首选策略（Eisenhardt，1989；Yin，1994）。而采用基于时间跨度的纵向案例研究方法则可以通过对不同时间点研究对象的深入剖析，帮助我们更好地检视研究框架中提出的问题，也特别适合用来观察和研究企业发生的系列性变革现象（Pettigrew，1991；Chakravarthy和Doz，1992）。

1.4.2　本书结构

全书共有6章。

第1章绪论部分介绍了本书研究的现实背景和理论背景，指出在复杂动荡的全球互联互通的大数据时代，企业竞争优势研究所面临的现实和理论挑战。在此基础上，本书提出了研究目的和研究意义，以及研究思路和方法论问题。

第2章从组织能力研究的视角探析了传统的组织研究往往把组织视为机械的、无生命的实体，相反，基于演化经济学和复杂适应系统的观点认为：企业具备生命有机体的性质，而不是一台机器，它是一种分散的系统，是思想的系统，是共同工作、共同学习的人的系统。这些人有的是企业内部的，有的是企业外部的。它是智能型的，以人类认知能力为发动机的有机的、智慧的系统。在此基础上，笔者界定了组织的概念，并深入探析了组织能力研究的基于演化的观点、基于能力的观点、基于知识的观点等组织能力研究的前沿领域，为第3章基于认知视角的组织能力研究奠定基础。

第3章作为本书的核心内容之一，综述了认知科学研究在组织研究领域的应用和发展。具体而言，就是认知（包括认知过程、结构和模式）在组织学习、组织知识和组织能力研究中的重要意义，并划分了组织能力研究中不同的认知层面（包括组织个人认知、管理者认知、团队认知、共享心智和组织认知），在此基础上，界定了组织认知概念，并运用扎根理论研究提出了组织认知系统构成要素。

第4章分析了组织能力和企业竞争优势研究领域认知视角的研究观点，提出了企业竞争优势的微观认知基础，即组织认知能力基础上的企业竞争优势概念和结构模型。

第5章是组织认知能力系统要素与企业竞争优势关系的实证研究。

第6章为研究结论和未来研究展望。介绍了本书的创新之处，指出了其中的不足，并提出了下一步的研究方向。

1.5 本书所研究的问题

第一，本书重新界定了组织概念，提出组织是充满活力的、有生命的有机体，是偏好、信息、利益或知识相异的个体或群体之间协调行动的、演化的复杂适应系统。

第二，在新的组织概念下，本书利用认知科学领域的研究成果，把组织能力研究领域中的认知视角的研究从组织成员个体认知、共享心智模式推进到组织层面，在组织层面界定了组织认知的概念，指出组织认知能力研究是组织能力研究的微观基础，并运用扎根理论，辨识了组织认知能力系统构成要素，构建了组织认知能力系统模型。

第三，从微观认知视角探析了企业竞争优势之源，建构了基于组织认知能力的企业竞争优势模型。

第四，用实证研究的方式研究了组织认知能力与企业竞争优势之间的辩证关系，实证结果表明，组织认知能力对企业竞争优势的获取有正向影响。

第2章 组织能力理论研究综述

2.1 组织概念及其界定

从词源上说，英语里的组织源自“有机体”（organism）一词，表示充满活力、有生命之物。Moshe F. Rubinstein 和 Iris R. Firstenberg（1999）在其合著的《未来已来：从创意到商业》（*The Minding Organization：Bring the future to the present and turn creative ideas into business solutions*）一书中指出，在当前变幻莫测、不依常规、无定性、复杂的环境下，为了适应这些特征，组织必须依据新的形象比喻，使自身转变成大脑型组织。这样的组织就像一个有生命的有机体，适应成了组织生存和保持活力的关键。他们认为大脑型组织有下列特征：①在混乱和不确定性的商业世界中生存和发展，并利用这些特征作为组织战略；②能够逆向思维，把未来放在现在考虑；③决策权下放，使组织的每个成员在对不确定性的未来做出创造性反应时，既有正确行事的责任心也有犯错的权力；④采取有力措施，增强组织成员的创造力和创新精神；⑤使失误成为组织的一项战略措施，并且，当失误有利于组织发展时，使其公开化；⑥培养组织成员之间的互信、尊重、诚实、忠诚和正直等品质；⑦营造一个能使人的精神奋发向上的环境。

Moshe F. Rubinstein 和 Iris R. Firstenberg(1999)把传统的组织比喻成铁路,把当前和未来的组织比喻成出租车。他们指出,铁路遵循的是固定的路线和站点、固定的时刻表,而出租车在街上行驶,没有严格的计划,一般按需要确定行驶路线,根据乘客要求由司机在现场随机做出决定。按照传统的比喻,组织预先制订计划,乘客必须以此调整计划;按照新的比喻,组织应按现实环境,根据乘客的计划做出调整,而组织的计划在多数情况下不得而知。

James March 和 Herbert Simon(1958、1993)两位管理学泰斗①在其合著的《组织》一书中指出,组织是偏好、信息、利益或知识相异的个体或群体之间协调行动的系统。他们认为,组织理论描述的是促进组织及其成员共同生产的协作冲突、资源配置和行为协调的微妙改变。对组织生存的这些促进作用主要是通过对信息、身份、实情和刺激的控制来实现的。组织过程和信息渠道决定组织成员的目标和对组织的忠诚。它们创造共享的实情——包括共同信念和规范在内的组织气质。但是,由于生存的不确定性和不明确、人类认知能力和情感能力的有限性、跨时空协调的复杂性,以及竞争的威胁,有效控制组织过程是有限的,也是复杂的。组织的参与者们互相协调以寻求合作和竞争优势。他们通过思考、计划和分析,通过总结经验和学习他人的经验和知识,通过创建和应用理解实情的规则、程序与说明体系,以易于纠正的方式来应对这些限制。他们认为,组织成员是社会人,即他们的知识、信念、偏好和忠诚都是他们成长的社会环境的产物,是他们现在生活和工作环境的产物。此外,由组织中每个成员和周围其他人构成的环境往往是高度稳定和可预计的,正是这种可预计性,以及其他相关的组织结构特征,使组织具有以协调方式应对环境的能力。

James March 和 Herbert Simon(1958、1993)指出,生物学分析同样适用于组织分析和研究,他们认为,组织是人类相互作用的集合体,而且是社会中最大的集合体。社会有些像中央协调系统,虽然这些协调系统没有发展到高级生物有机体的中央神经系统的程度——组织更像是蚯蚓而不是类人猿。但是,组织内部的结构和协调的特性——组织之间和无组织个体之间松散与多变的关系形成对比——使得作为社会单元的单个组织的重要性可与个别有机体在生物学中的重要性相比。组织成员是决策者和问题解决者,感知和思考过程也是解释组织

① 2003 年,《哈佛商业评论》报告了 Laurence Prusak 和 Thomas H. Davenport 的调查结果,在他们列出的管理学大师名单中,排在榜首的是大名鼎鼎的 Peter Drucker,排在第二位和第三位的就是 James March 和 Herbert Simon。

行为的关键。

Peter Drucker(1990)曾经将组织和爵士乐队联系起来。他指出，当今主流的组织形式更像是一个交响乐团，在这样的组织中领导人就像是乐队的指挥，乐队中的每个成员都有自己的角色，而且这些角色的职责范围都事先经过仔细划分且获得一致同意。但是未来组织更像一个爵士乐队，在演奏的同时编写后面的曲子。它能够自身进行革新，适应变革。

Hannus、Lindroos 和 Seppanen(1999)把当前的时代称为“竞争力的时代”，他们指出，竞争力是个人和组织的一项关键资源，并且，技术创新使组织获得了新的工具以帮助组织建构全新的结构和机制，从而增加价值。Hamel(2000)把当前的时代称为“变革的时代”，他认为，在这个时代仅仅依靠知识并不能创造财富，财富的创造必须依靠对持续变革过程中机会的深刻洞察能力。他进一步指出，未来成功的组织必须持续高效学习，并且组织的每个部分都必须能够创造出最佳绩效，而这需要更多的集体智能，这些集体智能需要从知识、能力和学习中培养、开发出来，也只有这种智能才能真正产生差异化，也就是持续竞争优势。

2.2　基于演化理论的组织概念

2.2.1　演化理论的发展历史

Richard Nelson 和 Sidney Winter 在 1982 年出版的《经济变迁的演化理论》中强烈批判了处于主流地位的新古典经济学假设的弊端，创建了演化经济学的三个基本概念：

第一是组织“惯例”，它是组织内部长期形成的一套决定做什么事和如何做事的方式。他们认为，组织行为并不是新古典经济学假设的那样，受“利润最大化”所支配，而是受组织“惯例”支配。“惯例”(routine)是一切规则的和可以预测的组织行为方式，惯例起着基因在生物进化理论中所起的作用，它是有机体持久不变的特点，并决定有机体可能有的行为。由今天的有机体生产出来的明天的有机体(如建设一个新工厂)具有许多相同的特点，从这个意义上讲，惯例可以继承。具有某些惯例的有机体可能比其他有机体做得更好，在这个意义上，惯例可以选择。他们将惯例分为三类：一是与一个组织在何时做何事有关，这种支配短期行为的惯例叫作“经营特点”；二是决定组织资本量（在短期内是那些固定的生产要素）从一个时期到下一个时期的增加或减少的惯例，营利的组织将增长，不营利的组织将收缩，较为营利的组织的经营特点将成为它们在该行业活动中所占份额不断增加的原因；三是惯例随时间的流逝会改变组织经营特点的诸多方面。“惯例”并非一成不变。

Nelson、Winter 和 Schumpeter 引入了熊彼特的“创新”概念来研究“惯例”。创新也是组织的惯例。组织惯例的创新有很大部分相似地由现有惯例的新组合构成。一种创新也许只不过是确立现有次级惯例之间信息流动和物资流动的新方式；也许涉及由一种新的不同的次级惯例取代一种现有的次级惯例。组织惯例创新的某些部分可能依赖于最新发现的物理学原理，通过新类型设备和新技巧来实施，而围绕这一新核心会有许多层次的补充活动，而这些补充活动由已流行了多年的同样惯例来支配。

第二是“搜寻”，由“惯例”指导、改变“惯例”的过程，被纳尔逊和温特定义为“搜寻”概念。这里的“搜寻”概念显然相当于生物进化论中的变化概念，搜寻部分地取决于组织惯例，与生物理论中把变化当作部分地决定于有机体的遗传构造相似。“搜寻”活动与现有“惯例”的评价有关，它们可能导致修改甚至取代现有惯例。在纳尔逊和温特看来，惯例一般起着基因的作用，而搜寻则随机地产生变化。

“搜寻”还涉及研究和开发、创造和发现。在一个组织正在“搜寻”的情况下，它寻求改善其现有方法，或者看其他组织正在做什么。如果存在一个给定的、不变的技术可能性集合，当这个技术可能性集合被组织的“搜寻”活动逐步探索和发现，就产生技术进步。由于找到的技术的概率分布集中在靠近现有技术的那些技术上，在这样的意义上，可以将这种“搜寻”称之为“本地搜寻”。当一个进行“搜寻”的组织看其他组织在做什么，并从它们那里找到一种更好的特定技术，就成了“模仿”。从事“搜寻”的组织找到不同技术的实际概率，是“本地搜寻”界定的概率和“模仿”界定的概率的加权平均数。一个更一般的“搜寻”模型由三个部分组成：“本地搜寻”还是“模仿”、搜寻程序、决策规则。研究开发的决策者们有一套决策规则指导“搜寻”活动，它决定搜寻的“方向”或战略。“搜寻战略”与组织规模、赢利可能性、竞争者、研发支出、特殊项目支出评估、取得某类技术进步的难易评价、组织拥有的技巧和经验等变量密切联系。“搜寻”过程找到一种可供替代的规则，只有当它比组织的现有规则能为每单位资本提供更高利润时，才会被该组织采纳。“搜寻”过程并非一劳永逸，今天“搜寻”的结果，既是一种成功的新技术，又是明天“搜寻”的一个自然起点。

第三个概念是“选择”，纳尔逊和温特认为，给“选择”下一明确定义是困难的。有时，“选择”指一个涉及审慎思考的过程；有时，“选择”又被理解为遵循一条预定的决策规则而无需审慎思考，在这里，决策规则本身就已经被假定为先前审慎思考的结果，而在正统理论为最优化假设进行辩护时，甚至认为组织从未进行过任何明确的计算上的审慎思考。纳尔逊和温特综合了两个方面，在他们看来，“选择”有相当大一部分确实主要涉及遵循规定的决策规则进行选择，但也存在相当大数量需要进行审慎思考做出选择。他们对审慎思考的“选择”进行强调，基于以下四点理由：一是审慎的选择，反映缺乏适合事情状态的、完整的预先计划；二是审慎的选择取决于进行选择的特殊情况；三是审慎的选择在大的组织里被分割成碎片；四是选择的场合往往是澄清和详细说明目标的机会。不同环境下组织的选择规则、选择行为是大相径庭的。他们坚信，以上述基本概念建立起来的经济模型远比正统的新古典经济学优越，对经济过程具有更强得多的解释力。这是因为：①这种演化模型把组织看作复杂性的组织，组织的记忆保留在惯例中；②演化模型打破了把价格和市场看作积极传递信息的仅有的社会机制的束缚，而正统理论、甚至是最先进的正统理论仍然受到这一束缚的限制；③制度的发展过程是一个演化过程，这是一个摸索和渐进的过程，既有路径依赖，也存在许多不确定性；④演化分析与此前许多经济学家采取的规范分析的看法一致，这是因为有比较和选择；⑤这种演化模型的假设不是像正统西方经济学那样抽象掉历史与现实，而是以历史的延续和现实的存在作为假设的前提。

与新古典主义正统经济学相比较，纳尔逊和温特的演化理论有以下优点。其一，把组织看作是一个复杂的组织，这样一来，可以引起对其他种类组织也采取这样的看法。组织的行为首先由惯例支配，不仅对理解目标明确的组织行为有根本的帮助，而且同样有助于理解目标高度模糊的组织（如大学）和目标中度模糊的组织的行为。其二，打破了把价格和市场看作是积极传递信息的仅有的社会机制的束缚。纳尔逊和温特的演化理论，不仅有市场和价格的信息传递机制，而且有模仿、行业研究与开发的积极传递信息方式。其三，演化理论认为，制度的发展过程是一个与组织和行业的演化过程既有联系、又很相似的演化过程，是一个摸索和渐进的过程。在这个过程中，每天的情况来自前一天的实际情况，不确定性很大，准确预测复杂的社会体系的状况和行为是不可能的，演化理论在这里要解决的是理解实质性的时间连续性的结构和来源。其四,演化分析中的规范分析任务,是分析和比较现有的制度结构,以及设计其他可供选择的结构,设计的这些结构有希望在实际情况中显示其卓越的表现。而正统理论在规范分析方面倾向于禁止建设性对话。

梅特卡夫在其代表作《演化经济学和创造性毁灭》(1998)中叙述了竞争的不同概念,以及竞争如何与现代演化理论中的多样性、选择、适应性等概念联系起来,讨论了演化的主题并提出了一个竞争演化模型。他认为演化经济学家们能够从熊彼特著作中受到许多启发,因为熊彼特描绘的是一个充满连续的结构变迁的经济世界,这里的结构变迁不是外部力量的推进,而是内部驱动的结果,是通过组织家们将那些已经存在的事物进行新的组合而产生的。组织家们的创新行为引起局部的经济变迁,并以连续的形式贯穿于经济体系之中。熊彼特组合了两种类型的变迁形式:由组织家创新引致的转换性变迁和由竞争性创新进行市场选择的变化性变迁。持续不断的创新是维持长期市场竞争的条件。在一个组织行为不变的竞争性世界中,竞争的结果只有一个组织成为赢家,而许多组织都被它打败,结果必然会进入垄断。因此,要维持竞争条件,取决于组织行为的差异性和多样性,取决于持续创新的可能性。正是连续不断的创新行为,重新塑造了经济演化过程中选择所依赖的多样性;正是创新使得经济过程变得开放。虽然人们对创新的过程及其所依赖的机会、激励、资源和管理能力有很多了解,但它仍然是不确定的,不能被预测的,它是一个不断试错的变化过程。创新和大量组织家的涌现,会连续不断地重新界定行业结构甚至产业结构,新行业的不断涌现和旧行业不可避免的衰落,使由竞争和创新导致的经济演化呈现出一个创造性毁灭的过程。在这里,成功地从事创新活动以及复制这些创新活动的组织和行业会得到快速发展,由于这种发展是以从原有行业中抽出资金和人才为前提,有可能导致旧产业行业的毁灭。就单个组织说,用更有效率的新技术取代旧有技术会导致使用新技术的组织的胜利和守旧者的失败,这就是竞争过程引进创新所带来"创造性毁灭"的后果。

受到 Nelson 和 Winter 的演化经济学名著《经济变迁的演化理论》一书思想的影响,演化经济学在中国得到迅速的传播。贾根良、陈平、盛昭瀚、蒋德鹏、孟捷、杨虎涛等学者分别出版了相关著作,主要有《文明分岔、经济混沌和演化经济学》(陈平,2000)、《演化经济学》(蒋德鹏、盛昭瀚,2000)、《演化经济学——经济学革命的策源地》(贾根良,2004);并发表相关研究论文"演化经济学对新的研究程序的开创"(贾根良,《经济社会体制比较》,1999)、"演化经济学的动态及综述"(蒋德鹏、盛昭瀚,《经济学动态》,2000)、"演化经济学现代流派的创造性综合"(贾根良,《学术月刊》,2002)、"中国古代演化思想与中国演化经济学的发展"[贾根良,《南开学报》(哲学社会科学版),2004]、"演化经济学与老制度学派、奥地利学派、复杂性科学、新古典、新历史学派之间的关系"(贾根良,《经济学家》,1999;《学术月刊》,2005、2006;《经济社会体制比较》,2006;《南开学报》,2007)、"演化经济学与新古典经济学和马克思主义经济学的方法论比较"(刘凤仪,《马克思主义研究》,2007)、"演化经济学中的生物学隐喻评价"(杨虎涛,《学术月刊》,2006)、"演化经济学的困境与前景"(杨虎涛,《经济评论》,2007)、"演化经济学的时间观"[杨虎涛,《中国地质大学学报》(社会科学版),2008]、"演化博弈与演化经济学"(黄凯南,《经济研究》,2009)、"演化经济学的方法和主题特征及其演变"(杨虎涛,《财经研究》,2010)等。

汤正仁(2010)在前人研究的基础上给出了"经济演化"的新定义①,认为经济演化不仅指生物学意义上的"自然选择",也不仅指"新事象"的引入,而是指经济主体在运行过程中,通过学习行为引致新技术、新产品和新产业的出现,进而引致新的产业组织结构和运行规则的变化以及社会经济关系的相应变化的过程。这一概念既包含了经济的技术层面和制度层面的新变化,也包含了这种新变化中的"个体发生"和"系统发生"的种群关系。同时指出,新技术、新产品、新制度的引进引致的"经济演化",并非一定会带来经济系统的进步或提升,"经济演化"存在着风险,具有"不确定性"和"随机性"。

此外,2007年,孟捷与卢桑共同主编了《演化经济学丛书》,由中国人民大学出版社出版。丛书包括的主要名著有万拉佐尼克的《车间的竞争优势》、佩蕾丝的《技术革命与金融资本——泡沫时代与黄金时代的动力学》、霍奇逊的《演化与制度——论演化经济学和经济学的演化》、梅特卡夫的《演化经济学与创造性毁灭》、弗里曼和卢桑的《光阴似箭——从工业革命到信息革命》、杜格和谢尔曼的《回到进化:马克思主义和制度主义关于社会变迁的对话》。这些著作代表了当代西方演化经济学发展的最新成就。

基于演化理论的以能力为中心的观点为演化的、非均衡的产业竞争和发展理论提供了基础。演化理论认为,个体或团队的能力是通过"学习"而获得的。学习是一个发展和重建的过程,不仅仅是简单的事实的输入,也不是新古典经济学那种已有蓝图的发现或统计纠正的过程。学习依赖于已获得的认知框架,实质上是一

① 汤正仁.西方经济演化思想研究[D].武汉大学,2010.

个开放式的、暂时性的以及可能容易出错的过程。由于可能出现模棱两可的解释，大部分知识都是默示的，需要通过实例和共享经验进行沟通。学习是一个描述问题和解决问题的过程，包含了推测和错误，在这个过程中，错误不是纯粹的随机扰动而成为学习的机会。在组织内部，学习包括了对世界的认知框架和心智模型的变更，常常包括对不恰当的认知和行为的遗弃，它不是在空白心灵上累积性地添加知识，而是既包括建构也包括解构的过程。由于实际结果和预期结果之间的不一致，个体发现他们的心智模型出了问题，于是开始学习，人们会通过学习修正他们的心智模型。“组织化的学习包括一个由探究、反映和评价构成的过程，在这个过程中，心智模型被修正，而且被植入组织化的记忆和组织的常规活动中”。① 霍奇逊认为，在组织的学习过程中，Peter Senge(1990)将“学习”区分为“适应性学习”和“生成性学习”是“贴切的和有用的”，组织通过“适应性学习”应对外部世界的变化，而其共享心智模型没有发生任何重大变化；组织的“生成性学习”则更具创造性，它会使其共享心智模型发生意义重大的变化。霍奇逊将“基于能力”的组织观与另一个由科斯(Coase，1937)、威廉姆森(Williamson，1975、1985)、阿尔钦和德姆塞茨(Alchian 和 Demsetz，1972)等新古典经济学家发展起来的基于“契约”的组织观进行了对比，认为“契约方法”有三个关键特征：一是假设既定的个体；二是对组织的分析被简化为个体之间的契约，经常涉及的是交易成本的最小化；三是集中于比较静态解释，认为一种组织化安排比另一种组织化安排的交易成本更低。霍奇逊对这些关键特征作了逐一批评：第一个特征忽视了契约与交换的局限性以及非契约关系(如忠诚和信任等)的必要性，尤其是忽视了通过学习产生组织的根本转变和发展过程；第二个特征假定不同治理模式之间技术的一致性，从而忽视了技术和生产差异性；第三个特征忽视了问题的动态方面和不确定性。“基于能力”的组织理论将战略重点放在组织内部知识的增长和学习上。这种方法与基于契约的组织理论之间的差异，表现为本体论的差异(强调隐蔽的能力和力量)、认识论的差异(坚持学习和知识的非实证主义观念)和方法论的差异(反对根本上只从个体出发的解释)。霍奇逊概括了“基于能力”的方法的四个关键特征：①“干中学”是内生增长的一个源泉，对学习和增长的这种强调意味着个体本身处于一种发展过程中；②组织中信息和知识的极端不确定性，长期问题的作用；③默示知识与个体相关联的方

① 霍奇逊.演化与制度——论演化经济学和经济学的演化[M].任荣华，等，译.北京：中国人民大学出版社，2007.

式，与组织内部的关系，与作为一个整体的组织结构的关系；④对学习的强调，对知识的默示性、异质性、依赖环境性的强调，得出并非所有组织内部的活动均可契约化的结论。

霍奇逊对他自己赞同、概括并发展了的"基于能力"的组织理论做了适当的评价：尽管它还处于幼年时期，但它还是提供了一个摆脱基于市场的分析，而转变到组织、知识和学习的新方向①。

尼尔森和温特(1982)将企业视为一个"有机体"，其显著特征就是企业能够像人一样拥有知识②。企业的知识存储于"组织记忆"中，它的外在表现就是企业的惯例，即企业固有的做事方法。尼尔森和温特以"惯例(Rou-tine)"作为研究对象，探讨了组织能力。所谓组织惯例即企业各个环节中一种固有的做事方式、规则，惯例在企业中所起的作用类似于基因在生物进化理论中的作用，是持久的、可遗传而且可以选择的。

首先，他们认为惯例可以行使组织记忆的功能。尼尔森和温特(1982)假定组织可以通过"干中记"，组织"记忆"一个惯例的方式大部分与个人的记忆方式相似。记忆主要是通过练习来实现的，不可能完全通过书写的记录或者其他的一些存档仪器来实现。这就需要组织成员拥有接收和解释来自其他成员和环境的信息的能力。接收和阐释所接收的信息之后，组织成员运用其中所包含的信息从他自己的记忆库中选择一个接近的惯例(这也许仅仅是一个"接力信息"惯例，或者是一个"存档和忘记"的惯例)。惯例不仅仅反映了组织成员之间的调和能力，同时反映了使这些调和能力得以持续的组织记忆的建立。组织惯例可以被看作一种组织机制，通过组织惯例可以保持组织成员之间的协调性、组织记忆的不断更新。

其次，惯例在组织内部扮演着"休战"的角色。这包括对组织成员产生内在激励作用以及化解组织内部冲突。企业对于组织成员的控制往往通过操作惯例来起作用。组织惯例在很多情况下扮演着规则执行机制的角色。这种惯例可以较大程度地制止组织成员追求个人利益，特别是与组织要求严重对立的利益。在这种意义上，组织惯例可以将组织内部的冲突留存在组织成员内部，而不会以瓦解性的方式表现出来。惯例与组织的其他激励因素相结合可以使组织成员满足于他们在组

① 霍奇逊.演化与制度——论演化经济学和经济学的演化[M]，任荣华，等，译.北京：中国人民大学出版社，2007.

② Winter S., Nelson R.. An Evolutionary Theory of Economic Change[J]. Social Science Electronic Publishing, 2009, 32(2):117-125.

织惯例中习惯扮演的角色。总而言之,惯例运作可以全面地化解组织内部冲突,在组织各个层级的管理人员与被管理人员之间存在着"休战"的约束力。

最后,惯例可以被看作组织的技能。个人以组织成员的身份来练习其个体的技能,所以组织能力受个人技能化行为特征的影响。组织惯例代表了成功解决问题的行为模式,存在于团队行为之中。组织惯例的表现包括对于一系列子惯例的整合,由于嵌入组织惯例中的知识大部分都是隐性知识,所以组织惯例通常是在无意识的状态下完成这种整合。组织惯例的这种表现很难用语言表述清楚,所以在这种意义上,可以将其看作是难以被模仿的组织能力。惯例是组织内一种可以积累的重要资源,它使得多个个体得以整合他们的专家知识(Grant, 1996)。尼尔森和温特(1997)认为,惯例是一种组织的技能,这是由于它们包含了一些在特定环境下对重复利用资源所必需的知识。

2.2.2 演化理论视角中的认知、信息、知识和学习

经济和社会系统的复杂和演化的特征是,它们是以知识为基础的,系统内主要的交互作用是信息的交换。在经济环境中,信息的流动支配着能量的流动。当后者处于被动领域之时,前者则是积极的和创造性的。因为这个原因,经济系统必然是永不静止的。正如阿尔弗雷德·马歇尔(Alfred Marshall)和卡尔·波皆(Karl Popper, 1985)所认识到的,经济和人类的活动直接或者间接地使知识发生了变化,在知识上的每一变化开启了在活动上变化的条件,因此进一步导致了在知识上的无限变化。经济系统是开放的,它们必然是永不静止的。时钟从不会倒转(Foster,1993)。从自组织的观点来看,以知识为基础的经济是自动催化的(autocatalytic):知识的自我繁殖以一种相当不可预测的方式产生新的知识。因此,经济行为者的关键性特征不是对效率的理性搜寻,而是对未来可替代的经济世界的想象性的构建(Loasby, 1999)。John Foster 和 J. Stanley Metcalfe (2001)认为,在经济和社会领域中,存在着创造,也存在着毁灭,由此所产生的信念在系统的演化中起着关键性的作用。

John Foster 和 J. Stanley Metcalfe (2001)说,演化的核心问题不是存在(being),而是生成(becoming):为什么世界变化的方式与速率和方向有关?对于经济学家和经济史学家来说,与经济活动相关的演化思维的发展为理解(社会、技术和组织)创新的意义及其与经济增长、结构变迁和竞争过程的关系提供了强有力

的系统性思想。Richard Nelson (2001)指出,技术与制度应该被理解为是协同演化的,这种协同演化的过程应该被看作是经济增长背后主要的推动力。

Richard Nelson 认为,人类行为及其交互作用需要被理解为共享的行为和思维习惯的产物。人类的行为模式历时而改进,它可以被解释为在个人和集体的学习过程中发生的[①]。同时,理查德·纳尔逊指出惯例的重要性,他说:"惯例构成了组织,或者是从事经济活动的另一类组织的基础,它基本上决定了在特定环境中所做的事情。某个组织或组织的绩效是由它所拥有的惯例以及它与之互动的其他组织和经济单位如竞争者、供给者和顾客的惯例所决定的。"[②]理查德·纳尔逊和温特(1982)认为,"惯例"是代际之间被传递的基因对动物。温特(1964)也认为,演化过程本身改变了演化得以发生的环境。根据 Richard Langlois(1983)的看法,行为者并不是控制论式的反消器:经济和社会行为者不是被动地接受来自环境的信息,而是只针对环境调控自身行为。

演化系统按照特定种类的过程而变化,两种过程处于显要地位:选择性发展。演化系统具有三个重要的特征:它们当然是动态的——演化理论自然的是"增长"理论;它们在独特的相互依赖的多层次上涉及选择和发展;它们产生了自强化的正反馈行为,意味着路径依赖和历史重要性。

演化问题意味着一种动态的视野。系统的特性怎样影响对创造性思想的选择,它们怎样影响从发明到创新的转化?创新体系是怎样作为一种更高层次的发展过程的产物而突现的,它们是怎样成长,又是怎样衰落的?系统各个组成部分之间的关系又是怎样变动的?在对系统各个组成部分的变化与它们之间连接的变化进行区分上,系统论的方法看来是一种自然而然的途径。

演化经济理论认为,人类行为及其交互作用需要被理解为共享的行为和思维习惯的产物,并拒绝"最大化"作为人类行为过程的特征。人类的行为模式历时而改进,演化经济理论研究者把此解释为在个人和集体的学习过程中发生的。

霍奇逊(Hodgson, 1995)写道,在最近的几十年,特别是自 20 世纪 60 年代以来,在主流经济学家们当中存在着一种日益增长的趋势,即试图使用构成经济系统的和效用最大化的个人来解释所有的经济现象。这种"方法论个人主义"在逐渐摧毁凯恩斯的宏观经济学,后者主要是集中在系统水平的总量上。正如著者在别的

---

① Hodgson G. M.. The Evolution of Evolutionary Economics[J]. Scottish Journal of Political Economy, 1995, 42(4):469-488.

② 同上.

地方已论证过的,生物学和经济学面临着共同的复杂问题。认识到这一点将使经济学家们不再对方法论个人主义那么忠心耿耿,并能认识到,在个人之上存在总合法的分析层次和分析单位(Sober,1981;Hodgson,1993b)。

经由学习的适应是向前看的(Forward-Looking)。它以选择过程中所获得的经验为基础,并为有关将来可能性与条件、战略计划和威胁等方面的推断提供了基础。但这不意味着那种远见是完善的,事实上创新包含着大量试错,然而创新并不是随机的,而是有其知识基础的[①]。对于知识,演化经济学家巴特·努特鲍姆采用社会建构主义的交互作用观点。这里的“知识”一词具有广泛的意义,表示所有的心理活动,包括感知和价值判断。人们依据他们在社会环境和物质环境交互作用中所发展起来的心理范畴(框架,或者说是心理模式)来感知、解释和评价这个世界。这就使得知觉、解释和评价或多或少地具有路径依赖性和特异性。由此可见,巴特·努特鲍姆把知识定义为人们观察世界的方式,并强调它取决于与一个既定的社会环境和物质环境的交互作用。只要不同的人在不同的社会和物质环境中成长,并且彼此没有交互作用,他们对这个世界的观察就是不同的。换言之,过去的经验决定着“吸收能力”(Cohen 和 Levinthal,1990)。

学习提供知识,但知识的使用创造了无知,或者说它必然导致知识的价值和可靠性的“衰败”。一旦我知道怎样生产改良产品并且生产了它,市场就被改变了,因为知识影响到了我的竞争者、顾客的预期以及相关原材料投入和技能的价格。因此,知识和无知的演化及其动态就构成了人类系统的基本“通货”,它基本上已替代了原先由体力、手工技能和熟练程度所发挥的作用。持续不断地创造和使用相关知识的能力,而非知识本身,是成功的关键(Allen,1999)。

Loasby 和 Langlois (1998)指出,管理能力和战略方向对持续创新极具现实意义。战略问题包括公司对目标市场的竞争性定位,市场趋势的评估,对开发新思路和搜集、处理、吸收信息的搜寻和学习行为的鼓励,公司财务规划和协调能力,市场营销、组织和培训等。构建一个组织的综合能力需要高效的学习保障:从事研发和搜寻活动,对经验进行反思并从中吸取教训。对一个组织来说,提供反思概念的机会是重要的,这可以使组织内部的个体成员理解他们所学知识的意义,明确那些知识能够与组织当前及未来的活动融为一体,并成为这些活动的基础。为了做到这

---

① 约翰·福斯特,J.·斯坦利·梅特.演化经济学前沿:竞争、自组织与创新政策[M].北京:高等教育出版社,2005.

一点，构建高效的交流渠道是重要的，这些交流和渠道的目的是为了实现信息和经验的共享，并在组织内部和组织之间传递技能(Bryant, 1998; Bryant 和 Wells, 1998a、1998b)。

Bryant(1998)认为，创新本质上是一种社会过程。技术硬件只具有从属地位。高效的创新与个体成员的认识和学习能力高度相关，这种能力就是吸收知识并把它投入到实践之中去的能力。组织内部的高效创新与该组织对个体成员的知识吸收和能力建设的大力鼓励高度相关，但是除非拥有已发展得很好的程序和管理实践，而且这些程序和管理实践必须与知识、竞争力和跨越组织作为一个整体吸收新知识的能力相融合，否则创新过程是不可能成功的。通过这种方式建立高效的“学习型组织”并非是轻而易举的，在某种程度上，这是因为许多知识是意会性的，不易于被整理，而且新的思维习惯(尤其是吸纳新知识的能力)不易于通过指令而形成。意会性知识隐藏在专家的技术、能力、员工的专长和组织中。尽管整理好的知识扩散起来相对容易，但意会性知识的传播却要受到较高壁垒的制约，因为这种传播需要较高水平的交流(因此产生合作行为)和深层次理解能力的发展(因此需要更多时间)。

John Foster 和 J. Stanley Metcalfe (2001)认为，演化系统有三个重要特征：第一，它们当然是动态的——演化理论自然地是“成长”理论；第二，它们在独特的和相互依赖的多层次上涉及选择和发展；第三，它们产生了自强的正反馈行为，意味着路径依赖和历史重要性[①]。

威廉姆森引用埃德温·哈钦斯(Edwin Hutchins)对认知分工的研究成果[②]，指出尽管认知能力是稀缺的，但通过人们大脑有组织地处理所接受的信息，仍然能够克服认知的局限。这个有组织的处理信息的过程就是认知劳动的分工和专业化过程。在个体层面上，大脑通过对信息分类、筛选等，把大问题分解成具备类别特征的子问题，然后大脑分别就相应的类别信息进行处理，也就形成了大脑内部的分工和专业化。如果个体进入群体，那么就面临个人内部结构之间、个人内部和外部结构之间、个人外部结构之间的互动关系，在这种互动过程中，群体中不同个体的分工和专业化认知结果通过相互交流融合和重新组合，形成团体的认知特征，并且能

① 约翰·福斯特，J·斯坦利西·特. 演化经济学前沿：竞争、自组织与创新政策[M]. 北京：高等教育出版社，2005.

② Oliver, Williamson. Empirical Micro-economics: Another Perspective (Z). Department of Economics, University of California, Berkeley, working paper, 2000.

够获得超出个体认知能力的结果。这就是一个配置有限认知能力的社会组织过程。

诺思等人认为，当事人是依靠某种心智模型进行决策的，每个当事人都有某种认知能力天赋，面对不确定的环境时，通过预期和意识（或者说认知能力）采取行动，环境的变化通过信息反馈影响当事人的认知，当事人通过其心智模型对这些变化进行评价、精炼、接受或拒绝等，从而形成新的预期。如此循环，构成当事人认知和环境的互动过程，这是一个心智模型的调节过程，也是一个学习过程。在这个学习过程中，如果环境反馈对同一个心智模型反复认可，那么该模型就趋于稳定，这个稳定的心智模型就是“信念”[①]。当事人面对具体行为时，启动心智模型就是针对某些特定环境问题提出某种解决办法，如果解决成功，这种经验就会被累积，并被用于更广泛的问题的解决。如果失败，当事人首先寻求类似的替代性解决办法，如果还不成功，那么就会尝试实施新办法，这就是心智模型内在的创造过程。这一学习过程不仅能够使得自身的心智模型适应环境变化，而且能够促进心智模型本身的演进，产生新的心智模型。因此，环境反馈在决定心智模型的稳定和创造方面起着主导作用。如果考虑当事人处在一个相互交往的社会网络当中，所面临的学习就变成了一个共享或者集体学习过程。静态地看，人们相互交流会导致共享心智模型的形成，进而形成集体认知和行为。动态地看，由于不同人的认知能力有差异，面对的环境也不同，那么在认知和环境变化的互动过程中，就会形成异质的心智模型，这些模型包含了参与人各自对外部环境以及未来的独特理解。在社会交往过程中，异质心智模型的参与人经过交流，不仅能够间接汲取他人的认知成果，而且也把自己的认知成果传递出去。相互的知识交流不仅形成了共享心智模型，而且在相互认同的过程中，这一模型会稳定下来，并固化成共同的行为规范，这就是制度。在制度层面上，个人保持自己的部分独特理解，也就是说，制度把每个人心智模型的共性固化了，而每个人的特性则继续保留。一旦出现这种情况，当环境发生变化时，个人首先通过制度来稳定预期并形成相应的行动，如果无法解决，那么通过自身的特性来应对。一旦新的事件导致的新的认知反应足以改变自身的心智模型，那么这种创新必然也会反映到共享层面，从而导致制度的变迁。从外生角度看，制度是人们共享的行为准则和规范。但从内生角度看，制度是共享的心智模

---

① Denzau A. T., D. C. North. Shared Mental Models: Ideologies and Institutions [J]. Kyklos, 1994, (47): 3-30.

型或针对社会互动中不断涌现的问题的共享解决办法。内生观点对解释制度起源和变迁非常关键，这也是制度的认知视角和其他视角的关键差别。对当事人决策来说，不确定性是关键，处理它的关键又在于人们相互之间的思想交流。在不确定条件下，个人对环境的理解将反映其已有的学习成果，若文化背景和经历类似，个人的心智模型也会趋同。反之则不同。这就带来相应的意识形态和制度的趋同和差异。共享心智模型能够促进交流，即关联个体的心智模型演化导致心智模型趋同。考虑到默示知识，许多信息并不能进入交流渠道，这会导致交流渠道是有噪声的、不完美的，这就是异质心智模型的差异所在，它会带来分歧，而共享心智模型能降低这些噪声。这意味着共享心智模型能够通过共有信念的形成促进参与人的信念协调。诺思等人认为，这才是制度降低交易成本的关键所在。不过，诺思等人也注意到，心智模型面对环境的变化并不是充分灵活的。假定存在两期，第二期的共享心智模型依赖第一期的心智模型和环境的互动，其中存在环境反馈和学习过程。一旦共享心智模型形成，就会相对刚性，从而形成认知的路径依赖，即解决相同和相似问题的办法和信念趋同，进而形成制度的路径依赖。在制度演化过程中，当事人借助技术手段解决问题，并创造知识，导致技术和信念的互动，形成经济的路径依赖。

2.3 基于能力的组织概念

2.3.1 组织能力理论

组织能力研究正日益关注能力演化的认知性微观基础，这与组织理论与战略管理研究中认知范式(cognitive paradigm)不断增强的影响力密切相关(Bingham 和 Haleblian，2005)。按照 Winter(2000：983、2003：991)的观点，组织能力是指组织通过一系列决策选择将投入转化为特定目的产出的一种高阶惯例(或惯例集)。基于资源的理论将企业看作为一个资源体系，因此其主要的分析对象是企业的资源。而基于能力的理论则将企业视为一个能力体系，把拥有特殊的能力(distinctive capabilities)看作形成企业竞争优势的关键因素，认为组织能力体系的差异决定了企业的异质性，并将企业的内部过程作为其基本的分析单位。该理论和基于资源的理论一样强调要素市场的不完全性，认为企业不可模仿、难以复制、不能完全转移的独特竞争力是企业持续竞争优势的源泉（方润生，2004）。事实上，组织能力理论起源于企业战略理论，是 20 世纪 90 年代发展起来的一种新兴理论（郁义鸿，2001）。从历史的角度来看，自 Schumpeter（1942）和 Penrose（1959）强调组织能力以来，许多学者就已经在理论上从多方面研究了企业的能力并形成了不同的概念和观点：一些学者将组织能力称之为“企业竞争力”（competence）（Ansoff, 1965; Snow 和 Hrebiniak，1980）；另一些学者称之为“核心能力”（core cempetence）（Prahalad 和 Hamel, 1990）；还有一些学者称之为“组织能力”（organizational capabilities）（Chandler，1990），或者称之为“动态能力”（dynamic capabilities）（Teece 等，1997）。

长期来看，一个企业的竞争力主要依赖于其创造新的产品和服务、给顾客带来卓越的附加价值的能力，也就是企业的核心能力。核心能力是能力、技术和信息系统的集合，是企业竞争优势的来源，它由组织长期积累的能力构成，深深地根植于组织中，难以使竞争者模仿或复制。核心能力往往被限制在 5～10 个领域之内。通常，确定组织的核心能力相当困难，它要求组织战略管理者对其组织和竞争环境有深刻的、前瞻性的认知。Hamel 和 Prahalad（1990、1994）认为，通过三个问题可以确定组织的哪些能力是其核心能力，这三个问题是：①它是否在为顾客提供附加价值方面作用重大？②它是否能够提高组织的竞争力？③它是否能够被应用于其他的商业活动？根据 Hamel 和 Prahalad（1990、1994）的观点，建立核心能力的主要步骤如表 2-1 所示。

表 2-1　建立核心能力的主要步骤

核心能力	新的	我们需要拥有什么样的新的核心能力并以此保护和拓展现有市场	我们需要具备什么样的新的核心能力并以此参与未来激动人心的市场
	现有的	通过重组现有核心能力，我们在现有市场中可以利用什么机会来提高我们的地位	通过创新性的重新配置或重组现有的核心能力，我们能够提高什么新的产品和服务

组织往往善于确定竞争战略和愿景，但战略的实现和组织成员对愿景的忠诚和奉献取决于组织是否有意愿并能够与其成员进行有效的关于组织核心能力的沟通，这是在提高员工个人能力和绩效基础上促进组织竞争优势发展的基础。由于

组织核心能力的开发至关重要，如何通过能力管理来对其进行支持就成为组织能力管理的中心和焦点。在组织层面上，核心能力可以被划分为能力领域，并进一步划分为能力。具体的能力是在员工个人层面上起作用的，员工具有的能力是某一能力领域的组成部分，因此，从组织成员个体的角度研究组织核心能力，就更为具体、现实和可行。

传统上，对组织核心能力概念的认识和管理往往是一个“从上至下”的过程，在分析、制定组织中不同层面现有能力之前就对核心能力进行界定并要求组织成员贯彻、执行，这就使得组织核心能力成为多数组织成员认识中的抽象化概念，难以深入理解其本质和内涵。为了更好地使组织成员认识到组织核心能力的构成及其本质，本书试图把组织核心能力分解为不同的能力领域，并进一步分解为组织成员的具体能力。这一“从下至上”的逻辑有助于认清组织核心能力的内涵，更重要的是在组织成员个人能力开发的基础上积累的组织核心能力能够使组织暴露出其能力弱点，从而有助于组织发掘新的能力。

此外，在组织实践中，组织核心能力的开发和管理要求组织必须首先确定其愿景、战略和目标，然后，确定为其带来竞争优势的核心能力。这就要求组织战略管理者对组织能力的构成要素进行透彻的分析、了解和界定，这是开发组织核心能力过程的起点。因此，本书认为，“从下至上”的组织核心能力开发首先要从员工个人开始，在个人能力发展的基础上构筑组织核心能力，而个人能力的发展离不开组织环境下的学习和知识建构这一哺育企业竞争优势的前提。

2.3.2　组织能力理论的起源及发展历程

企业组织能力理论的思想渊源可以追溯到两百多年前的亚当·斯密，斯密的劳动分工和专业化理论导致不同类型组织能力的产生。但是，斯密的分工理论着重强调生产分工，而现代企业的能力理论则突出研究企业的能力分工，能力理论与斯密的分工理论有着本质的区别(Foss，1997；袁智德、宣国良，2000；戈亚群，2004)。20世纪20年代，马歇尔认为，在企业完全竞争理论的背景下把经济学问题看作是静态均衡问题而不是动态成长的问题是危险的，他认为技能、知识和协调能力的增长推动了企业的进化。和马歇尔相比，Penrose(1959)对单个企业的成长过程进行了研究，她在《企业成长论》中认为，资源和能力是构成企业效益的基础。根据她的逻辑，对生产性资源的使用产生生产性服务，生产性服务发挥作用的过程推动知识的增加，而知识的增加又会导致管理力量的增长，从而推动企业的增长，因此，企业总是倾向于围绕着自己最擅长的领域进行竞争和扩张。受 Penrose 的启发，Richardson(1972)首先提出组织能力的概念，他认为能力就是企业的知识、经验和技能，许多需要协调的非相似活动(需要有不同的能力去从事的活动)必须通过企业之间的能力互补来进行(如技术上的匹配和交流)。Chandler(1962)对西方现代大企业诞生、发展和变化的研究支持了能力演进的理论，在《规模与范围：工业资本主业的动力》(Chandler，1990)一书中，他以组织能力为中心分析概念，对美国、英国和德国的现代大企业的历史发展进行了比较研究，并指出：向管理型大企业的过渡创造了组织能力的基础，由此而发展起来的组织能力是企业、工业甚至国民经济持续竞争优势的源泉和持续经济扩张的动力，决定了企业和国家的兴衰。Nelson 和 Winter(1982)在其现代演化经济学奠基之作《经济变迁的演化理论》中认为，理解以创新为动力的经济变迁，经济理论的分析单位不能像正统经济学那样只停留在总体变量上，而必须置于微观的企业活动基础之上，为此，他们重构了经济学的微观基础，提出了一个关于组织能力和行为的演化理论。在他们的经济演化理论中，动态演进的企业和作为自然选择的市场机制是影响经济变迁的两个关键机制。

我国学者赵勇(2003)对组织能力理论的演进进行了总结。他认为，组织能力的发展，经历了由企业内部的生产能力和效率，到企业内部的协调发展，再到内外结合获取持续的竞争优势，反映出人们对企业的本质由浅入深、由片面到全面、由现象到本质的认识过程。表 2-2 描述了组织能力理论的发展历程。

表 2-2　组织能力理论的发展历程

阶段	关注的重点	代表理论
萌芽阶段	通过技术创新和改进生产技能提高劳动生产率	劳动分工理论 古典管理理论
发展阶段	通过企业内部的整合协调提高企业效益	企业内部协调成长理论 人际关系协调理论 企业文化协调理论
深化阶段	通过内外结合获得持续竞争优势	产业竞争理论 基于资源的观点 核心能力理论 动态能力理论

资料来源：赵勇，2003；冯进路，2007。

从表 2-2 中可以看出，从萌芽阶段对具体操作技术和车间管理的重视，到发展阶段对整体的协调发展的关注，再到竞争理论对企业外部环境的关注，最后到核心能力理论重新关注企业内部，这是一个不断上升的循环。

2.3.3　组织能力的内涵

对组织能力的定义有多种（戈亚群，2004）。Chandler（1990）给出了一种较广泛的定义："组织能力是在企业中组织起来的集体物资设备和人的技能。这包括了许多操作单元——工厂、办公室、实验室中的物质设备，以及在这些单元中工作的职员的技术。"另一些学者，如 Leonard · Bardon（1992）给出了广泛的组织能力的四个维度：①员工知识和技能；②物质技术体系；③管理系统；④价值和范围。Coombs 和 Hull（1998）将组织能力与三个要素联系起来："硬件技术"（材料和技术上的支持）、"知识库"（基本心智框架的共享心智结构）、"在企业中为了执行正常的业务而完成的管理的集合"。这些概念的本质都强调了组织能力的因素和复杂属性，但是并没有从根本上区分资源和能力的不同。《企业资源基础论》（Wemerfelt，1984）一文的发表，使得更多的有关组织能力的学术研究被统一特指为"企业资源基础论"。尽管广泛的资源概念往往包括了能力和竞争力（Barney，1991；Ray 等，2004），但是区别资源与能力在理论和实践中是有益的（Amit 和 Schoemaker，1993；Makadok，2001）。毕竟，资源的应用过程决定了它所产生的效力（Penrose，1959）。

方润生（2004）认为，基于资源的观点和基于能力的观点对"企业是什么"的基本假定明显不同。基于资源的观点认为企业是一个资源体系，而基于能力的观点认为企业是一个能力体系。尽管传统的基于资源的理论对资源和能力的区分并不彻底，但毕竟这两种理论研究的主要对象是不同的，因而基于资源的观点和基于能力的观点在解释企业竞争优势的来源及获取竞争优势的方法上存在诸多不同点。

按照传统的基于资源的观点，企业的资源主要是有形的一般资源以及可以编码或准确描述的无形资源，这些资源具有一个显著的特征——他们可以通过某种交易方式在不同的所有者之间实现转移，即资源在企业内部或企业外部都可以成功获取。而企业的某种能力则仅仅在于组织和它的业务流程之中，它是属于具体企业特有的、难以从一个组织转移到另一个组织，除非组织的所有权发生了转移。因此，能力只能在组织内部培育。

2.3.4 组织能力的发展

作为一个互动过程的组织，能力存在于组织的不同层面，组织中的每个部门都必须具备某种能够为整个组织带来竞争优势的具体能力。组织不同层面和部门管理者的主要职责之一就是辨识这种能力对组织愿景和竞争优势战略的价值和作用，并在组织成员个人能力发展计划的基础上持续发展这种能力。这一能力发展和管理流程如图 2-1 所示。

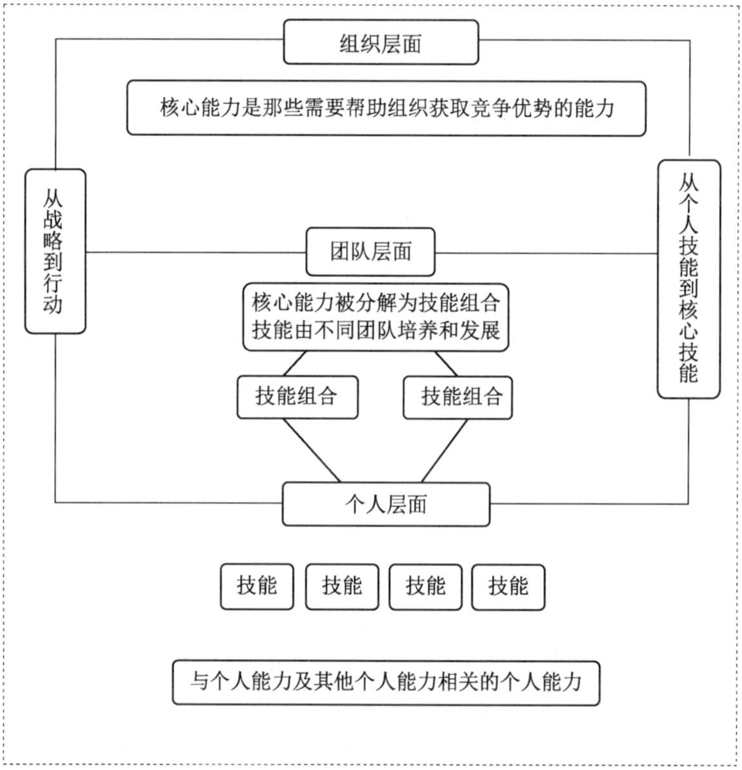

图 2-1 组织核心能力发展

2.3.4.1 学习与能力发展

学习理论为组织学习理论奠定了心理学基础。心理学对组织学习理论的影响主要表现在学习、动机、人格、情感、感知、培训、领导效能、工作满意度、个体决策、绩效评价、态度衡量、员工选拔、工作设计、工作压力等方面。其中学习理论对组织学习理论的影响最直接。学习理论对学习的定义大致可以分为三类：首先，学习是指刺激—反应之间联结的加强（行为主义）；其次，学习是指认知结构的改变（认知学派）；第三，学习是指自我概念的变化（人本主义）（施良方，1992）。

研究刺激反应之间联结的学者把环境看作是刺激，把伴随的有机体反应看作是反应，认为人的所有行为都是习得的。他们强调临近和强化在学习中的作用，认为只要设计控制强化安排的技术，就可以塑造或去除人的任何行为（Skinner，1953）。他们不关注意识，希望用刺激、反应来清除影响和观念。

认知学习理论认为，是个体作用于环境，而不是环境引起人的行为。环境只是提供潜在刺激，至于这些刺激是否受到注意或被加工取决于学习者的认知结构。认知学习理论研究的是个体处理其环境刺激是内部过程，而不是外显的刺激与反应。当新的经验改变了学习者现有的心理结构时，学习就发生了。学习的基础是学习者内部心理结构的形成和改组，而不是刺激、反应联结的形成或行为习惯的加强或改变。

人本主义者认为，每一个人都有发展自己潜力的能力和动力。个体可以自由选择自己发展的方向和价值，并对自己选择的结果负责。行为与学习是知觉的产物，一个人大多数的行为都是他对自己看法的结果（施良方，1992）。

哲学决定了组织学习理论的基本假设。实证主义认为，知识是建立在确凿的数据与经验的基础之上的事实或真相。而且，通过应用正规的逻辑对理论上的命题进行处理可以对事实真相进行描述和解释。新理论的引入使得已有的旧理论面临检验与修订，从而维持人类的进步。而现代哲学的观点是：知识是经历了构建与转变的过程的，它是一个静态与动态兼而有之的概念，既是集体的活动又是个体的思索过程。抽象的知识不可能不受到环境影响，在其实际应用的有效性被证明之前，知识充其量只能是非决定性的。所以有效的学习强调必须将理论与实践相结合，因为理论只有通过实践才会变得有意义，实践只有通过理论的思考过程才会变得更有效果。

与组织学习对学习的定义不同，在心理学中，学习泛指有机体因经验而发生的行为的变化，这种变化并不意味着改变后的行为比原来的行为更可取。而组织学习中的学习所指的改变是可取的改变。组织学习理论一方面需要借鉴学习理论对学习规律的研究，同时还要在其基础上考虑组织中的学习这一特定学习的影响因素,这就必须与组织行为学理论的研究成果相联系。而采用什么样的学习方式,与主体的认知结构有关,其本质上还是哲学假设的表现。

Gherardi 等人对学习的定义是,学习总是一个实践性的收获过程。它的目标是运用特别的程序和技巧去发现做什么、何时做和怎样做,以及对为什么能够做到给出一个合理的解释。简而言之,学习是在其他人中并通过其他的人发生的。代之以先前这种模型的是现代关于组织学习的社会性观点,持这种观点的学者开始把学习者作为社会存在者的形象,他们建构自己的理解,并在特定的社会文化环境中从社会交往中学习(Bruner 和 Haste, 1987)。

Pentti(2002)把学习定义为:学习是一个过程,在这一过程中,个人将所有对他的行为产生影响的新知识、技能、态度、经验等相互联系集中在一起。这一定义包含下列要素。①学习是一个受到认知、情感和精神活动影响的过程。②个体的解释通常产生于知识的获得或是其他学习的目标。学习不是机械的,相反,它通过经验来塑造意义。③学习不仅仅是知识的采集——技能、态度、感觉以及价值都与新知识具有至少同等重要的地位。通常,信息在学习过程中的作用被过分夸大了。它的确是学习的一个主要部分,但是并不是学习过程的全部。④各种经验——包括新的和旧的——都很重要。人们先前具有的经验越多,他们就越容易从新的经验中学习。⑤通常,最迅捷的学习和获得各种信息的方式就是借助于一个广泛的、运作良好的联系网络。⑥真正的学习应该包括应用。这意味着在学习的过程中,某些事情会发生改变。学习可能使组织运作模式和组织成员思维模式发生变化。

Pentti(2002)同时总结了四种不同的学习类型,即反馈学习、预测学习、行为学习和变化学习。反馈学习:个人或组织从经验和对经验的评价中进行学习。预测学习:个人或组织试图预测未来,从而选择更好的工作方式。首先,个人或组织考虑未来会发生什么,然后对未来进行规划,并实施规划,验证其是否与最终情况一致,并以此评价预测学习的效果。行为学习:行为学习作为一种学习方式,最初是由 Reg Revans 提出,他也是学习型组织概念的最重要先驱者之一。早在五十多年前,他就不断阐述并完善这一理论,他认为,没有行为就没有学习,同样,没有学习也就没有行为。变化学习:用决策树的方法分析事物,从各个方面对个体或组织的行为目的提出疑问。通常,这会彻底颠覆个体或组织的思维方式,带来巨大的变化。他认为,当今动荡的环境要求个体和组织进行预测学习和变化学习,不断质疑旧的行为模式,寻找新的行为模式。

2.3.4.2　学习和反馈

Pentti(2002)指出,有效反馈是成长和发展的前提条件,因此组织必须在个人、团队和组织层面上进行反馈系统建设。有效的反馈能防患于未然,并能够对组织竞争环境中的挑战和问题贡献合理的、积极的解决方案。更重要的是,反馈是学习的基础,对于个人、团队和组织学习而言,反馈系统是检验组织学习效果、促进组织知识创造、创新的必要环节。但是反馈系统的实施需要某种文化和价值观的支持。良好的、崇尚反馈的文化要求组织具有开放性、信任导向组织氛围、高效的沟通、对错误和失败的容忍、良好的团队精神和持续学习的愿望等。

组织需要在不同的层面上建立不同的流程以促进反馈的发生,反馈系统要有不同的工具组成,以便从个人、团队和组织层面收集反馈,表 2-3 反映了典型的反馈系统所具备的各个组成部分。

表 2-3　组织的反馈系统组成部分

	反馈接受者		
	个人	团队	组织
反馈提供者	组织管理者 组织其他成员	团队领导 团队其他成员 组织管理者 组织其他成员	组织管理者 组织成员 顾客 供应商 专业咨询机构
反馈内容	绩效 能力	团队绩效 团队能力和精神	财务 内部流程 员工和顾客满意度 人力资本
反馈工具	自由反馈 组织管理者评估 360°反馈工具	团队整体反馈 团队成员反馈	组织成员调查 客户满意度调查 财务绩效 公司形象调查

资料来源:Thach E. C.. The impact of executive coaching and 360 feedback on leadership effectiveness [J]. Leadership & Organization Development Journal, 2002, 23(4):205-214.

应用反馈工具在组织的不同层面进行反馈活动时,组织要充分考虑工具选择合适与否,组织文化是否大度、开放以支持反馈。在有效的反馈文化中,每个组织成员应得到关于他们自身的绩效和组织整体绩效的发展情况。Pentti

(2002)制定了关于组织反馈系统建设的十个定律,它们是:①定期提供反馈;②在你提供反馈的同时要求别人为你提供反馈,前者的频率至少不要低于后者;③当有人要求反馈时,立即给予反馈;④对他人的意见和反馈给予足够的重视和尊重;⑤私下提供正确的反馈,关注事件及其后果,不针对个人;⑥为最细微的进步和成就提供反馈;⑦与团队成员就应该提供何种反馈、什么时候以及怎样反馈达成一致意见;⑧积极、持续、真诚地提供反馈;⑨用反馈激励团队内部的工作热情和成就动机,为其他团队做出榜样;⑩记住适当的、定期的反馈是最好的、最重要的领导工具。

2.3.4.3 学习和变革

变革总是很困难的。组织变革并不总是一帆风顺,在不同的阶段会遭遇不同的挑战和困难,然而,在"变化是唯一不变"的复杂、动荡竞争环境下,只有积极实施变革以适应环境变化和发展的组织才有机会和可能直面挑战和竞争并存活下来。但是,"大多数变革项目都只是在同样的旧屋子里摆放同样的旧家具,只是改变了摆放方式。有的变革项目试图把一些家具扔掉,但是真正的变革要求人们对屋子本身进行重新设计。甚至可能把整个屋子炸掉,这就要求人们改变其想法背后的东西。通俗地说,就是人们必须学会为企业大脑接上新线路"(Pentti,2002)。Pentti(2002)认为:"实现快速变革甚至剧烈变革的方法之一就是提高个人、团队和组织的绩效水平,这就意味着对先前占据主导地位的思维模式进行剧烈的变革。"①然而,他同时指出:"值得注意的是,可能仅仅因为一些既有认知,个人的行为就无法发生改变……正如集体行为的改变要依赖于个人行为的改变一样,企业运营的变革也依赖于诸多因素变革的实现。"他认为,对组织成员而言,掌握并应用新技能比较可能,而改变工作态度就更加困难。只有在相关的知识、技能和态度发生改变之后,个人的行为才可能发生改变。组织行为变革的难易程度可以用图2-2表示。

Gary Hamel(2002)指出,成功的企业关注更多的是如何把事情做得更好,而不是如何使事情与众不同。在这个变革时代,并不是知识带来了新的财富,而是你对创新机会的把握产生了财富。整个过程充满发现,洞察力就是前进的方向。瞬息万变的

① Pentti Sydanmaanlakka. An intelligent organization: integrating performance, competence and knowledge management [M]. Oxford: Capstone,2002.

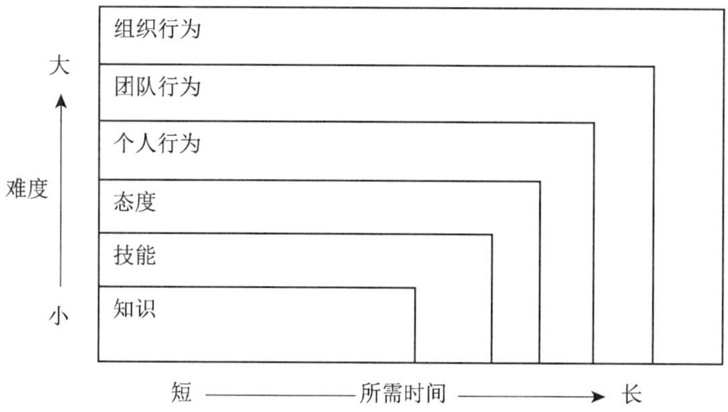

图 2-2　组织行为变革难易程度

变革和越来越残酷的竞争让企业越来越难以有喘息之机，因此有效的组织学习已经成为企业维持生存的迫切需要。Harrison Owen(1992)在其专著《骑虎：变革世界里的企业经营》(*Riding the Tiger*: *Doing Business in a Transforming World*)一书中说："曾有一段时间，企业经营的主要目的就是要创造产品和利润。而现在，成为一家有效的学习型组织是企业最优先的目的，这并不是说利润和产品不再重要，而是说如果没有持续的学习，也就不可能形成利润和产品。因此，现在产生了一种重要的新观点：企业的关键是学习——并因此产生了所有其他相关的观念。"①

所有这些变化都对组织提出了很多要求。在一个相对稳定的竞争环境中，结构相对简单的、机械的组织就可以取得成功。但是，在一个复杂、动荡、瞬息万变、不可预测的竞争环境中，组织要想获得竞争优势和卓越绩效就必须不断地进行变革和再造。简而言之，组织必须不断地进行学习，学习成为一种真正的竞争优势。同时，学习也带来了挑战，如果组织不能进行结构变革，缺乏变革所需的基于学习的适应性的话，组织生存将受到严重挑战，持续竞争优势的构建也将成为无本之木、无源之水。Arie de Geus(1997)说："保持公司竞争优势的唯一途径是确保你的公司学得比别人快。"

① Harrison Owen. Riding the Tiger: Doing Business in a Transforming World[M]. Abbott Publishing, 1992.

2.3.4.4 个人学习

个人学习是所有学习的起点，所有学习都发生在个人层面。学习是个人汇集知识、技能、态度、经验并将其融合的过程，这一过程最终会导致行为的改变，因此，心理学理论和研究把学习视为能力的开发。Pentti(2002)把学习表示为经验转变成能力的过程（图 2-3），他认为，在这一过程中，个人的经验得到评估，个人从经验中搜集信息。此外，学习目的还包括知识的领会和理解，然后是应用，在此，知识付诸实践，并被用于不同的情境。

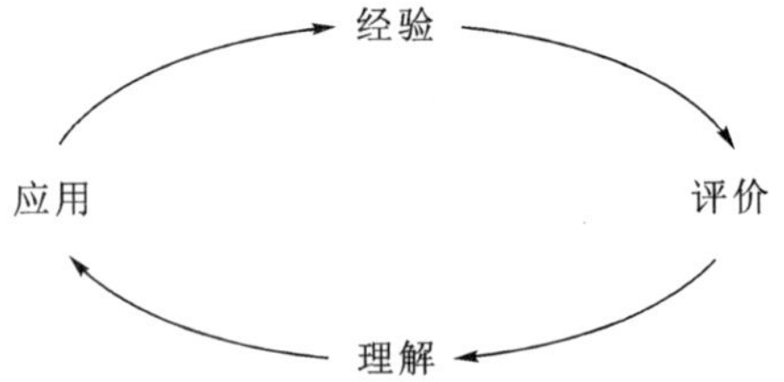

图 2-3 个人的学习过程

资料来源：根据 Pentti Sydanmaanlakka (2002) 改编。Pentti Sydanmaanlakka. An intelligent organization: integrating performance, competence and knowledge management.

2.3.4.5 团队学习

现在，组织越来越多地使用团队来实现组织绩效。所谓团队是指将具有共同的目的、共同的绩效目标和共同的行为模式的一小群人集中起来，其根本意义在于实现能力互补。团队成员共同担当绩效责任（Katzenbauch 和 Smith, 1994）。团队学习的重要意义在于其能够促使团队成员认识到自己的知识和能力并不全面和彻底。从组织绩效和竞争力的角度而言，团队学习和个人学习同等重要，与个人学习一样，本书将团队学习定义为一个过程，在此过程中，团队获得知识、技能、态度、经验，并将其相互融合，从而改变团队认知和行为模式，提高团队和组织绩效。团队的学习过程如图2-4所示。

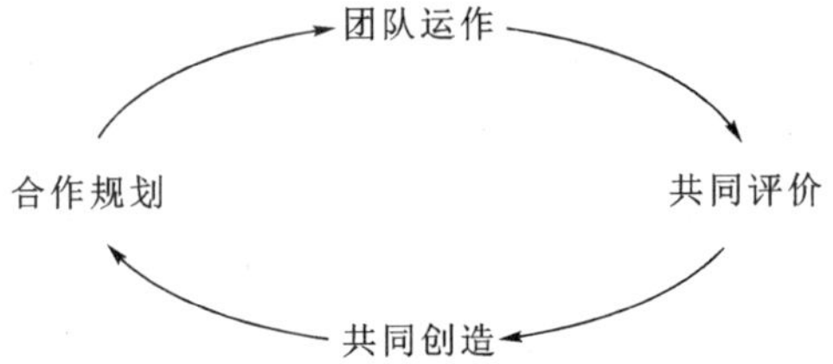

图 2-4 团队的学习过程

资料来源：根据 Pentti Sydanmaanlakka (2002) 改编。Pentti Sydanmaanlakka. An intelligent organization: integrating performance, competence and knowledge management.

团队学习的前提条件是团队成员有共享的目标、心智模式、行为模式和绩效责任。组成团队的最终目的是使集体能力大于个体能力之和，因此，从某种意义上讲，团队学习是个人学习和组织学习的综合。Peter Senge(1990)认为，团队学习过程由以下几个部分组成：①团队经验评价；②共同的认识、愿景、价值观、心智模式、思维模式、方向和行为；③共同进行规划，这决定了将要实施的计划的内容和成效，以及个人的职责、工作时间和工作方式，该计划还应该包括能力分析，即团队需要什么样的能力、何时需要、如何获取这些能力，以及谁负责学习过程的监督和管理；④每个团队成员都应该有能力独立完成自己的职责。共同的思维模式和行动计划的书面化为团队运行提供了稳定的基础，因此，即使学习过程是由很多个相互分离的部分组成，但由于受到团队共同目标的约束，学习的最终效果将得以保障。

2.3.4.6　组织学习

Pentti(2002)指出，组织作为有生命的有机物，是系统的、复合的，是一种人性化的经营实体，它为人们提供谋生和实现理念的机会。将来，成功的组织将按生物模式运转，学习和再造将不仅仅是一种短期的竞争要素，而成为组织维持生存的前提条件。企业管理人员以及企业研究学者日益认为学习是发展并维持竞争优势的关键(Armstrong 和 Foley，2003；Baldwin、Danielson 和 Wiggenhorn，1997；DeGeus，1988；Goh 和 Richards，1997；Liedtka，1996；Nonaka，1991；Porth，McCall 和 Bausch，1999；Schein，1993；Senge，1990；Slater 和 Narver，1995；Stata，1989)。尽管组织学习研究已有几十年的历史(Argyris 和 Schon，1978、1996)，由于市场的不确定性、日益增加的复杂性以及竞争的全球性等商业环境的飞速变化(Altman 和 Iles，1998；Peters，1987；Probst 和 Buchel，1997；Swain，1999)，学习促进竞争优势的观点带来了组织学习实践和研究兴趣的与日俱增。通过学习可以减少变革冲击，可以调整并密切与客户和其他关键利益相关者之间的关系，可以根据环境的变化快速进行资源重新配置(Slater 和 Narver，1995)。通过文献研究，Altman 和 Iles (1998)描述了学习型组织概念受到四种理论影响。第一，战略管理理论，战略管理使组织从强调外部环境转到重视组织内部资源，比如，把组织人力资源潜能和组织核心能力视为竞争优势之源(Barnes，1991；Gagnon，1999；Grant，1991；Hamel 和 Prahalad，1994)；第二，系统理论，系统理论认为组织是动态、开放系统(Ackoff，1981；Forrester，1968；Senge，1990)；第三，心理学视角的学习理论，包括学习层概念方面的理论(Argyris 和 Schon，1978、1996；Swieringa 和 Wierdsma，1992)；第四，组织社会学视角的组织环境研究，包括组织机构和组织文化对组织学习的影响研究。由于 Peter Senge 1990 年的《第五项修炼》一书的畅销，众多研究人员从不同的视角定义了学习型组织概念(Calvert、Mobley 和 Marshall，1994；Campbell 和 Cairns，1994；Coopey，1995；Daft 和 Marcic，1998；Jashapara，1993；Loermans，2002；McGill、Slocum 和 Lei，1993；Sankar，2003)。

作为有机体的组织是开放系统，能够与所处环境互动，因此组织能够进行学习和知识处理，能够学会如何才能做得更好，能够学会如何建立外部联系，并不断进行自身运作模式的重构以适应竞争环境。本书把组织学习界定为组织改变认知结构，并在新的认知结构基础上建构新的组织知识从而提升组织认知能力，获取竞争优势的过程，即组织学习意味着组织能够通过改变其工作方式、流程和价值观来实现自我更新。在竞争环境中，更新意味着组织顺应环境变化以获取新的竞争能力。实践中，组织的更新能力意味着组织能够识别新的竞争领域，这些竞争领域与其核心业务、工作流程、组织制度等密切相关。最典型的组织更新发生在战略、知识、能力和绩效范围内。在组织学习过程中，组织成员通过协作对信息进行解释，并获得系统化、多样化的反馈，这些共享的解释和反馈有助于组织愿景、战略和目标制定，并在很大程度上促进了组织共享心智模式和行为模式的生成，以及组织能力和绩效的提升。组织学习的过程如图 2-5 所示。

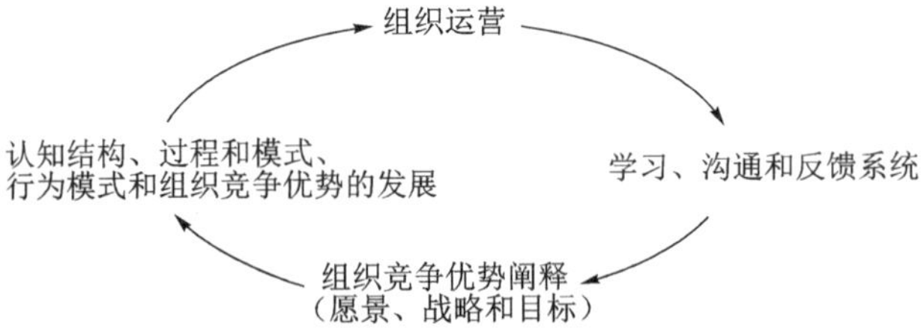

图 2-5　组织学习的过程

资料来源：Sydänmaanlakka，Pentti. An intelligent organization：Integrating performance，competence and knowledge management[M]. Capstone，2002.

Marquardt(2012)认为，组织学习和个人学习、团队学习有相同之处。首先，组织学习必须在组织具有共同的认知、能力和心智模式的情况下才能实现；其次，组织学习是建立在先前的知识和经验——组织记忆的基础之上，组织记忆体现在组织的工作方式、流程、文化和制度上。尽管组织学习、个人学习和团队学习紧密相连，但是组织学习绝不是个人学习和团队学习的简单相加。C. Jyothibabu、Ayesha Farooq、Bibhuti Bhusan Pradhan(2010)的研究表明，尽管个人学习和组织层学习直接提升组织绩效，团队学习在个体学习和组织学习之间起着中介变量作用。同时，研究也证实组织学习比个人学习对组织绩效贡献更大。Bontis 等(2002)在研究了加拿大企业组织学习后也认为，组织学习比个人学习或者团队学习与组织绩效关系更密切。

Pentti (2002)用智慧型组织表示学习型组织。他认为，所有的组织都是学习型组织，区别是有的组织学习得快，有的组织学习得慢，所以说所有的组织都在或多或少地学习。因此，他选择用智慧型组织来替代学习型组织概念，他指出，智慧型组织具有三项基本能力：①它能够在事物的萌芽阶段就看到变化的需要；②它比竞争者学得快；③在将新理念变为现实时，它能够比竞争者做得快。同时，他描述了智慧型组织的运作模式：①它能够持续不断地快速学习和自我更新；②它为持续的学习和个人及团队绩效提升提供支持；③它高瞻远瞩；④它能够容忍错误，并能从错误中学习；⑤它重视成员的能力、责任感和健康；⑥它与顾客关系密切，关注顾客满意度；⑦它总是按照可持续发展的原则进行经营。

Dogsdon(1993)提出了一个全面的组织学习定义：组织学习包括企业在其文化中产生、供应和组织与活动相关的知识和惯例的方式，通过发展工作队伍中的广泛技能来调整和发展组织效率。组织学习既包括直接的学习行为，如研发、规范职员教育，也包括组织在层级间扩散信息的方法和处理信息、存储信息的方法。在组织学习理论的几种范式中，Stewart Clegg(1999)提出了一种关于组织学习的社会学观点，关注组织中的人和他们之间的关系。

朱伟民和万迪防(2001)认为：在企业组织中，学习既是一个个体化的过程，又是一个组织化的过程。组织学习是企业在持续进行的内外部信息交流中努力改变或重新设计自身以适应不断变化的环境的过程，其中最主要的是对知识的搜集、整理、应用，通过不断的行为改进来保持企业的竞争优势和创新能力。由于环境的变化需要企业不断修正自己的行为和目标，组织学习可以看作是一个带有控制反馈机制的不断改正组织错误的过程。学习型组织概念发展过程如表 2-4 所示。

表 2-4　学习型组织概念发展过程

定　　义	学者
学习型组织就是这样一种组织，人们在其中不断进行自我开发，能够实现他们想要实现的成果。在这种组织中，新的思维模式不断诞生，人们具有个体的目标，共同学习	Peter，1991

（续表）

定义	学者
学习型组织就是崇尚学习并且鼓励人们学习的组织	Handy，1991
学习型企业就是帮助每位成员学习，不断进行自我更新并促进环境更新的组织	Pedler 和 Burgoyne ja Boydell，1997
学习型组织就是组织成员不断质疑其运作模式，发现错误或差异，并通过组织和经营运作来自己修正这些错误或差异的组织	Argyris，1993
学习型组织就是能够创造、获得和转移竞争力，并能够根据新的知识和观点来改变行为的组织	Garwin，1993
学习型组织就是鞭策人们进行尝试，允许错误和失败的存在，鼓励内部竞争，不断进行知识的积累和转移，推动创新的组织	Peters，1993

资料来源：Pentti Sydanmaanlakka. An intelligent organization：integrating performance，competence and knowledge management. Oxford：Capstone，2002.

2.4 基于知识的组织能力理论分析

对于知识，巴特·努特鲍姆（1990）采用社会建构主义的交互作用观点，认为“知识”一词具有广泛的意义，表示所有的心理活动，包括感知和价值判断。人们依据他们在社会环境和物质环境交互作用中所发展起来的心理范畴（框架，或者说是心理模式）来感知、解释和评价这个世界。这就使得知觉、解释和评价或多或少地具有路径依赖性和特异性。由此可见，努特鲍姆把知识定义为人们观察世界的方式，并强调它取决于与一个既定的社会环境和物质环境的交互作用。只要不同的人在不同的社会和物质环境中成长，并且彼此没有交互作用，他们对这个世界的观察就是不同的。哈耶克（1945）在《知识在社会中的运用》一文指出，知识在社会中的分布是分散化的，提出有效的决策应该是决策权与知识的分布之间相匹配的命题。本书认为，知识在社会和组织中的离散分布是由于特定知识是与具体的认知实践活动联系在一起的，知识是具体的和局域的。组织中不同主体的认知过程和认知活动具有环境依赖性，作为认知结果的知识就具有“黏滞性”的特点。企业作为一个知识系统，分工的存在使得企业中成员知识角色出现差别，长期知识分工的结果必然是不同成员之间认知结构和认知能力的不同。

组织内部知识结构及长期的认识实践形成了组织特有的认知结构，而认知结构规定了组织知识行为的方式，反过来影响企业知识资源在企业中的分布。组织认知资源分布的非均衡性主要是由组织成员之间知识结构的异质性造成的。一方面由于组织知识禀赋有很大的不同，组织既可以看作是一个产品的组合，也可以看作是一个知识的组合。另一方面专业化分工的长期积累导致组织知识系统的差异性，例如，产品营销部门、新产品开发和设计部门，人力资本管理部门之间表现出显著的知识差异。随着分工的深化和细化，这种知识分布的不均衡将进一步加强。

学习提供知识，但知识的使用创造了无知，或者说它必然导致知识的价值和可靠性的“衰败”。组织一旦知道怎样生产改良产品并且生产，市场就被改变了，因为知识影响到了竞争者、顾客的预期以及相关原材料投入和技能的价格。因此，知识和无知的演化及其动态就构成了人类系统的基本“通货”，它基本上已替代了原先由体力、手工技能和熟练程度所发挥的作用。持续不断地创造和使用相关知识的能力，而非知识本身，是成功的关键(Allen，1999)。

基于资源的企业理论的发展，将人们的注意力从对企业产出的研究引向对企业投入的研究，人们开始将企业的竞争优势和企业内部的因素挂钩，使企业理论在打开企业“黑箱”方面迈出了重要的一大步。随着研究的逐渐深入，人们对企业内部资源中无形知识的重要性的认识越来越清晰，基于知识的组织能力理论逐步成为组织能力理论的核心。

与有形的资源不同，知识和技能能够不断地创造“熊彼特租金(Schumpeterian Rent)”，即基于创新的经济租金。熊彼特租金主要通过在一个不确定性很高或者非常复杂的环境中承担风险和形成独创性的洞察力来获得。人们逐渐认识到，生产过程中涉及的物理要素，比如机器、劳动力和原材料，即使是非常稀缺的，除非被拥有知识的人有意识地用于寻求经济租金，仍旧不可能产生任何生产力。唯有知识和技能是企业可持续竞争力的根本源泉，Winter(1988)则直接将企业定义为“生产知识的仓库”。

基于知识的组织能力理论认为，与市场机制相比，企业组织能更有效地在组织内共享和传送个人和团队的知识，企业间绩效的差异是源于知识的不对称和由此导致的组织能力的差异(Conner, 1991; Kogutandzander, 1992、1996; Conner 和 Prahalad, 1996; etc.)。事实上,组织能力具有知识专有性,形成组织能力的目的是从知识、而不是从有形资源的专有中获得经济租金(Liebeskind, 1996)。Penrose 认为,企业的规模取决于企业管理者拥有的知识和管理能力,这就是企业理论中著名的"潘罗斯效应"。Teece(1994)认为,企业组织的知识以及相应的组织能力是企业经营范围的一个重要决定因素。Peter Drucker(1995)则直接指出,"知识已经成为关键的经济资源,甚至可能是唯一的来源",进一步强化了知识作为企业特殊的资源,是组织能力的最为重要的来源。

知识已经成为组织竞争优势的根本保证。对于组织而言,在复杂、动荡的竞争环境中其生存、发展和获取竞争优势的挑战在于以下三个方面:首先,组织不知道自己知道什么这是其生存和发展的最大风险;其次,组织不知道自己应该知道什么,从而迷失并最终消失在竞争环境中;第三,组织如何获得知识,确切地说组织如何确保其成员获取知识。如果组织知道其知道什么,并促使组织知识在组织成员中的流动和获取,组织绩效和竞争力将得到极大提升。

组织知识在内外复杂因素的相互作用下会产生随机涨落,涨落对系统仅仅是一种维持动态平衡的微扰。但是当涨落被系统的非线性作用放大到大于系统惯性力时,其原有的自然平衡就会被打破而重建新的平衡,这就是系统的进化。组织知识系统具备了以上耗散结构理论所描述的进化条件,因此组织知识具有进化性。通过组织学习,形成组织知识的自组织,从而使组织知识朝着有利于企业持续发展的方向进化(孟晓飞等,2001)。同时,组织知识也有它的特殊性。从层级角度来看,它包括个人知识、团队知识和组织知识;从功能角度来说,它包括生产性知识和管理性知识,前者用于协调人与物之间的关系,后者用于协调人与人之间的关系。就特征来说,它还有:①层级性,由于企业是一种科层组织,所以作为知识一体化组织的企业在知识构成上肯定有层级性;②经济性,企业首先是一个营利性组织,企业只有通过整合组织知识,才能实现作为初级目标的营利,并据此吸收或创造新知识。

综合上述组织分析、演化理论和能力理论视角的组织观点,笔者认为组织是具有生命特征的认知系统。这一系统能够持续革新、能预计到变化而且学习速度很快。它不是机械的,而是更像一个活的有机体,能控制自己的行动、适应变革的快节奏。它能够通过各种方式处理知识,因为知识在不断发生变化,所以它的目标就是按照环境的需要开发并应用知识,这要求它在应用知识前必须理解知识。所以,对作为组织的这一生命系统而言，有效利用知识的关键之一就是其理解能力，也就是认知能力。如果它不能完全理解它所拥有的知识的意义，它就无法创新、获取价值和竞争。

2.4.1　企业核心能力的内涵

在战略和组织研究文献中，能力基础的研究视角发端于20世纪70年代，主要包括企业资源基础观（Pfeffer和Salancik，1978；Wernerfelt，1984；Dierickx和Cool，1989）、企业动态能力理论（Nelson，1991；Teece et al.，1997）、企业知识基础理论（Kogut和Zander，1992；Nonaka和Takeuchi，1995），以及企业核心能力理论以及核心能力或者基于能力的竞争优势理论（Hamel和Prahalad，1990；Sanchez和Heene，1997）。企业资源被定义为：任何被认为某一特定企业的优势或者弱势的有形或者无形资产，这一资产并非一定是该企业永久所有。比如，品牌名称、企业技术知识、技术人员和交易合约（Wernerfelt，1984）。珍贵的、稀缺的、难以模仿的、不可替代的组织资源可以给企业带来持续的竞争优势（Barney，1991）。企业的独特能力是“一组为企业带来竞争能力和持续优势的独特的技能、互补性资产和惯例的集合”（Teece et al.，1997）。从企业经营的角度看，由于对组织惯例和资源获取的影响，资源和能力基础对企业至关重要。惯例是指“组织的技能”，能力（动态能力，高阶组织原则）是指企业经营活动中代表企业维持并协调惯例运用能力的元惯例（Foss，2000）。

2.4.2　企业核心能力的主要观点

20世纪90年代以来，企业核心能力理论的研究一直是企业战略研究的一个热点问题。国外学者对企业核心能力的研究成果大都来自世界级成功企业的实证分析。国内对企业核心能力的研究最初主要是对国外研究成果的介绍，停留在泛泛谈论现实意义和重要性的阶段。90年代中期以后，有部分学者开始追踪国外研究成果，并在此基础上进行一些深入的探讨，得出了一些颇有意义的结论。比较有影响的大约有十余种，如表2-5所示。

表 2-5 企业核心能力研究的主要观点

观点	内容	优点	局限
技术观（Pahalad 和 Hamel，1990）	不同技能与技术流的整合，企业竞争优势的源泉	强调能力整合，便于组织内部、外部的良好交流与沟通	比较笼统，难以分解，层次性不强
网络观（Kesler 和 Jones，1998）	各种技能及其相互关系所构成的网络	强调技能及其技能之间的相互关系，具有可分解性	过分强调技能，对组织文化因素考虑不够
协调观（Coombs，1996）	各种资产与技能的协调配置：表现为卓越资产、认知能力、程序与常规、组织结构、行为与文化	强调协调配置	可分解性较差，操作性不强
知识观（Bardon，1992）	企业独具特色并为企业带来竞争优势的知识体系	强调能力的知识特性，具有明确的能力载体	难以定量和深入分析
文化观（Bamey，1986；Durand，1997）	企业独特的难以仿效的有价值的企业文化	强调企业文化对企业的巨大影响	忽视企业的技能、营销等其他能力，且不易分解
组合观（Prahalad，1993；Coombs，1996）	企业各种能力的组合，包括战略管理能力、核心制造能力、核心技术能力、核心营销能力、组织管理能力	强调能力的组合，以组合和创新过程为基础，比较全面，对企业培育核心能力具有一定的指导性	如果能克服定量难的问题，将具有较大的可操作性
元件，构架观（Henderson 和 Coekbum，1994）	通过企业的构架将若干的能力元组合起来的能力	具有系统性	层次和动态性不强
平台观（Meyer 和 Utterback，1993）	通过产品平台来连接市场的能力，包括市场洞察力、产品技术能力、制造工艺能力、组织能力	通过产品平台连接市场，所包含的每个能力都与市场有关	不全面，对组织文化等因素考虑较少
专利技术能力观（Patel 和 Pavitt，1997）	获取专利和潜在的技术优势的企业能力	易于定量描述	仅用一项指标衡量，不全面

（续表）

观点	内容	优点	局限
资源观（Christine Oliver，1997）	企业在获取并拥有异质性资源方面的独特能力	强调异质性资源对企业的独特作用	对资源的整合利用等方面强调不够，不易分解，可操作性差
组织系统观（Coombs，1996）	企业的技术能力以及将技术能力予以有机结合的组织能力	强调技术能力和组织内部管理能力	忽视组织的外部适应能力
层次系统观（王毅，等，2000）	核心能力存在于企业所涉及的各个层次，由能力元和能力架构组成的，能使企业获得持续竞争优势的、动态发展的知识系统	具有全面性、动态性、系统性和层次性	过于复杂，操作性差

来源：王毅，陈劲，许庆瑞．企业核心能力测度方法述评[J]．科技管理研究，2000(1)：5-8.
赵勇．企业核心能力理论研究与实证分析[D]．西南交通大学，2003.
冯进路．企业联盟知识转移与技术创新[M]．北京：经济管理出版社，2007.

2.4.3　企业核心能力与知识体系的关系

由企业特有的技术技能系统、价值观系统和管理系统所构成的知识体系，这一体系包括隐性知识和显性知识。显性知识系统是以某种形式表达出来的、人们通过一定的途径可以感知和学习的知识，而隐性知识则是未被表达、不易感知、存在于企业的各个系统，尤其是以企业员工为载体的知识。如果把企业生存发展的所有基础和条件分为外部资源和内部资源的话，无论是显性知识还是隐性知识，都只是对企业的内部、外部资源的一种认识。组织外部资源存在于外部环境时，并不具有某一组织独特的印记，尽管出于市场不完全性和稀缺性的特点，不同企业获得稀缺性资源的机会是不均等的，但在谁都可以获取这些资源的权利上，不同组织之间并不具有天然的不平等性，只有不同组织由于自身知识体系的限制，对外部资源有不同的认识，因而采取不同的措施和手段，以不同的视角和方法评价同一资源，导致在资源获取和利用的决策上的不平等性。而对企业外部资源决策的前提，是基于内部资源的分析。只有当外部资源和内部资源相互作用、进行整合之后，外部资源才具有了企业特性。所以，如何根据内部资源的特点去发现、选择、利用外部资源，并将其与企业的内部资源有效地整合起来，才是企业核心能力的内在反映。因此，企业核心能力不仅仅是一种知识体系，而是对企业的知识体系加以有效应用的能力，使企业根据环境需要，应用知识体系去挖掘和整合企业内外部资源，从而持续地、超值地输出消费者所需要的优质的产品和服务的能力（赵勇，2003）。

2.4.4 企业核心能力的知识属性

企业核心能力这一概念从诞生的那天起就深深地印上了知识的“烙印”。在Prahalad 和 Hamel（1990）提出的核心能力明确定义中（核心能力是组织的积累性学识，特别是关于如何协调不同的生产技能和有机结合多种技术流派的学识），可以提炼出企业核心能力的三个关键：①知识性，“技能”属于技能知识（know-how），“技术”属于事实知识（know-what），它们显示了知识的实体性；②整合性，“协调”与“结合”的对象是知识，它们显示了知识的动态性，例如知识的获取、处理、交流、共享等活动；③积累性，“积累性”体现了企业核心能力是知识日积月累的结果，而非短时间可以获得的。

Hamel 和 Heene（1994）共同主编的《基于能力的竞争》（*Competence-Based Competition*）一书的序言中进一步指出：“毫无疑问，核心能力包含隐性知识与显性知识”。这里的隐性知识包含技能知识（know-how）和人力知识（know-who）、显性知识包含事实知识（know-what）和原理知识（know-why）。作为知识观的核心能力代表，Leonard Barton（1992）认为企业核心能力包括四个维度，前两者构成重要的知识储备库，后两者构成管理和控制知识系统。其中，员工的知识和技能与技术系统是作为实体的知识而存在，管理系统与价值和规范是作为过程的知识而存在，实体性知识与过程性知识的相互结合正好体现了“知”与“识”的统一。

十几年以来，对能力理论的研究表明，企业核心能力的本质是企业特有的知识资源（范微，2001），隐藏在企业能力背后并决定企业竞争优势的是企业掌握的知识（吴金希、刘冀生，2002）。魏江（1999）从核心能力的表现形式和载体两个方面对这些流派进行分析，认为知识才是企业核心能力的本质。Prahalad 和 Hamel（1990）所提到的无论是“生产技能”“技术流派”，还是“积累性学识”，都是“知识”的一种。Teece 等人（1997）则认为，企业通过学习和知识积累等不断培养新的核心能力，是企业获得持续竞争优势的关键。可见，知识具有二相性，其中“识”是指企业的知识资产，体现了知识的实体性和静态性；“知”则表现为企业通过学习、创造等手段获得和积累知识，吐故纳新，保持竞争性，这体现了知识的动态性。因此，企业的核心能力是一个动态的知识系统(Barton,1995),组织知识的竞争力和对知识管理的能力是这一系统中“静”与“动”的两个方面,它们是企业的竞争优势能够长久保持的关键。

基于知识经济观点,要求企业以知识作为第一要素,通过知识的生产、扩散和应用提高其竞争力。而基于知识观的核心能力观点认为,企业的竞争力来自于具有企业特性的、路径依赖性的、不易为外界获取和模仿的知识体系。由此,可以得出这样一个结论:由知识和知识体系构成的企业核心能力将是知识经济时代企业获得持续竞争力的最根本基础,而对企业自身所拥有知识的激活和应用将是实现持续竞争力的根本保证。

核心能力是一种基于知识体系的能力,它是组织形成竞争优势和竞争能力的深层次能力。核心能力贯穿于企业的技术、技能、组织和文化等各个层面,它是以一项或多项处于或追踪行业领先直至世界级水平的核心技术为主而建立起来的,构成企业竞争优势和竞争能力的深层次能力。核心能力不是一般的技术诀窍或专利,它也不是单一的组织、关联设备及文化价值观念。核心能力是发展的、体现自组织特点的系统化能力,其目的是把握战略杠杆,使可控资源获得最大收益。它的形成是企业在长时期、多方面培育的结果,是技术、技能、组织、制度及价值观念等的有机融合,它使企业具有竞争能力,取得持续的竞争优势,从而使基于组织知识创新的企业能力得到长足发展。

2.4.5　企业组织知识形成核心能力

组织知识与核心能力的转化如图 2-6 所示。知识被视为核心能力的根源主要在于:第一,知识不同于容易从外部市场获得的传统资源,企业是特定知识的集合体,每一个企业的知识存量都是独特和难以模仿的,而且也无法从外部市场买到,为了获得类似的知识,竞争者必须在类似的环境中有类似的体验,但这往往意味着需要相当长的时间;第二,企业当前的知识存量所形成的知识结构决定了企业发现未来的机会

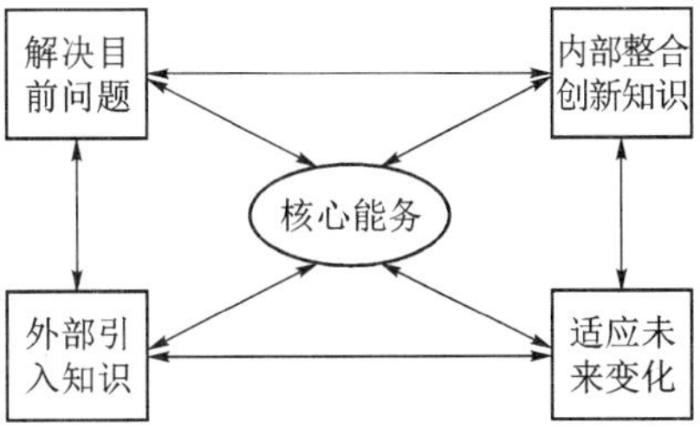

图 2-6　核心能力与组织知识

来源:易法敏.经济组织与制度经济学系列:核心能力导向的企业知识转移与创新研究[M].北京:中国经济出版社,2006.

和配置资源的方法,企业内各种资源效能发挥程度的差别都是由现有的知识结构所决定的;第三,与组织知识密切相关的认知能力还决定了企业的知识积累,从而决定了企业的竞争优势。因此,知识的差异是导致企业之间绩效差异持续性的原因。

组织知识要最终形成核心能力,有两个必须具备的因素。首先是组织学习。一般意义上,我们可以将组织学习视为获取、创造和传播知识的过程。组织学习源于个人学习,但如果个人知识不能被组织中的其他成员共享,组织就不能学习。通过组织学习,组织成员得以分享基于过去经验的知识和价值观,组织学习的最终目标是要提高组织的绩效。如果要使个人层次的学习上升到群体层次,并最终达到组织层次,就必须由管理当局有意识地设置组织学习机制,即通过制度化的结构和程序的安排,组织可以系统地收集、分析、储存、扩散和使用知识。一个学习型组织即是一个建立并有效利用、有意识地管理其学习过程的组织。既然企业核心能力的本质是知识,而知识的获取、积累、传播、应用和创新必须依赖于学习过程,组织知识是企业核心能力产生的源泉,组织学习就是企业建立和保持核心能力,形成竞争优势的根本途径。所以,企业的竞争根本上是企业学习能力的竞争,只有那些持续学习、善于学习的企业才能在激烈的市场竞争中最终赢得竞争优势。其次,组织知识要有效转化为核心能力要素。企业核心能力的构成要素与知识的关系如表 2-6 所示。

表 2-6 企业核心能力的构成要素与知识的关系

企业核心能力的构成要素	与知识的关系
资源类	
技术	常规化的知识
企业文化	隐含的知识
管理系统	常规化的知识体现形式
组织结构	常规化的知识载体
人力资本	变数最大的知识载体
能力类	
研究与开发能力	是组织知识需求量最密集的领域
不断创新能力	在已获取的知识基础上创造产生新知识的能力
技术转化能力	利用生产知识将技术优势向市场优势转化
执行能力	利用组织、协调、指挥知识有效地完成计划的能力

（续表）

企业核心能力的构成要素	与知识的关系
应变能力	根据环境和自身特点的知识及时调整经营方向的能力
决策能力	综合运用企业资源、组织资本、人力资本等知识进行重大决策的能力

资料来源：易法敏.经济组织与制度经济学系列：核心能力导向的企业知识转移与创新研究[M].北京：中国经济出版社，2006.

以上核心能力的构成要素并不是要求同时具备，其中的某几种组合也可能形成企业的核心能力。知识形成核心能力一般须经历以下四个过程。①组织知识与企业资源相互作用，共同成为核心能力的基础。位居基础层的是组织知识和企业资源，基础层越坚实，或者说企业的知识与资源越丰富，学习能力越强、越持续有效，企业的竞争优势就越强、越持久。企业背景是无形的，是竞争对手难以识别的，更难为竞争对手所模仿。企业的经营理念、企业文化、企业中的种种关系、企业发展的逻辑和路径，无不对个人学习和组织学习造成重大影响，进而影响核心能力的最终形成。②个体学习与组织学习是必然途径。知识转换为企业的核心能力，必须通过中间机制的作用。企业的核心能力是通过个体学习和企业学习，在企业背景（Organizational Context）下，将企业的资源（Resources）转换为工作常规（Work Practices），再与企业惯例进行整合与协调，形成企业的各种能力（Capability），进一步形成企业的核心能力。③知识转化与循环。Nonaka（1995）指出，在企业创新活动的过程中隐性知识和显性知识二者之间互相作用、互相转化，知识转化的过程实际上就是知识创造的过程。④知识的整合与协调。在核心能力的形成过程中，“整合、协调”发挥了支柱作用。正如 Prahalad 和 Hamel 所强调的，企业核心能力是学识的“整合与协调”（Integration and Coordination）。没有整合与协调，就没有核心能力的产生，也没有企业竞争优势的产生。这里的整合与协调包括纵向与横向两个层面。纵向层面的整合与协调，主要是自下而上的整合与协调关系。如通过整合，组织学习转换为工作常规；通过对工作常规的整合，转换为企业的能力；通过对能力的整合，转换为企业的核心能力。横向层面的整合与协调，是指“能力塔”中每一个层级内部之间的整合与协调。如组织学习层面的整合与协调，需要将组织内部的知识学习与外部的知识学习有效地整合起来，需要将单环学习、双环学习整合起来，需要将探险型学习和利用开发型学习整合起来；如能力层面上，需要对企业的研发能力、制造能力、营销能力、与供应商的合作能力、客户关系能力，以及内部人力资源管理能力、财务运作能力等有机地进行整合与协调。单一的能力产生不了竞争力，只有高度整合与协调的能力才能产生强大的竞争力与市场竞争优势。企业核心能力需要的整合与协调是全过程、全方位的整合与协调（吴价宝，2003）。组织知识形成核心能力的过程如图 2-7 所示。

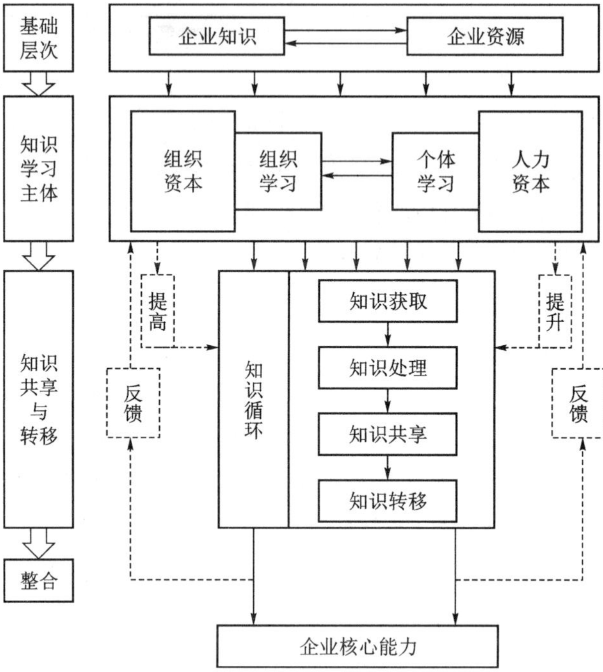

图 2-7　组织知识形成核心能力的过程

资料来源：吴价宝. 企业核心能力的形成机理及其应用研究[D]. 南京：东南大学，2003.
易法敏. 经济组织与制度经济学系列：核心能力导向的企业知识转移与创新研究[M]. 北京：中国经济出版社，2006.

2.5　组织能力的动态观——动态能力

企业是一个开放式系统，需要根据环境的变化动态地调整自身的目标、知识结构和能力，才能保持竞争优势。在动态环境下，竞争力的构建绝不是一劳永逸的，企业所处的商业生态环境的动态性决定了竞争力的动态性。由于竞争和竞争环境是动态的，企业要想保持其在业务领域的竞争优势就必须拥有动态的而不是静态的核心能力。因此，现代企业需要持续地创造竞争优势，发展动态的竞争能力，才能延长企业的生命周期，这就要求企业要克服核心能力刚性，不断创造新的核心能力。

虽然动态能力作为组织能力的一种类型，其概念早已被广泛使用，但对其定义却很长时间没有形成普遍一致的看法，这一定程度上是因为 Teece 等(1997)提出的原始定义比较宽泛，给其他学者提供了解释及拓展的较大空间(Easterby Smith et al.，2009)。不同学者基于不同的研究背景和研究视角，对动态能力进行了各自的定义，包括 Teece 等(1997)提出的原始定义在内，比较有代表性的观点如表2-7所示。

表 2-7　动态能力的主要观点

代表人物	主要观点
Teece 等(1997)	动态能力是企业整合、构建和重组内外部竞争力以适应快速变化环境的能力
Eisenhardt 和 Martin(2000)	动态能力是企业整合、重构和获取释放资源以匹配或创造市场变化的流程，包括整合资源的流程、重新配置资源的流程及获取和让渡资源有关的流程
Zollo 和 Winter(2002)	动态能力是通过组织学习获得的一个相对稳定的集体行为模式，用以产生和调整企业内部的业务流程以获得更高的生产效率
Zahra 等(2006)	动态能力是指以公司主要决策者认为正确的方式，重新配置企业的资源和惯例的能力
Wang 和 Ahmed(2007)	企业为了在变化的环境中赢得并保持竞争优势，不断地整合、重构、更新和再造自身的资源和能力的行为倾向，其中最重要的是不断升级和重构自身的核心能力
Helfat 等(2007)	动态能力是组织有目的地创造、拓展或改变资源基础的能力
Augier 和 Teece(2009)	动态能力是指感知并抓住新的机会，进而重构与保护知识资产、竞争力及互补性资产以获取持续竞争优势的能力

其中，Helfat 等(2007)(包括了 Teece 和 Winter 等动态能力研究的主要贡献者)提出的定义反映了相关学者对于动态能力概念较为一致的看法，而 Augier 和

Teece(2009)的定义,正如作者自己所述,基本上与 Helfat 等(2007)的观点一致,只不过更为强调有意识的或有目的的能力构建过程。参照 Ambrosini 和 Bowman (2009)、Easterby Smith 等(2009)对动态能力研究最近的总结与归纳,目前在动态能力概念界定方面的共识主要有:①动态能力反映了某些改变组织资源基础的流程与惯例,它来自于组织构建而非市场购买,并且是路径依赖和嵌入在组织之中的;②动态能力是可重复的、制度化的流程与惯例,而非简单的即兴问题解决(ad hoc problem solving);③动态能力的运用体现了有"意识的"和"有目的"的过程,因而"幸运"(luck)不能构成动态能力;④动态能力反映了某种程度的战略变革,但二者不能画上等号,动态能力反映的是某种特殊的战略变革,即对资源基础进行的有意识的改变,目的是获取和保持长期竞争优势。

动态能力作为组织能力的一种类型,主要关注的是对企业资源基础的创造、拓展或改变,而企业的资源基础包含了一般性的组织能力以及有形和无形的资源。实际上,组织能力是具有层级性的(Collis,1994;Winter,2000、2003),按照 Winter (2003)的观点,组织能力可以分为零层能力(zero-order capabilities)和一层能力(first-order capabilities),前者也称为运营能力(operation capabilities),是指组织当前如何生存的能力;后者也称为动态能力,是帮助组织对资源基础进行创造、拓展或改变以适应环境变化,赢得未来竞争优势的能力,如图 2-8 所示。

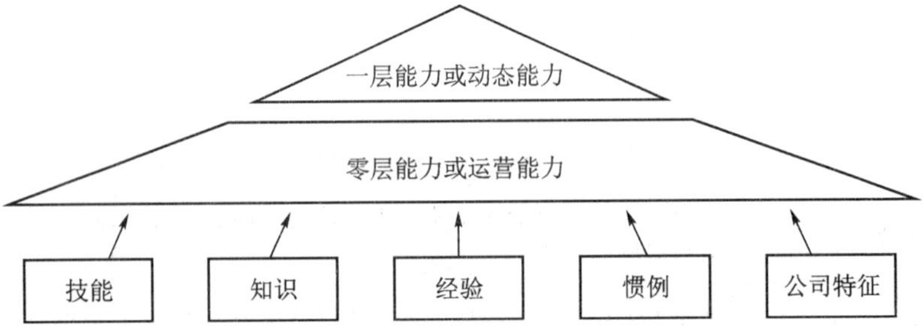

图 2-8　Winter 的能力阶层示意图

资料来源:Hoope 和 Madsen (2008),略有调整。

2.5.1　基于战略管理视角的动态能力

Teece(1994)等人从资源基础理论的基点出发,提出了动态能力的概念和框架，解决了能力是干什么的以及如何起作用的问题，是关于竞争优势的战略角度的研究，导入动态能力概念主要为了建立一种能够重新理解企业如何获得竞争优势的战略范式。另外，战略研究方法运用动态能力来解释企业持续竞争优势之源还面临着一个能力“无限后退”的困境。Cohen 和 Levinihal(1990)认为，企业以往的经历和知识影响了企业获得新知识的吸收能力。而以往的经历和知识是企业拥有的某种形式的资源。Davud 和 Michael(1998)从资源资产和市场资产的角度来解析全球性动态能力，认为全球性动态能力就是创立难以模仿的资源集合，包括组织间关系的有效协调，在全球范围内给企业提供竞争优势。Dosi(2000)认为，动态能力是更新企业能力的能力，其目的是研究企业如何识别市场机会，合理配置、重构企业的资源和能力，以提升企业的市场价值。动态能力包括学习能力，解决问题的能力，特别是发现新问题、解决新问题的能力，是公司积累相关新技能和知识的能力，公司缺乏这种能力，将无法适应新环境变化。Adner 和 Helfat(2005)综合考察了各类资源要素，认为动态能力会受到人力资源、社会资本和管理层认知三个潜在因素的影响。这三类因素共同起作用，决定了企业战略性和操作性管理决策，进而对动态能力产生重要影响。受此启发，Wu(2007)认为，初创企业的组织动态能力同样也包括两个部分：来自企业外部合作伙伴的互补性资源和创业者自身所拥有的资源。他指出，组织动态能力要求企业能够对自身的资源进行整合和重组，其前提条件就是企业首先要拥有足够的资源。因此，创业者(管理者)所拥有的资源越充足，初创企业的组织动态能力也就越强。Zabxa 等(2006)认为，企业所拥有的实体能力(资源)是一把双刃剑，它一方面是组织动态能力存在的基础，但另一方面也使企业产生能力升级惰性，而不利于形成组织动态能力。因此，单纯从资源的角度探讨其对组织动态能力的影响，不容易得到直接的因果关系链。

2.5.2 基于演化视角的动态能力

由于 Teece 用战略理论研究方法没能解决动态能力的形成和发展问题，Zollo 和 Winier(1999)从演化角度出发，用演化理论研究方法对动态能力进行分析，并提出了动态能力的新概念：“一种集体的学习活动模式与惯例接近的一个关系词，企业通过它能够系统地产生和修改其经营性惯例，从而提高企业的效率。”此定义由于避免了用能力定义能力的模糊和累赘，目前被普遍地认同和接受。基于演化理论的研究加深了对组织学习和动态能力形成驱动力的理解。该理论把一个重要的动态能力演化条件加入到组织学习范畴中。March(1998)认为,当企业通过知识说明和编码过程对新思维进行选择的同时,更多知识也在产生着变异,知识的探索与利用并不是像组织理论所说的那样必须交替进行,认知学习和行为学习可以同时共同演化。

2.5.3 基于技术视角的动态能力

动态能力方面的实证研究多集中于技术角度,如关注新技术、新产品和新项目,分析企业由于技术间断性威胁它们的现有能力而不得不采用新技术时所表现出的不同能力。此领域的动态能力主要指技术能力,比如在 Tushman 和 Anderson(1986)实证研究中指作用于技术技能和诀窍的能力,这些技能和诀窍是企业用以开发新产品和新程序,研究信息通信技术和知识管理系统(KMS)在企业间社会网络的建立、使用和维护中的作用,从而论述了信息通信技术和知识管理系统对于企业的吸收能力(一种类型的动态能力)的积极作用。在 Henderson 和 clark(1990)的实证研究中,动态能力指作用于技术知识的能力,这些技术知识是技术演变要求企业必须掌握的。在 Iansiti 和 Clark(1991)的实证研究中,动态能力指作用于技术活动循环圈的能力,此循环圈由知识基础、组织能力和行动三个要素构成,主要用于解决技术问题。Rosenbloom(2000)依据 NCR 公司的实证案例,证明了动态能力在企业应对技术变革和进入新业务领域过程中的关键作用。Eisenhardt 和 Martin(2000)认为,动态能力是一系列特殊的、可识别的过程,如产品制造、战略决策制定、实施联盟等活动。

2.5.4 基于组织视角的动态能力

组织学习是能力动态变化的决定因素,在组织理论研究中这一点被更清楚地表现出来。组织理论并没直接研究动态能力,但它有些问题如企业处理新知识的方式,与动态能力存在一定的关联。在那些围绕知识研究的文献中,如 Nonaka (1994)认为,企业动态性像其他任何组织的动态性一样,是由企业创造更多知识的能力比如学习能力所驱动的。Nonaka 和 Keuchi(1997)认为,组织知识的创造是一个螺旋上升运动,从个人层次开始,缄默性知识转换成更多的缄默性知识和明晰知识,逐步螺旋上升到集体层次、组织层次以及组织间层次。Eisenha 和 Martin

(2000)研究了动态能力演化背后的学习机制,认为重复试验、经验知识的编码化、失败教训,以及经验积累的频次都会对动态能力的培育产生重要影响。Verona 和 Ravasi(2003)认为,知识的创造和吸收能力、知识的整合能力以及知识重新配置的能力是动态能力的内在基础。所以,企业的学习能力是把知识转换成更多知识的一种组织能力,因而它作用于知识本身。林多瓦(2009)等人发现高层团队及其关于组织演化的信念对于动态能力的形成和企业形态持续演化具有重要作用,动态能力依赖于新兴事件的学习过程以及在组织形式演化过程中的一些基本规则,同时也取决于高层管理团队的支持。因此,他们认为企业要培育动态能力,其组织形式必须是分权化的。学者如 Rosenbloom 等人也都根据不同公司的实践总结了管理高层决策等组织因素对于动态能力的影响。

董俊武、黄江圳和陈震红(2004)认为,能力可以被作为组织知识的集合,能够改变能力的背后是技术知识,企业改变能力的过程就是企业追寻新知识的过程。

2.5.5 基于知识创新的动态能力

动态能力理论是在“企业资源基础理论”和“企业核心能力理论”基础上,针对变化激烈的企业商业生态环境而提出的战略理论,强调组织能力的更新和培养是一个不断连续的动态过程。动态能力表现为企业对内外部环境的敏感性,因此,动态能力是环境变化的识别能力、决策分析能力、快速行动能力的整合。但是,个体的知识创新并不能保证形成的组织能力的合力最大,甚至在某些情况下,“各自为政”的知识创新会使企业能力形成“内耗”。图 2-9 说明了方向性不同的知识创新,会对组织能力发展造成干扰。

个体的知识创新活动只有在相同的目标(方向)指引下,才能形成合力,如图 2-10所示。

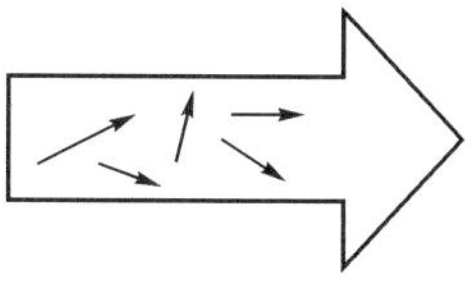

注:→代表各种知识创新活动

图 2-9 方向性不同的知识创新对组织能力发展的干扰

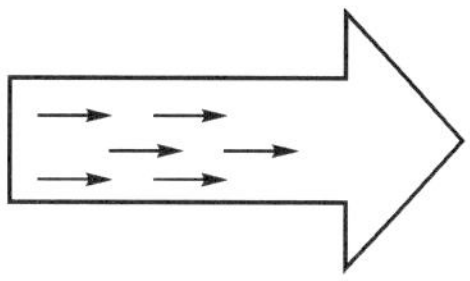

注:→代表各种知识创新活动

图 2-10 具有相同目标的知识创新对组织能力发展的影响

个体知识创新的方向，可能是企业愿景下的具体战略，也可能是为完成某项工作的近期目标。但不管怎样，为实现个体知识创新的同方向性，必须在一个总体的学习和创新环境中，有统一的机制、统一的行动策略。因此，知识创新需要在有组织的学习氛围中进行，即组织知识创新。组织知识创新保证了组织内的个体知识创新行为能够形成组织能力持续发展的合力。基于组织知识创新的组织能力发展的基本模式如图 2-11 所示。

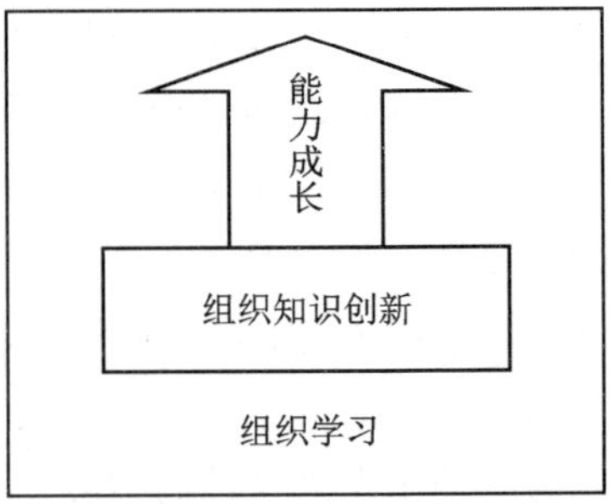

图 2-11　基于组织知识创新的组织能力发展的基本模式

2.6　本章小结

作为组织认知能力系统构成要素分析和研究的铺垫，本章详述了不同视角的组织能力理论研究成果。首先界定了组织的概念，本书中的组织概念不同于传统的机械式组织观点，相反，笔者认为组织是作为有机体的生命系统。这一系统能够持续革新、能预计变化而且学习速度很快。它不是机械的，而是更像一个活的有机体，能控制自己的行动，适应变革的快速节奏。它能够通过各种方式处理知识，因为知识在不断发生变化，所以它的目标就是按照环境的需要开发并应用知识，这要求它在应用知识前必须理解知识。所以，对作为组织的这一生命系统而言，有效利用知识的关键之一就是其理解能力，也就是认知能力。如果它不能完全理解它所拥有的知识的意义，它就无法创新、获取价值和竞争力。

其次，本章梳理了演化理论视角的组织概念，廓清了演化理论研究中的关键问题，即认知、信息、知识、学习和组织能力发展和企业竞争优势之间的内在逻辑。

最后，本章从学习（包括个人、团队和组织学习）和组织能力发展、学习和反馈、学习和变革的角度分析了作为生命有机体的组织能力发展、竞争优势和学习的关系；此外，本章也重点探析了组织能力（包括核心能力和动态能力）的知识属性，详细分析了知识与组织能力和企业竞争优势来源的关系。

第3章 组织认知能力系统结构模型

3.1 系统和结构

Ludwig Von Bertalanffy(1973)认为："'系统'可以被定义为处于相互作用过程中的诸元素综合体。"[①]这个定义包括三层意思：①诸元素(诸事物)；②相互作用(关系)；③综合体(整体)。其中，"诸元素"表明事物的多样性或多元性，这是差异的最初体现，因此，系统的第一个显著特征是多样性，即事物或诸元素的个性。在有意识的人组成的组织的复杂系统中，多样性体现在组织成员认知能力、知识、能力、价值观等方面的多元、差异和相对性上。"相互作用"表明系统中的诸事物或者诸元素是相关的，正是这种相关性，它们才可能构成系统。差异而彼此孤立无关的事物就谈不上差异性，也就不可能有诸事物的系统。因此，相关性或者说个性事物之间的联系是系统的第二个显著特征。对于任何一个系统而言，其"生命力"正是源于以上两点。[②] "综合体"表明了系统的整体性或者说系统的世界性。正是因为

① Von Bertalanffy L.. General System Theory: Foundations, Developments, Applications[M]. New York: Braziller, 1968.

② 许国志.系统科学与工程研究[M].上海:上海科技教育出版社,2001.

整体性，才表明差异的元素是相关的，相反，因为差异的相关，才能有差异事物的整体性概念。这一定义也表明了事物总是在某个系统中活动和表现的，正如人的本质必然无法脱开他的社会性，事物的本质也不能脱离其系统整体性。

根据以上分析，系统可以形式化地理解为：令 A 记系统 S 中全部事物构成的集合。设 S 中把所有事物关联在一起的那些特有方式可以用数学中的关系概念来表示，以 R 记事物之间的关系，R 记所有这些关系的集合，A 中不存在相对于 R 的孤立事物，则系统 S 表示为：$S=\langle A, R\rangle$。系统是相互作用的事物联系起来的有机整体，因此，系统中事物的关系不是外在的和机械的，系统是有结构的系统。在系统中，诸元素或诸事物的相互联系和相互作用的方式形成结构。因此，结构是系统的关系整体性的特定表现。Jean Piaget（皮亚杰）认为[①]，结构是由种种转换规律和自身调节机制组成的系统，它包含三个特性：整体性、转换性（transformation）和自身调节性（self-regulation）。结构的整体性是指，结构内部的相互联系，系统诸事物或诸元素在结构中是有机的联系而不是彼此独立成分的混合，整体和部分由内在规律所决定。结构的转换性是指结构并不是静止的，而是由一些内在规律控制着结构的发展运动。自身调节性是指结构具有维持系统整体性质的守恒和自身平衡的能力。

认知心理学家 Jean Piaget（皮亚杰）说："结构包含着某些统一的元素和联系，但是，这些元素不能单独挑选出来，也不能独立于有关的联系而加以确定。即使在简单聚合的情形中，结构被看作原子论者的杰作，它们的元素亦不可能脱离它们的联系（连接点、空间位置）而给予，否则就没有结构。"[②]他也指出："当我们从最广泛意义上说'结构'时，我们的定义仍然是有限定性的，因为它并不包括任何静止的'形式'。实际上，我们赋予结构这一概念有三个特征：第一，一个结构包含着区别于它的要素规律的整体规律，这一整体规律甚至允许完全抽掉这些要素；第二，这些总体属性就是变化规律，与任何形式规律相反；第三，任何结构都具有自动调节，它是双重意义的，即它的组成既不超越它的边界，也不需要求助于边界之外的任何东西（但这并不妨碍结构能够再分裂变成一些既继承它原来属性又各自呈现出其部分特征的亚结构）。因此，一个形成状态的结构（与它可能有的形成或建构状态相反），就构成一个封闭系统（与此同时，它完全可以作为子结构合并到更大的新结

① 皮亚杰，倪连生，王琳. 结构主义[M]. 北京：商务印书馆，2009.
② 皮亚杰. 生物学与认识[M]. 上海：生活·读书·新知三联书店，1989.

构中去),而正是这种封闭性保证了它的独立性和内在能力。"[①][②]因此,结构是系统的结构,系统是有结构的系统。需要指明的是,结构是"活"的,它处在动态演化的状态中,是动态性的整体,其动力来自系统与环境以及系统内部的相互作用。对一般的系统而言,系统具有自身调节的能力,即结构是一种自组织(self-organization)的。正因为结构是自身调节和自组织的,系统的整体性质可以通过各部分之间的适应性的补偿转换而得到守恒,即系统处于动态平衡。"所有的事物都既是结果又是原因,既是受到作用者又是施加作用者,既是通过中介而存在的又是直接存在的。我认为,不认识整体就不可能认识部分,同样,不特别地认识各个部分也不可能认识整体。"[③]

Jean Piaget(皮亚杰)依据其发生认识论的研究把人类认知视为复杂有机体之于复杂环境的一种具体的生物适应形式,而适应是智力的本质。[④] Jean Piaget(皮亚杰)在其广博的知识背景下表明:认识(知识)是一个有生物—心理基础的结构—建构过程,他认为,在与现实的相互作用过程中,知识和智力是一个持续的、新的建构,知识不是预先形成的或决定的,而是一个连续的同化(assimilation)—顺应(accommodation)和结构—建构的动态过程,知识的客观性有其建构的历史。这突出表现在他把人类的认知适应理解为生物适应的一部分,认为认知机能是生物机能的延伸,是器官调节的扩展。关于行为,Jean Piaget(皮亚杰)说:"我所说的'行为',是指有机体为了改变外部世界的条件,或改变它们自己与周围环境有关的处境,而指向外部世界的一些活动。例如,觅食、筑巢、使用工具等。在最低水平上,行为不过是感觉运动动作(感知和运动的结合);在最高水平上,行为包括观念的内化,如在人的智慧中,动作就扩展到心理操作的领域。……总之,行为是有目的的动作,其目的在于利用或者变革环境,维护或者增进有机体影响环境的能力。"[⑤]他认为,活动既是感知的源泉,又是思维发展的基础。认识并不发端于主体,也不发端于客体,而是发端于主体和客体之间的相互作用活动的建构,他说:"我觉得有必要给这样一个重要的看法以更为显著的地位,这个看法虽然已由我自己和同事们在这个领域的工作得到证实,但是还太少受到注意,即:认识既不能看作是在主体

① 让·皮亚杰.人文科学认识论[M].北京:中央编译出版社,2002.

② 让·皮亚杰.皮亚杰发生认识论文选[M].左任侠等,主编.上海:华东师范大学出版社,1991.

③ 莫兰.复杂思想:自觉的科学[M].陈一壮,译.北京:北京大学出版社,2001.

④ 哈马贝斯.认识与兴趣[M].郭官义,李黎,译.上海:学林出版社,2002.

⑤ 皮亚杰.行为,进化的原动力[M],李文湉,译.北京:商务印书馆,1992.

内部结构中预先决定了的——它们起因于有效的和不断的建构;也不能看作是在客体的预先存在着的特性中预先决定了的,因为客体只是通过这些内部结构的中介作用才被认识的,并且这些结构还通过把它们结合到更大的范围之中(即使仅仅把它们放在一个可能性的系统之内)而使它们丰富起来。”[①]“认识关系的建立,或更广泛地说,认识论关系的建立,既不是外物的一种简单复本,也不是主体内部预成结构的一种独自显现,而是主体和外部世界在连续不断的相互作用中逐渐构造起来的一些结构的集合。”[②]

经验论认为人的意识是单调的白板,只是被动地接受经验输入,知识被视作对世界的临摹,也就是说,任何客观的知识似乎是单纯地由知觉记录和运动理想总和起来的对外物和外物知觉的联系所产生的一种图像的复本。同样,大多数行为主义者认为,认识主要是由人从环境中获取的信息(后天经验)构成,它们符合刺激—反应(S→R)模式。皮亚杰反对经验论者和行为主义者的论点,他认为,全部认识都必须以人这个有机体结构为前提,人生来就具有特定的感觉运动机制,并通过这些机制与自己的环境相互作用,如果不经这个有机体结构的同化,无论如何刺激都不会激起一定的反应图式。“一个刺激要引起某一特定反应,主体及其机体就必须有反应刺激的能力”[③]。因此,相对于行为主义者的 S→R 模式,皮亚杰的发生认识论首要强调的是主体及其机体反应刺激的能力,强调认知结构同化经验的能力。

3.2 认知研究

认知科学是研究身心统一的主体如何发展他们的认知能力和完成他们的认知活动的科学。自 20 世纪 50 年代“认知革命”发生以来,认知科学在相关领域取得了开创性成就,深化了人类对自身认知活动的认识。其间,认知活动经历了一次深刻的范式转换,从基于计算隐喻和功能主义观念的“第一代认知科学”向基于具身认知(embodied cognition)观念的“第二代认知科学”的转变。“第二代认知科学”

① 皮亚杰.发生认识论原理[M].王宪钿,译.北京:商务印书馆,1997.
② 让·皮亚杰.皮亚杰发生认识论文选[M].左任侠等,主编.上海:华东师范大学出版社,1991.
③ 皮亚杰.发生认识论原理[M].王宪钿,译.北京:商务印书馆,1997.

认为，认知主体是自然的、生物的、活动于日常环境中的、具有适应性的主体。简而言之，“第二代认知科学”认为：认知是具身的(embodied)、情境的(situated)、发展的(developmental)和动态的(dynamic)。过去的心理学词典或心理学图书都把“认知”理解为认识过程，即和情感、动机、意志等相对的理智或认识过程。而现在一般认为：认知，在广义上是指任何生物体生理特性的一种功能表现；而在狭义上则是指人脑中以信息处理方式进行的认识过程。人们对“认知”的理解，仍然是各种各样的。美国心理学家霍斯顿(T. P. Houston，1981)等人把许多不同观点归纳为五种主要类型：①认知是信息的处理过程；②认知是心理上的符号运算；③认知是问题求解；④认知是思维；⑤认知是一组相关的活动，如知觉、记忆、思维、判断推理、问题求解、学习、想象、概念形成、语言使用等。

美国心理学家、“认知心理学之父”Neisser(1967)认为：“认知是指个体感觉输入受到转换、简约、加工、储存、提取和使用的全部过程。”Dodd等人(1980)则认为，认知应包括三个方面，即适应、结构和过程。也就是说，认知主体为了一定的目的，在一定的心理结构中进行的信息加工过程。认知的概念往往被表征为认知主体内在心理活动的产物，认知能力是指那些能使认知主体获得知识和解决问题的能力。同时，认知又是许多学科共同研究的对象，在此基础上建立的认知科学，是一个跨越哲学、认识论、心理学、语言学、逻辑学、神经科学、人类学、计算机科学、人工智能、数学的综合性学科。认知科学不仅揭示了智能和认知行为的原理，探索现实的或抽象的、人的或机器的对认知的理解；同时，还主动寻求自然的或人工的智能系统规律。

认知是一个人认识了解其所生活于其中的世界时所经历的各种过程的总称，它包括知觉、理解、顿悟和推理等心理过程。从广义上来说，一个人的认知结构从其本质上来说就是一个人的知识结构；从狭义上来说，两者所强调的侧重点有所不同，知识结构是人们所学知识之间的内在联系构成的，它是客观的，对个体的人来说是一种外在结构：而认知结构则是人们在学习知识时在自己头脑中逐渐形成的认识模式，它既是一个人过去经验和智慧的结晶，又是一个人发挥其智能的内在条件和出发点(高静美，2005)。

从20世纪40年代末期到50年代，认知、心智模式等概念被引入到组织理论研究中，卡内基梅隆学派的赫伯特·西蒙(Herbert Simon)、詹姆斯·马奇(James March)和理查德·锡尔特(Richard Cyert)等学者提出了应该从认知观(cognitive approach)的视角来研究组织行为的观点，由此形成了组织理论的认知影响行为的研究取向，即组织理论的认知观。美国斯坦福大学教授奥吉尔等人(Augier et al.，2004)将这种认知观称为西蒙视角(Simonian perspectives)。严格地说，以认知影响行为作为研究取向的组织理论家们强调，组织各种决策的制定及其对外所采取的各种行动主要基于管理者不同的心智模式，因而也表现出各具差异性与独特性的有限理性。组织理论的认知观旨在探讨不同的认知架构来源如何影响组织决策的制定以及心智模式的形成等问题。

卡内基梅隆学派认知观的基本思想是，组织有自己的记忆，或者说组织有自己的心智模式(mental model)和心智架构(mental frame)。认知观从认知心理学的角度出发，认为组织决策不仅是一个理性思维过程，而且也包括一定的非理性思维，且后者常常更为重要，因而组织决策的形成是一种心理活动过程。在认知观看来，认知是无序的，认知是信息处理过程(information processing)和图式处理过程(schema processing)，也是概念形成过程和知识建构过程。认知观强调：要想了解组织的决策形成过程，最好了解人的心理活动和大脑结构；组织决策实质上是一种直觉和概念，而组织决策的制定过程实质上是管理者个人的心路历程；由于组织所处的环境是复杂的，输入的信息在得到认知之前要经过各种各样的歪曲或扭曲性过滤，因此，组织决策在实际形成过程中偏重实用性，而非最优化。

通过以上国内外学者对于认知的阐释可以发现，从系统的观点去看待认知，其是由许许多多的成分或元素构成，认知系统和世界上的任何其他系统一样，具有自己的结构、模式和过程。因此，深入了解认知的三个组成要素——认知结构、认知模式、认知过程，并从个体水平、团队水平到组织水平去梳理有关认知的已有研究，对于理解认知及其功效具有重要的作用。表 3-1 概括了部分心理学家对认知概念的界定和观点。

表 3-1　认知概念总结

研究者	主要观点
Neisser	认知是指个体感觉输入受到转换、简约、加工、储存、提取和使用的全部过程
Dodd	认知是认知主体为了一定的目的，在一定的心理结构中进行的信息加工过程
Houston	认知是信息加工，是心理上的符号的运算，是问题求解，是思维，是一组相关的活动

（续表）

研究者	主要观点
Herbert Simon，James March 和 Richard Cyert	认知是无序的，认知是信息处理（information processing）过程和图式处理（schema processing）过程，也是概念形成过程和知识建构过程
彭聃龄	认知是人的一系列心理活动，如知觉、注意、记忆、学习、思维、决策、解决问题、理解和产生语言等
高静美	认知是一个人认识了解其所生活于其中的世界时所经历的各种过程的总称。它包括知觉、理解、顿悟和推理等心理过程。从广义上来说，一个人的认知结构从其本质上来说就是一个人的知识结构

3.2.1　认知结构

“认知结构”心理学上又称为“认知地图”“认知结构”“认知图示”，它原来的含义是指人的心理组织结构。心理学家认为，先天的经验和知识的积累形成个体独特的认知图式，是主体反应刺激和认识事物的前提和基础，认知结构具有稳定性，在适应环境的过程中认知结构可以变化、丰富和发展。随着 20 世纪中后期“认知科学”在社会学、神经学、认识论、人工智能等学科的广泛应用，“认知结构”不再仅仅是一个心理学概念，而是指认知主体（包括人、组织和系统）在已有知识结构基础上形成的“固有观念”和“支架”，在特定知识背景下造成企业在进行知识选择、知识转化和知识利用方面表现出特定的模式和路径，认知结构影响企业对新知识的获取、吸收和应用，它规定着主体知识活动的方式，进而影响知识主体之间的知识流量和知识转移效率。

认知结构往往被理解为认知主体的知识表征，而认知主体的知识以其心理结构和认知结构的形式储存在头脑中。从这个角度去看，认知结构（即知识的表征）则是知识的内容及知识的组织形式。一种完好的认知结构能很好地控制信息加工或信息处理的速度和准确性，使人们能预测事物发生的顺序和过程，能有效地组织、理解、记忆和处理新输入的信息。表征代表某种事物，并传递该事物的信息。表征包括内容和形式两方面，表征的内容指表征传递的信息，表征的形式指表征信息所使用的方法和工具。

在关于认知结构的研究中，不同的学者有着不同的解释，如表 3-2 所示。它体现了国内外学者对于认知结构的研究经历了不同的历程。

在有关认知结构的变量问题的研究中，奥苏贝尔（Ausubel，1977）提出原有认知结构对新知识学习发生重要影响的变量主要有三个：即“可利用性”“可辨别性”“稳定性”。“可利用性”是指对于新的学习来说，认知主体原有的认知结构中是否有可以用来同化新知识的较一般的、概括的、涵盖面较广的知识，这样的知识对新知识起“固定作用”；如果没有这样的“支架”，新知识的学习就难以被已有的认知结构所同化。“可辨别性”是指认知主体原有知识和新知识的异同点是否可以清晰地辨别。“稳定性”是指认知主体对已有知识的掌握程度，尤其是原有知识结构中“固有观念”的掌握程度；如果这种知识不稳定、模糊不清，不仅不能为新的学习提供适当的关系和有力的固定点，而且会影响新知识与原有知识之间的可辨别性。因此，认知结构的三个变量是影响并促成认知主体良好的认知结构的重要指标。

在有关认知结构构成问题的研究中，弗莱维尔（Flavell，1976）研究认为，个体认知结构具有以下两个显著的特性：一是认知结构具有相对的稳定的持久性；二是认知结构是主体表面行为背后的基础，具有某种共通性和潜在性，虽然每个认知主体的活动呈现不同的行为表现，但其认知结构的基质是稳定不变的。基于此，学者们一致认为，认知水平的不断提高并非认知结构本身发生变化的结果，而是通过原有认知结构的功能不断被激活、工作有效性的不断提高，及其结构各元素间相互作用的熟练程度的提高而逐步实现的。

此后，心理学家斯坦伯格（Stenberg，1977）进一步提出有关认知结构的三成分：元成分、操作成分和知识获取成分。知识获取成分的功能在于，认知主体对特定问题情境中的相关信息进行筛选、抉择，并将新获得的信息与记忆库中已有的知识相匹配，由选择性编码、选择性综合、选择性比较三个具体环节构成；操作成分的功能在于，认知主体完成解决问题的整个步骤，包括编码（确认刺激知识或信息，并在加工系统中予以表征）、推理、联系（即对不同信息进行比较综合）、应用（对刺激做出应答）；元成分与认知过程中的功能则表现为计划的制订、策略的选择以及对具体认知过程中其他两种成分进行调控，它构成认知发展的重要基础。认知结构的三种成分相互依存、彼此联系，认知水平的提高在相当程度上是这三种成分相互间反复才获得的结果。元成分不断激活操作成分和知识获取成分，而后两者同时为元成分提供反馈性信息，使元成分对它们的运作绩效做出评价，从而促使认知结构中各元素的运作不断趋于协调，认知水平由此得到提高。认知结构内部各元素的“默契”和协调程度决定着主体对来自外界知识、信息的认知方式和认知水平。

认知结构具有稳定性、相关性和可变性。认知结构的特性决定了组织知识活动的行为方式，构成企业集群知识战略选择的潜在约束。稳定性是指企业认知结构在企业的长期认知实践基础上形成的，一旦在原有的知识结构中形成“固有观念”和“支架”，组织认知结构就具有较强的稳定性，“认知地图”将长期引导企业的认知过程和认知活动按照一定的固有模式和路径进行。相关性是指企业认知结构将使得企业关注和选择与自身已有知识相关的知识和信息，对于与固有知识结构差异较大的知识的接受难度较大。例如，某个企业自身擅长于甲技术，那么它对与此无关的乙技术相关的知识信息可能就不关心，甚至排斥。认知结构的相关性表现在相同知识背景下，企业之间的交流比知识特质不同的企业之间的交流更容易发生。当然认知结构也是可以改变的，这需要大量的、连续的异质信息和知识的互动，同时也需要企业认知结构三个组成成分之间的高效协调，新知识固化到原有的知识结构中改变了原有的认知结构。

个体认知结构演进过程就是个体用旧的认知结构对新知识进行同化，并采取适宜行为顺应新环境而构建新认知结构的过程。一个新认知结构的建立，就会使新的能力（或智力）模式——心智模式得到改善。当信息以知识的方式进入旧的认知结构时，要经过一系列内化过程，才能以信念的形式纳入认知结构，当已有的认知结构不足以解决变化了的环境所产生的新问题时，便产生重构认知结构的需要，顺应过程也随之发生。每一步认知结构的演进，也是知识丰富化的过程，促使个体智力成功得到提升。个体认知结构高级化演进是一个永续不断的过程，但存在着个体差异，如演进的速度快慢不同，同化和顺应的程度也不相同。

组织在发展过程中会形成群体智力（或智慧），群体智力是通过学习过程而形成新的群体认知结构的结果，外现于组织的产品、技术、服务、组织文化、管理体制、运行机制以及组织形象之中，如图 3-1 所示。

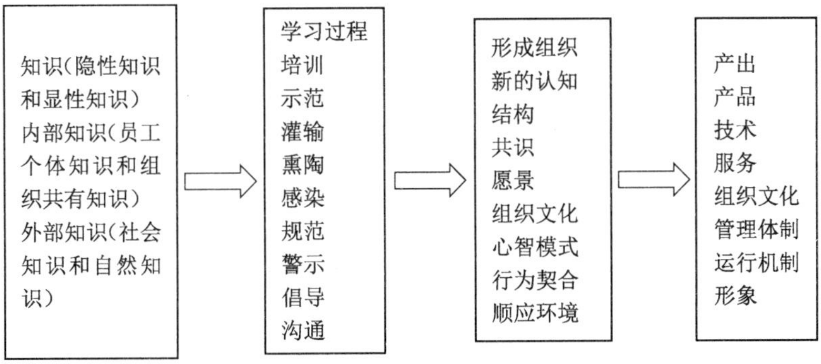

图 3-1 组织认知结构构建过程模型

认知结构的理论研究观点如表 3-2 所示。

表 3-2 认知结构研究总结

研究者	主要观点
Ausubel	认知结构是全部观念内容和组织特点，或是在某个知识领域的全部观念和组织特点
Flavell	构成认知结构具有相对的稳定的持久性，并且认知结构是主体表面行为背后的基础，具有某种共通性和潜在性
Stenberg	认知结构的三成分包括，元成分、操作成分和知识获取成分
朱智贤	认知结构是在感知理解客观现实的基础上形成的一种心理结构，是个体的全部知识的内容和组织
彭聃龄	认知结构包含图式、同化、顺应和平衡四要素，以及这些成分之间的关系；同时，认知结构还指人的知识在头脑中是怎样表征的

3.2.2 认知风格

Witkin(1964)等人把认知风格(cognitive style)界定为人们感知、思维、解决问题和与人联系的方式的个人差异。Messick(1984)把认知风格表述为个人感知、记忆、解决问题和反思信息加工规律的独特模式。从一般意义上说，认知风格是指个体加工信息的偏好方式。认知风格与信息加工的方式有关，而与信息加工的内容无关。

心理学家对认知风格做了大量研究，提出了各种不同的认知风格，如场依存—场独立、冲动型思维—反思型思维、求异思维—求同思维、整体性策略—分析性策略等。认知风格本身并无好坏之分，形成于人生的早期。个体的认知风格会在工作方式和决策活动中体现出来。人们一般选择适合自身认知风格的职业；而工作经历又会强化他们的认知偏好，增强他们的相关技能。因此，会计、管理者、社会工作者和艺术家信息加工和解决问题的方法各有不同。例如，工程师需要用数字说话，剧作家则相信他的直觉。

有三种认知风格维度被广泛地应用于组织环境之中，即直觉—分析维度、适应—创新维度、整体—分析维度。

直觉—分析(intuition-analysis)维度。大脑两半球的功能差异是认知风格差异的生理基础。20 世纪 60 年代 Sperry 等人所做的裂脑人研究发现，大脑的不同半球功能是不同的，右脑功能主要包括直觉、即刻反应、想象和冲动等。而左脑功能典型地反映在规划和协调不同类型的活动方面。直觉—分析维度中的“直觉”是指“右脑”思维，而“分析”则指“左脑”思维。

适应—创新(adaptation-innovation)维度。具有适应型认知风格的个体的行为特征是准确、可靠、效率高、自我约束、顺从。他们以过去检验过的方式解决问题，不知疲倦，在长期的琐碎工作中保持很高的准确度。具有创新型认知风格的个体的典型特征是思维天马行空，对已接受的解决问题范式不屑一顾。

整体—分析(wholist-analytical)维度。这种认知风格维度描述了个体加工信息的习惯方式：一些个体喜欢把信息加工成各个组成部分(即分析型)；另一些人则从整体上对信息进行加工(即整体型)。对整体型认知风格的个体而言，存在的危险是不能清晰区分问题的各个组成部分。而对分析型个体而言，把整体分解为部分，常常只关注问题的某一方面而忽视了其他方面，结果夸大问题的某一方面在整个问题中的重要性。

虽然认知风格的传统定义表明，它在个人的认知活动中表现出相对一致性和稳定性。但是，从长期来看，认知风格本身具有可塑性。例如，在许多专业领域和组织中居于较高职位者的认知风格与较低层次员工的认知风格大不相同。这是因为具有独特认知风格的人被选为或自荐为晋升候选人，但也不排除这样的可能性：一些个体能够根据工作角色中不断变化的信息加工要求而不断修改自己的认知风格。也有一些学者认为个体能够在短期内改变自己的信息加工方式。

1. 认知风格对个人学习的影响

“只有透过个人学习，组织才能学习。”认知风格对组织学习的影响首先表现在其对组织成员个人学习的影响上。组织中的个人学习具有如下特征：第一，个人学习是一种获得经历、经验、技能和见识的过程；第二，个人学习最初往往是一种模仿过程，主要是模仿组织环境中其他成员的行为；第三，经过一定时期学习的积累，个人会形成与组织环境一致的心智模式。遇到问题，往往透过这种心智模式进行分析和处理，即个人学习具有定型化倾向。

在具体的组织环境中，认知风格对个人学习的影响主要表现在下列几个方面：组织成员如何从环境中获得信息；如何组织和解释这些信息；如何把自己对信息的解释整合到调节自己行动的心智模式之中。例如，认知风格为分析型的个体关注细节，关注“硬信息”，并循序渐进地加工信息；而认知风格为整体型的个体更关注

"软信息",强调整体,喜欢同时对许多信息进行整合,倾向于根据感觉进行即刻判断,并倾向于形成整体观点。这些差异影响个体对信息的选择性注意,影响他们对信息的解释,进而影响他们的心智模式。

适应型和创新型认知风格对组织中的个人学习也产生重要影响。认知风格为适应型的人倾向于在已有的参照系中进行单环学习,从而把事情做得更好。而具有创新型认知风格的人则喜欢对已有范式提出挑战,喜欢探索以不同的方式做事情,换言之,他们更喜欢进行双环学习。

另一方面,组织成员的认知风格与工作环境中的加工要求是否匹配也很重要。如果认知风格与工作环境的信息加工要求相匹配,他们就能够很快认识其周围环境信息是否重要,并及时识别和捕捉重要的信息,从而在适当的时候,通过获得的信息修改自己的心智模式以使之适应环境的变化。不过,如果他们的认知风格与工作环境的信息加工要求不匹配,个人学习就会受到相反的影响:组织成员就难以认识自己不熟悉的信息的重要性,难以付出时间和努力去捕获、理解和使用工作环境中的重要信息,更不用说通过获取新信息来改善自己的心智模式了。

2. 认知风格与组织共享心智模式

彼得·圣吉(1990)指出,学习型组织在组织学习过程中要进行五项修炼:自我超越、改善心智模式、建立共同愿景、进行团队学习和系统思考。认知风格对组织学习的影响除了表现在上文谈到的对个人学习的影响,还表现在对组织心智模式的影响上。心智模式(mental models)是指存在于个人和群体中的描述、分析和处理问题的观点、方法和进行决策的依据和准则。组织内部会形成共享的心智模式。认知风格对组织学习影响的另一重要表现是其影响着组织共享的心智模式的形成和发展。心智模式在内涵上与知识结构或图示(schema)相近似。早在1973年就有学者曾断言,个人心智模式的优劣、强弱决定了其所作出的决策在多大程度上是有效的。其他战略领域的研究人员也越来越热衷于以认知为导向的观点,并将心智模式的概念引入组织理论。运用认知方法的其他研究也表明,心智模式与战略、战略行为及组织绩效以及管理者对战略问题所作出的诠释和反映都具有一定的相关性(高静美,2006)。

个人的认知风格会在工作方式和决策活动中体现出来。对具有适应型认知风格的个人而言,可能在组织没有学习其心智模式之前,他就已接受了组织共享的心智模式,完全根据组织心智模式认可的方式进行工作和决策,显然这不利于组织心智模式的改善。而认知风格是创新型的个人在决策活动中则不一定完全接受组织共享的心智模式，而是喜欢进行超越组织心智模式的尝试。这虽然会经历一定的碰撞，但对组织心智模式的动态发展是有益的。

Schroder(1989)研究了创新型认知风格和适应型认知风格对组织心智模式的不同影响。他指出，如果组织的管理者的认知风格是适应型，他们就会致力于适应和维护组织已有的心智模式，在组织已有的框架中提高生产力和工作效率。不过，虽然组织的工作效率很高，有时却难以对技术变革和所面临的竞争采取积极有效的应对措施。如果组织管理者的认知风格是创新型，情况就不一样了。创新型管理者会积极探索现有组织范式之外的各种发展可能性和机会。当然，如果组织太具创新性，就会对在已有工作范式中提高工作效率关注不够。理想的模式是使组织中具有不同认知风格的人之间保持平衡，以便形成能够确保组织成功的心智模式。组织中不同的工作团队根据其工作中的信息加工需要，易于形成相似的心智模式。

认知风格对组织心智模式的影响还表现在组织成员在信息加工过程中对熟悉信息的偏好上。组织成员对信息的认知和组合方式会影响其对信息的理解。如果组织希望进行变革，获取外部信息并使之与组织所使用的信息整合就显得十分重要。而这些外部信息常常是组织成员不熟悉的，充满着不确定性。结果，组织成员倾向于使用内部信息，因为组织成员对内部信息很熟悉，易于把这些信息整合到已有的心智模式之中。当然，具有不同认知风格的组织成员对熟悉或不熟悉信息的偏好是不一样的。例如，适应型认知风格的个体在工作过程中倾向于获取和使用熟悉的信息，而认知风格为创新型的组织成员在工作过程中则更偏好不熟悉的信息。事实上，认知风格的适应—创新维度本身就是关注个体构建问题的方式和是否偏好已有范式。

表3-3　认知风格研究总结

研究者	主要结论
Witkin	认知风格是认知主体感知、思维、解决问题和与其他认知主体联系的方式的差异
Allport	认知风格是在感知、记忆、思维和问题解决过程中认知主体所偏爱的、习惯化了的态度和方式
Messick	认知风格是认知主体感知、记忆、解决问题和反思信息加工规律的独特模式
Sternberg	提出认知风格的概念和心理自我管理理论
Curry	关于认知风格的“洋葱模型”
Riding 等	基于整体—分析、言语—形象的“二维认知风格理论”

3.2.3 认知过程

现代认知心理学主要是以信息加工的观点来解释认知过程，认为认知过程就是信息的接受、编码、贮存、提取和使用过程。一般把这一过程概括为由四种成分所组织成的模式，即感知系统，记忆系统，控制系统和反应系统。①感知系统接受由环境提供的信息，即首先把刺激的基本特征抽取出来加以组合；②记忆系统对输入信息进行编码、贮存和提取活动；③控制系统决定目标的先后顺序，监督当前目标的执行；④反应系统则控制信息的输出。这个认知过程并不是按上述顺序单方向进行的，各种成分之间存在着不同方式的相互作用，以保证对信息的加工、输出和反馈，沟通人与环境之间的联系。美国心理学家 Neisser(1967)认为，认知过程(cognitive process)包括以下几个过程：认知主体对外界刺激产生反应的过程和有意识地控制、转换和建构观念和映象的过程，即信息是如何获得、贮存、加工和使用的，具体表现为感知觉、表象、记忆、思维和言语等过程①。从本质上来说，探讨认知主体的认知过程就是发现其认知过程的发展规律。

Newell 等人的研究把认知主体的认知过程看作是计算机式的信息加工过程，以计算机的符号加工为启示，通过计算机的物理操作来类比认知活动，把作为媒介的符号的运算看成是认知加工，符号有自己的意义，或者说符号表征着对象世界。在认知过程中，符号得到储存、提取和转换。人们一般把这一过程概括为四个组成部分，即感知系统、贮存系统、控制系统和反应系统。这四个部分以不同的方式相互作用着。感知系统对认知主体输入的外界信息进行特征识别和编码加工，然后把已编码的信息符号送入记忆系统。记忆系统包括长时记忆和短时记忆，长时记忆是一个巨大的信息库，贮存着各种不同类型的信息，如陈述性知识和程序性知识。短时记忆是人类的工作记忆，当前输入的信息与长时记忆里被激活的信息在此接受更精细的加工。反应系统对加工的结果进行信息输出，并对外界做出相应的反应，如心理的、口述的或身体的。中枢处理器是系统的控制器，处理目标和达到目标的计划，决定各目标操作与实现的先后次序，并监督当前目标的执行。这个认知过程并不是按上述顺序单方向进行的，各种成分之间存在着不同方式的相互作用，以保证对信息的加工、输出和反馈，沟通人与环境之间的联系。Newell 的符

① Neisser. Cognitive psychology [M]. New York: Appleton Century Crofts, 1967.

号表征假设可以有效地用来描述认知主体在推理和问题解决中的信息加工过程，较好地解释了在不同领域问题解决活动中的操作行为。

西安交通大学教授孙林岩(1996)从认识论入手，以认知心理学为基础，将认知过程纳入到认知主体与环境的相互作用这一大系统中，根据信息分层并行处理、竞争协调输出的思想，提出了认知过程的综合模型。

如图 3-2 所示，认知系统由 4 个部分组成。主观环境和理性规则是认知进行的基础；信息获取模块依据 $W \& R$ 从纷繁的刺激信号中过滤出信息；信息处理部分由直觉层 D、模板层 S_1、推理层 S_2 以及比较器 C 组成，它将 I 送来的信息送入 D、S_1、S_2 三层，由其并行处理，而后送至 C 竞争输出；比较器 C 在 D、S_1、S_2 竞争、协作产生的输出方案中，选择恰当的行动输出至输出模块 O。信息输出模块 O 将 C 送来的行动方案结合 $W \& R$ 转换为实际的行动以影响、改变环境及认知对象。认知过程中若 $W \& R$ 和实际环境不符而使得获取的信息模糊、缺失甚至矛盾，将导致信息无法处理或者选择的行动无法输出执行。认知过程中任何一步的失误都将反馈回上一步，并且 I、S_1、S_2 及 O 模块将和 $W \& R$ 交互改进以使其更为准确地符合客观环境。通过这样循环往复的过程，认知过程的综合模型各个模块得以成长，认识螺旋式上升。

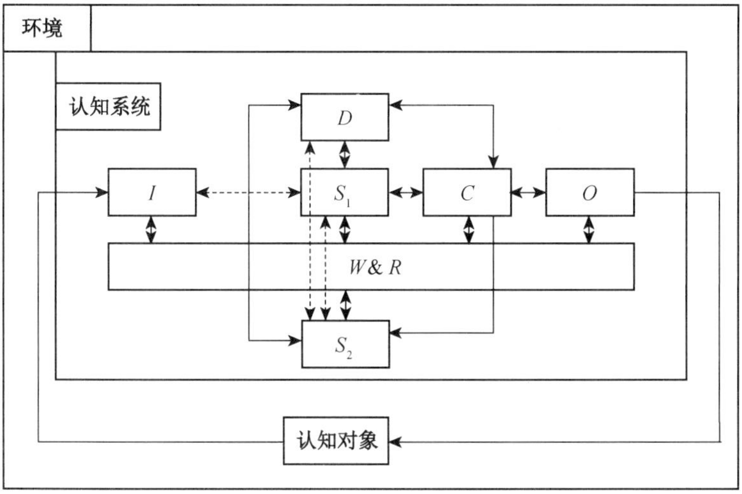

图 3-2　认知过程综合模型

资料来源：孙林岩，金天拾. 新的认知模型——认知综合模型[J]. 决策与决策支持系统，1996，6(3)：67-72.

认识过程的综合模型通过分层并行处理、竞争协作实现的思想，将推理和直觉、认知模型和 W & R 有机地结合在一起，综合了"自上而下"方法擅长分析、推理，而"自下而上"方法擅长综合的优点，基本上准确地反映了认知主体的认知过程和能力。

关于"认知过程"的总结如表 3-4 所示。

表 3-4　认知过程研究总结

研究者	主要结论
Neisser	认知过程包括认知主体对外界刺激产生反应的过程和认知主体有意识地控制、转换和建构观念和映象的过程，即信息是如何获得、贮存、加工和使用的，具体表现为感知觉、表象、记忆、思维和言语等过程
Newell	把认知过程看作是计算机式的信息加工过程，以计算机的符号加工为启示，通过计算机的物理操作来类比认知主体的认知活动
孙林岩	将认知过程纳入到认知主体与环境的相互作用这一大系统中，根据信息分层并行处理、竞争协调输出的思想，提出了"认知过程的综合模型"
彭聃龄	认知过程可以看作是认知主体信息加工的阶段或信息处理的过程，具体包括自下而上的加工与自上而下的加工、系列加工与平行加工、控制性加工与自动化加工

3.3　认知发展的动力：同化—顺应

知识发生于主客体相互作用活动的建构，相互作用通过同化—顺应推动者认识的发展。同化是认知结构保持守恒的方面，顺应是认知结构发生变化的方面，同化—顺应一起完成了认知结构的调节、发展和平衡。皮亚杰认为以同化—顺应的模式来描述认知结构与环境间的相互作用方式，以及认知结构在这种相互作用中所经历的发展变化。根据这一模式，个体的认知结构在其与环境的认知互动中起着积极作用。认知结构不仅仅是对所经历的事件做简单的心理复制，而是在与环境的交互作用中，创造了关于现实世界的心理结构。"仅就'知'的领域而言，以当代著名心理学家、发生认识论者皮亚杰的理论分析，所谓'格物致知'，实际上包含着一种'双向建构'的过程。人类的知识,不管是群体还是个体,其构成都是一种双向建构的产物,即人(类)在认识世界的同时,自身的认知结构也得到了提升,而且,人(类)又不断使用在认识世界的过程中锤炼的'认知结构'这一利器,反身解剖自己的认识(甚至包括认知结构本身),并及于其他专属于'人'的领域——意识的、思想的、情感的、人际的、个性的诸多方面。这种自我解剖的功能,唯有'地球上最美丽的花朵——思维着的精神'才能做到,它是人类精神的本质所在"①。

同化(assimilation)在发生认识论中是个广义的概念,是指与先行结构的整合,这一整合有助于保存机体系统的物质或能量的融合。皮亚杰认为,一切认识都以某种同化为前提,任何认识都必然包含着基本的同化因素,只有这样,人们的感知或设想的东西才有意义。顺应一词来自对生物学的适应概念的类推,指同化图式因其依附的环境而发生调节和变化。在认知结构的发展史中,同化—顺应始终是密切相关的、连续的。也就是说,系统通过对新奇的最初无法被同化的环境因素不断地顺应和同化尝试,系统本身的内在结构逐渐发生了由简单到复杂的变化,即发生了认知发展。在皮亚杰看来,在任何与环境的认知冲突中,同化和顺应是同等重要。认知发展的模式可以用如下公式表示,其中,O 表示客体,T_s 表示主体的认知结构,K_o 表示关于客体的知识,T_s'表示主体顺应客体后的主体的认知结构,↓表示同化机能,↑表示顺应机能。

(1) 同化:$\begin{matrix} O \\ \downarrow \\ T_s \end{matrix} \rightarrow T_s(K_o)$

(2) 同化:$\begin{matrix} O \\ \downarrow \\ T_s' \end{matrix} \rightarrow T_s'(K_o')$

(3) 顺应:$\begin{matrix} O \\ \uparrow \\ T_s(K_o) \end{matrix} \rightarrow T_s'(K_o)$

(4) 顺应:$T_s''(K_o'')$,……

通过同化—顺应,认知结构不断发展,以适应新环境。通过适应,认知结构达到相对平衡,平衡既是一种状态,又是一个过程。平衡状态不是绝对静止的,一个较低水平的平衡状态,通过机体和环境的相互作用,就过渡到一个较高水平的平衡状态。平衡的连续发展,就是智力和认知的发展过程。博登说:"各种发展过程(包

① 艾森克·基恩.认知心理学[M].上海:东华大学出版社,2004.

括辩证思维方式在内)的核心可以被看成是不断达到平衡的过程。平衡是相反的两极—同化和顺应—相互作用的结果,在每一个发展中,三者均发生一定的作用。同化是已有结构对外来刺激或输入信息的加工改造过程,顺应是结构未来适应输入而积极改造自身的过程。平衡是一个相对稳定的(但具有内在动力性的)状态,它可以接受并适应于各种输入而不发生重要变化。由于平衡既不可能是完全的,也不可能是永久的,所以,终会有某些输入超出原有结构所已具有的同化和顺应能力。这时,如果主体对输入不是回避而是试图同化它,那么,就会导致结构的进一步发展并在高一级水平上达到平衡,这是一种更为根本的顺应形式。"①

威廉姆森引用埃德温·哈钦斯(Edwin Hutchins)对认知分工的研究成果②,指出尽管认知能力是稀缺的,但通过人们大脑有组织地处理所接受的信息,仍然能够克服认知的局限。这个有组织的处理信息的过程就是认知劳动的分工和专业化过程。在个体层面上,大脑通过对信息分类、筛选等,把大问题分解成具备类别特征的子问题,依次进行,大脑分别就相应的类别信息进行处理,也就形成了大脑内部的分工和专业化。如果个体进入群体,那么就面临个人内部结构之间、个人内部和外部结构之间以及个人外部结构之间的互动关系,在这种互动过程中,群体中不同个体的分工和专业化认知结果通过相互交流融合和重新组合,形成团体的认知特征,并且能够获得超出个体认知能力的结果。这就是一个配置有限认知能力的社会组织过程。

诺思等人认为,当事人是依靠某种心智模型进行决策的,每个当事人都有某种认知能力,面对不确定的环境时,通过预期和意识(或者说认知能力)采取行动,环境的变化通过信息反馈影响当事人的认知,当事人通过其心智模型对这些变化进行评价、精练、接受或拒绝等,从而形成新的预期。如此循环,构成当事人认知和环境的互动过程,这是一个心智模型的调节过程,也是一个学习过程。在这个学习过程中,如果环境反馈对同一个心智模型反复认可,那么该模型就趋于稳定,这个稳定的心智模型就是"信念"③。当事人面对具体行为时,启动心智模型就是针对某些特定环境问题提出某种解决办法,如果解决成功,这种经验就会被累积,并被用

① 博登·皮亚杰[M].谢小庆,王丽,译.北京:法律出版社,1992.

② Oliver E. Williamson. Empirical Micro-economics: Another Perspective [Z]. Department of Economics, Univer-Sity of California, Berkeley, working paper, 2000.

③ Denzau A. T., D. C. North. Shared Mental Models: Ideologies and Institutions [J]. Kyklos, 1994, (47): 3-30.

于更广泛的问题的解决。如果失败，当事人首先寻求类似的替代性解决办法，如果还不成功，那么就会尝试实施新办法，这就是心智模型内在的创造过程。这一学习过程不仅能够使得自身的心智模型适应环境变化，而且能够促进心智模型本身的演进，产生新的心智模型。因此，环境反馈在决定心智模型的稳定和创造方面起着主导作用。如果考虑当事人处在一个相互交往的社会网络当中，所面临的学习就变成了一个共享或者集体学习过程。静态地看，人们相互交流会导致共享心智模型的形成，进而形成集体认知和行为。动态地看，由于不同的人的认知能力有差异，面对的环境也不同，那么在认知和环境变化的互动过程中，就会形成异质的心智模型，这些模型包含了参与人各自对外部环境以及未来的独特理解。在社会交往过程中，异质心智模型的参与人经过交流，不仅能够间接汲取他人的认知成果，而且也把自己的认知成果传递出去。相互的知识交流不仅形成了共享心智模型，而且在相互认同的过程中，这一模型会稳定下来，并固化成共同的行为规范，这就是制度。在制度层面上，个人保持自己的部分独特理解，也就是说，制度把每个人心智模型的共性固化了，而每个人的特性则继续保留。一旦出现这种情况，当环境发生变化时，个人首先通过制度来稳定预期并形成相应的行动，如果无法解决，那么通过自身的特性来应对。一旦新的事件导致的新的认知反应足以改变自身的心智模型，那么这种创新必然也会反映到共享层面，从而导致制度的变迁。从外生角度看，制度是人们共享的行为准则和规范。但从内生角度看，制度是共享的心智模型或针对社会互动中不断涌现的问题的共享解决办法。内生观点对解释制度起源和变迁非常关键，这也是制度的认知视角和其他视角的关键差别。对当事人决策来说，不确定性是关键，处理它的关键又在于人们相互之间的思想交流。在不确定条件下，个人对环境的理解将反映其已有的学习成果，若文化背景和经历类似，个人的心智模型也会趋同。反之则不同。这就带来相应的意识形态和制度的趋同和差异。共享心智模型能够促进交流，即关联个体的心智模型演化导致心智模型趋同。考虑到默示知识，许多信息并不能进入交流渠道，这会导致交流渠道是噪音的、不完美的，这就是异质心智模型的差异所在，它会带来分歧，而共享心智模型能降低这些噪音。这意味着共享心智模型能够通过共有信念的形成促进参与人的信念协调，诺思等人认为，这才是制度降低交易成本的关键所在。不过，诺思等人也注意到，心智模型面对环境的变化并不是充分灵活的。假定存在两期，第二期的共享心智模型依赖第一期的心智模型和环境的互动，其中存在环境反馈和学习过程。一旦共享心智模型形成，就会相对刚性，从而形成认知的路径依赖，即解决相同和相似问题的办法和信念趋同，进而形成制度的路径依赖。在制度演化过程中，当事人借助技术手段解决问题，并创造知识，导致技术和信念的互动，形成经济的路径依赖。

3.4 个体认知

认知的来源问题，一直是哲学和哲学心理学非常重视的一个问题。Aristotle 是实在论的最早代表，他把人的心理功能分成认识功能（如感觉和思维）与欲望功能（如欲望、动作、意志和情感）。他认为，人的知识来源于人对事物的认知，认知具有辨别功能。人们通过认知功能可以分别产生视觉、听觉、触觉、味觉和嗅觉等多种不同的感觉。人对物体的大小、形状、运动的认知，不是依据一种感觉，而是多种感觉印象的综合。感觉产生表象，表象引起概念①。从哲学的思辨到科学地研究认知问题，是和现代实验心理学密不可分的。早期的实验心理学是重视认知问题的，如构造心理学，用分析的方法把认知分解为它的各种组成元素（感觉和意象），由这些简单的元素再组成复杂的认知。机能心理学强调认知的适应功能和过程；而动作心理学则把心理动作和心理内容区分开来，主张研究各种心理动作，如看见、听到、思考等一系列认知活动。

直到 20 世纪 30 年代，Watson 主张以实证主义哲学为指导，通过行为主义来研究人的认知问题②③。他反对研究意识和内部心理过程，主张只研究直接可见的行为。Watson 把行为归结为个体适应环境的各个反应系统，即刺激—反应（S→R）的结合。他不关心刺激引起的内部过程，认为只要控制刺激，就能控制预测行为④。而当 Watson 的行为主义盛极的时候，德国的 Gestalt 学派却在认知的许多领域进行了一系列的研究工作。Gestalt 学派主张用整体主义反对行为主义的元素主义，强调主体的认知因素在问题解决中的重要作用。Gestalt 学派在个体

① 彭聃龄，张必隐. 认知心理学[M]. 杭州：浙江教育出版社，2004.

② Watson. Psychology as a behaviorist views it[J]. Psychological Review, 1913, 20: 158-170.

③ Watson. Behaviorism [M]. New York: Norton, 1930.

④ Watson. Behavior: An introduction to comparative psychology [M]. New York: Holt, 1914.

的知觉、学习、问题解决等研究领域做出了重要的贡献。

20 世纪 60 年代至 70 年代关于认知的研究，是在物理符号系统假设的基础上建立起来的。这种假设将人与计算机进行了功能类比，希望借助于计算机来说明人的认知结构与过程。按照这种假设，人的信息处理本质上是一种序列处理。到了 20 世纪 70 年代以后，基于物理符号系统假设基础之上的序列处理的研究范式受到了挑战，出现了一些新的研究范式，主要有平行分布处理模型、模块理论以及情景理论[①]。

当然，对于认知的研究，首先是从个体认知开始，然后跨越了哲学、认识论、心理学、语言学、逻辑学、神经科学、经济学、管理学、计算机科学、人工智能、数学等多个学科，从最早的哲学思辨到目前的神经机制、计算机模拟以及生态学效度研究，在个体认知领域已经积累了深厚的基础，并且，这种对于认知的研究热潮开始向团队认知、群体认知，甚至是组织认知等更大范围扩散。个体认知研究发展如表 3-5 所示。

表 3-5　个体认知研究总结

研究者	主要结论
Aristotle	“实在论”，人的心理功能分成认识功能与欲望功能，人的知识来源于人对事物的认知，认知具有辨别功能
Watson	“行为主义”，把行为归结为个体适应环境的各个反应系统，即刺激—反应的结合
Gestalt 学派	“格式塔”，主张用整体主义反对行为主义的元素主义，强调主体的认知因素在问题解决中的重要作用

3.5　共享心智

在组织能力和企业竞争优势分析中，只研究个体认知存在着一定的局限性，所

① 彭聃龄，张必隐. 认知心理学[M]. 杭州：浙江教育出版社，2004.

以对团队层面上所存在的认知予以讨论和清晰界定就显得十分必要。但团队认知决不是个体认知的简单加总。应该说,团队成员以一种超越个人认知能力而共享信息的方式来储存、保留信息,这种观点曾在一段时间内受到了学者们的广泛认同。然而,由于这一概念在概念上和实际运作中难以界定,所以很快就失去了其原本之意。团队层面上的认知抑或被视为可供个人或团队使用的一种工具或技术,抑或被视为有待执行的团队任务(Cannon-Bowers, 1993),也有人将其视为团队成员所具备的与团队功能相关的知识、技术、能力或其他特征,又或者是对外在事件的再现、展望和预测(Wellens, 1993)。更有甚者将其视为团队执行任务时所面临的一个特殊问题(Fiol, 1993)。

对于团队层面上的认知,虽然定义的方法众多,但最普遍的一种就是将其视为整个团队范围内相同或相似的认知模式、知识结构或思维方式。Barr、Stimpert 和 Huff (1992)认为,所谓的"心智模式"(mental model)是指个人用于理解不同的情境或环境所使用的概念及将概念相联系起来的思维模式。上升到团队层面上,理论界对于团队层面甚至组织层面究竟是否存在某种心智模式,以及对此如何做出界定的问题仍有一定争议。即便是在认同团队层面或组织层面上存在"心智模式"的学者当中,其具体称谓上也存在着较大差异。有学者将团队层面的认知称之为"共享认知"(shared cognition) (Klimoski 和 Mohammed, 1994),也有学者将其称为"集体认知图"(collective cognitive map)(Axelrod, 1976)或主导逻辑(dominant logic) (Prahalad 和 Bettis, 1986)。虽然这些概念在具体称谓上有所差异,但在本质内涵上都意指个体认知的相似性、重合性或相加性。从社会心理学和组织有机论的观点出发,团队层面的心智模式是存在的,但绝非组织成员个人在战略方面所具有的心智模式的简单加总或是简单雷同。本书认为团队认知就是团队成员在信息、知识结构和认知风格等方面实现"共享"的过程性变量。Cannon-Boers (1993)认为"共享"意味着团队成员在知识结构或对未来的预期上的一种重合。

3.5.1 共享心智模式

有关"心智模式"的研究主要在人类工效学和认知科学这两个领域进行。鉴于明确而一致定义的缺乏,Laird(1983)认为,心智模式的主要作用是使得人们能够形成推论或做出预测，理解所发生现象，并采取行动或控制措施[①]。Rouse 和 Morris(1986)认为，心智模式指的是人们借以描述系统目标和形式、解释系统功能、观察系统状态以及预测系统未来状态的心理机制，心智模式的作用是对周围环境进行描述、解释和预测[②]。Wilson 和 Rutherford(1989)认为，心智模式与图式以及内部表征关系密切，心智模式和图式的细微区别在于心智模式是图式的总和，它产生于图式，并能够激发图式产生作用，心智模式和内部表征的关系也很密切，甚至可以互换，但是心智模式更为具体一些[③]。

严格地说，心智模式概念最早由苏格兰心理学家克莱克(Craik)于 1943 年提出。他试图从总体上解释人类认识事物的方式，认为人对世界表征的认识，是通过心理模式这一机制来实现的；人类能自动把外部事件转化为内在模式，并借由操弄这些符号表征来进行推理、产生行动，或觉察到这些符号和外在世界的一致性。在他看来，心智可以将现实建构成小型模式，并用它来进行预测、归因和解释。

一般来说，心智模式是指嵌入在组织成员个体和群体心中的描述、分析和处理问题的观点、方法以及进行决策的依据和准则所形成的认知，是主体在实践基础上形成的模式化和相对稳定的思维定势与思维框架，是潜移默化地渗透、积淀、凝结并固定在组织内部而形成的组织成员意识中的思维定势、共享思维模式，它通过有意识或无意识的形式，外化于人们的行为、决策、认知和评价等思维活动的过程中。可以这样说，心智模式强调的是知识产生的认知过程，而不是知识产生过程。心智模式范式往往被认为是认知主义学习范式。认知主义学习范式主要关注学习者的思维过程和心智活动过程，关注记忆和信息加工。主张这一范式的学者认为，学习过程主要依赖个体的心智活动。

Cannon-Bowers 等人(1993)认为，心智模式是指为团队成员共同拥有的知识结构，它使得团队成员能对团队作业形成正确的解释和预期，从而协调自己的行为以适应于团队作业和其他团队成员的需求[④]。在一些有效运作的团队中，常常可以观察到一种心照不宣的默契，团队能够在复杂、动态、模糊的情境中有效运作，一

① Laird. Mental models [M]. Cambridge: Cambridge University Press, Wilson J. R., 1983.

② Rouse, Morris. On looking into the black box: Prospects and limits in the search for mental models [J]. Psychological Bulletin, 1986, 100: 349-363.

③ Wilson, Rutherford. Mental models: Theory and application in human factors [J]. Human Factors, 1989, 31: 617-634.

④ Cannon-Bowers. Shared mental models in expert team decision making. In: Castellan N. J. Jr. (Eds.). Individual and Group Decision Making: Current Issues[M]. Hillsdale, NJ: Erlbaum, 1993. 221-246.

个很重要的原因是团队成员对于怎样应对这样的情境有一种共同的理解，这样的共同理解有利于团队成员解释团队中发生的事件、对需求做出预测、解决冲突、减少过程中的损耗以及提高团队工作的效率。Klimoski 和 Mohammed(1994)认为，共享心智模式是指团队成员共享的关于团队相关情境中关键要素(包括有关任务、设备、工作关系和情境等)的知识有组织的理解和心理表征[①]。团队共享心智模式是团队成员共享的知识结构，它可以使团队成员在工作过程中对问题的界定、对情境采取的反应以及对未来的预期表现出协调一致性。Mathieu 等人(2000)发现，团队共享心智模式的水平越高，沟通、协调、后援等团队过程方面的表现就越好，团队绩效越高，并且共享心智模式会通过团队过程的中介作用影响团队绩效[②]。

3.5.2 交互式记忆

与共享心智模式密切相关的概念是交互式记忆(Transactive Memory)，交互式记忆与共享心智模式均是群体水平的认知概念，这两个概念有很大的重叠。交互式记忆的概念最早由 Wegner(1986)提出，是指两个个体各自所拥有的知识的结合以及关于对方知道哪些知识的意识[③]。交互式记忆的研究多采用成对个体作为样本，而且关注的重点在于对对方知道哪些知识的意识。因此，交互式记忆基本上可以被理解为一种特殊的共享心智模式。交互式记忆的概念的重要性在于它明确指出了团队认知的一个最为关键的不同于个体认知的内容——关于团队中“谁知道什么”的知识，这是团队知识中一种特殊形态的知识。

Wegner(1986)将交互式记忆系统定义为每个成员所拥有知识的总和(知识存量)，以及关于谁知道什么的集体意识。交互式记忆系统是群体成员之间形成的一种彼此依赖的，用以获得、储存、运用来自不同领域的信息知识的合作性分工系统。它是解释团队知识处理过程的一个机制。

Wegner(1995)以目录共享的计算机网络为隐喻，指出团队中交互式记忆系统的形成和维护由三个相互关联的阶段组成：目录更新、信息分配和检索协调。其

① Klimoski, Mohammed. Team mental models: Construct or metaphor [J]. Journal of Management, 1994, 20: 403-437.

② Mathieu, Heffner, Goodwin. The influence of shared mental models on team process and performance [J]. Journal of Applied Psychology, 2000, 85: 273-283.

③ Wegner. Transactive memory: A contemporary analysis of the group mind. In: B. Mullen, G. R. Goethals (Eds.). Theories of group behavior [M]. New York: Springer-Verlag, 1987.

中，目录更新过程既是交互式记忆系统的形成机制，同时也是其维护机制，其余两个过程则是对既有记忆结构的应用。

目录更新，也称专长再认，是指团队成员了解其他成员所专长的领域，而不用具体了解每个领域所包含的确切信息的过程。专长再认过程始于在团队层面上达成有关团队成员专长领域的共识，团队成员自团队成立之初即开始持续沟通和交流，并在执行任务的过程中形成共同基础。在目录更新阶段，成员通过逐渐了解其他成员的专长领域而开始熟悉他们掌握的知识，这可以通过几种途径来实现：首先，由团队成员共同协商分配各自负责的知识领域，在达成共识后，每个人都成为各自领域相关知识的储备库；其次，成员用自我报告或分享经验的方法了解自己和其他成员在不同知识领域的相关专长，同时更新自己的知识目录；第三，也可以通过了解团队中谁知道哪个领域的信息来实现，如果某一成员最近使用过某信息或长期一直关注该类信息，那就可以推断其对该领域拥有更多知识。

信息分配，是指团队成员将自己专长领域以外的新信息传递给该领域的专家，即团队内最适合储存该信息的成员的过程。这有助于促进团队内信息和知识的存储。Wegner(1995)的实证研究表明，如果亲密群体里的每个人都记忆有关任务的全部信息，经过一段时间后，他们的记忆会分散，其信息目录则呈无组织状态。为了减轻认知负担，成员必须尽快地将新信息传递给最合适的人，而不是将信息编码存入自己的记忆中。另外，Krauss 和 Fussell(1991)也认为，在传递信息时，从接收者的角度进行考虑并据此加工信息以利于其理解是很重要的[①]。

检索协调，是指当成员的个人知识有限而不能完成任务时，他会求助于团队中相关领域的专家，检索特定的信息。在复杂而多变的环境中，团队成员通常会遇到陌生的情形，这时，如果成员间关系紧密，那么每个成员至少可调用两个信息目录来应对。检索协调会简化信息搜索过程，最大化地提高搜索的速度和准确性。借助于“目录的目录”，其作用类似于个人的认知地图，成员就能直觉地判断应该找谁获取信息或者直接将任务交由对方来处理。

如上所述，随着对认知和团队研究的拓展和深化，“认知”这一概念也不再仅仅属于个体认知的研究范畴。诸如共享心智模式、交互式记忆等团队水平上关于认知的研究体现了认知心理学与组织行为学、能力理论的交叉融合，这种基于认知的

① Krauss, Fussell. Perspective-taking in communication: Representations above others' knowledge in reference [J]. Social Cognition, 1991, 9(1): 2-24.

理解，为团队研究提供了新的思路。与个体认知不同，团队水平的认知能力研究多从整体的角度去考虑认知的结构、过程和功能，并与组织能力理论相结合，从基于认知取向的视角观察团队能力系统。已有研究中，Yoo(2001)从团队交互中社会认知的层面考虑，在对虚拟团队的实证研究中证实了团队认知对团队绩效的影响[①]。同时，发现尽管交互式记忆系统在团队的生命周期的初始阶段对团队有效性极为重要，但随着团队的共享心智模式的不断发展，对团队有效性的影响会增强，而交互式记忆系统的影响将会减弱。此外，在团队认知的相关研究中，Gutwin(2004)分析了团队认知在分布式协作过程中的重要性；金杨华和王重鸣等人(2006)系统研究了基于认知取向的团队共享心理模型与团队效能的关系。以上基于认知取向的团队能力研究，与技术取向和行为取向的研究相比，技术取向的团队能力研究，关注如何通过应用技术手段，提高团队沟通、信息获取等的有效性；行为取向的团队能力研究，遵循传统社会心理学研究思路，着重探讨信任、沟通模式、团队领导等对团队效能的影响；而认知取向的团队能力研究，结合认知科学研究成果，将团队视为一个整体，清楚地回答了团队能力的演化和团队绩效的提升归根结底来源于团队认知。表 3-6 总结了近年来共享心智的研究。

表 3-6　共享心智研究总结

研究者	主要结论
Cannon-Bowers	共享心智模式是指为团队成员共同拥有的知识结构，它使得团队成员能对团队作业形成正确的解释和预期，从而协调自己的行为以适应团队作业和其他团队成员的需求
Klimoski 等	共享心智模式是指团队成员共享的关于团队相关情境中关键要素的知识有组织的理解和心理表征
Mathieu	共享心智模式的水平越高，沟通、协调、后援等团队过程方面的表现就越好，团队绩效越高
Levine 等	将团队成员共享的知识分成关于团队、关于团队成员和关于工作的知识
Rentsch 等	团队成员和共享心智模式呈正相关；团队规模和共享心智模式的相似性呈负相关；团队组成的方式对共享心智模式也有影响

① Yoo, Kanawattanachai. Development of transactive memory systems and collective mind in virtual teams [J]. The International Journal of Organizational Analysis, 2001 (9):187-208.

（续表）

研究者	主要结论
Wegner	交互式记忆是指两个个体各自所拥有的知识的结合以及关于对方知道哪些知识的意识。团队中交互式记忆系统的形成和维护三阶段：目录更新、信息分配和检索协调
Hollingshead	在新组建的团队中，团队成员共有四种沟通形式，以形成交互式记忆
Orr	通过持续的交流和沟通，成员之间会形成一致的记忆，并在一致记忆的基础上分享信息和经验
Littlepage	作为交互式记忆系统重要组成部分的专家再认，会产生更好的群体决策
王重鸣等	系统研究了基于认知取向的团队共享心智模式与团队效能的关系

3.6　管理者认知

管理领域中对于认知的关注至少可以追溯到 March 和 Simon（1958）的研究观点，他们认为企业中的每个人在进行管理决策之前都带有某种特定的认知基础，或者说一系列"前提"和认为理所当然的事情，具体包括：对未来的设想；对决策备选项的知识以及一旦选择某个备选项之后对可能出现结果的考虑，这种认知基础形成了决策者对所处信息环境简化后的认知表征（cognitive representation）的基础。由于决策者仅具有"有限理性"（bounded rationality），其难以对复杂的信息环境进行全面完整的理解，因此，基于认知的限制而形成简化的认知表征对于管理者进行有效决策至关重要。目前对于管理者认知（managerial cognition）的概念界定，通常有两种方式：一是把管理者认知视为一种认知结构或认知表征，其含义是指作为管理者决策基础的管理者信念和心智模式（Adner 和 Helfat，2003），而这种管理者信念和心智模式实际上是管理者所具有的一种知识结构，目的是帮助其获取、保留和处理特定领域的信息。另一种方式是把管理者认知视为一种认知过程，其含义是指管理者获取、保留及处理特定信息的过程。以往对于管理者认知的研究，或者关注认知过程，或者关注认知结构，能够把两者有机结合起来进行研究的比较少。Meindl 等（1994）在总结组织认知研究应关注的几个核心问题时专门提到了两者之间关系的重要性，并提出认知过程与认知结构的整合将是未来组织认知研究的重要方向。

Gavetti 和 Levinthal(2000)将组织能力的演化过程区分为基于经验向后看的行为惯例和基于推理向前看的管理者认知。在他们看来，与现有组织活动相接近的惯例视角意味着组织能力的稳定性，无需与现有组织活动相接近的认知视角意味着组织能力的适应性，而组织能力与稳定性与适应性往往是对立的。陈戈、汪林和徐宗玲(2012)认为，管理者认知可以通过调整经营重心、整合资源基础、利用杠杆能力等方式来调整公司战略发展方向，减少对组织惯例的依赖，形成新的组织能力。换言之，管理者认知对组织惯例在战略升级动力上形成了替代效用。当一个公司面对一个不确定性极高的战略前景时，某种程度上管理者前瞻有利于公司适应变革。管理者认知是引发后续战略反应与相关能力发展的先导因素。管理者认知替代了组织惯例与传统组织能力，引导着公司新的战略方向，从而促进创新组织能力的发展①。

战略选择理论认为，管理者对企业环境的感知决定了组织战略选择②。当前，已有研究人员研究了管理者特质和企业战略以及企业环境之间关系对组织绩效的影响③，这一研究领域越来越重视管理认知如何影响组织战略结果，其假设是不同的组织管理者具有不同的心理倾向和知识基础④，管理决策正反映了不同的心理倾向和知识基础。另外，现有研究文献探索了不同组织环境中不同管理认知的效果，并认为管理认知的效果依赖组织战略以及组织内外部环境。然而，Gupta、Szilagyi 和 Schweiger 认为，现有管理者特质和组织战略以及组织环境之间关系的研究不足是其对组织整体战略和管理典范往往界定不准确，忽略了不同的战略活动需要特定的具体的要求、能力和行为⑤。

Galbraith 认为，组织是信息加工系统，他把不确定性定义为信息的缺失，认为任务不确定性高时，负责任务执行的人就缺乏信息，这就导致例外的产生，当例外

① 陈戈，汪林，徐宗玲. 管理者认知与企业战略升级[J]. 现代管理科学. 2012(12):99-101.

② J. Child. Organization structure, environment, and performance: the role of strategic choice[J]. Sociology, 6(1972):23-27.

③ M. F. Wiersema, K. A. Bantel. Top management team demography and corporate strategic change [J], Academy of Management Journal, 1992(35):91-121.

④ D. K. Datta, N. Rajagopolan. Industry structure and CEO characteristics: an empirical study of succession events [J]. Stra Management Journal, 1998(19):833-852.

⑤ R. Gupta. Contingency linkages between strategy and general manager characteristics: a conceptual examination [J]. Academy of Management Review, 1984(9):399-412.

达到一定程度时，就需要全局眼光和整体视角，因此，管理者必须处理新的决策①。这一观点和 Hambrick 和 Finkelstein 是一致的，他们认为管理自主权在弱环境下更高，即手段—目的不确定性更高的环境②。

根据权变理论，组织信息处理能力和信息要求匹配时有助于提升组织绩效。由于认知能力反应管理者的信息加工能力③，因此，不言自明的是管理者认知能力和环境要求之间的匹配意味着更优的决策过程和提高的组织绩效。另外，这一匹配关系在高度不确定的环境条件中影响和效果更显著，因为这更需要管理者果断和明智的决策处理。不过，到目前为止，人们对这一关系的理解还需要对上述概念更细致、准确的定义和测量。Eggers 和 Kaplan(2009)发现，在传统科技基础上发展的组织能力并不是管理者短视的主要根源；相反，管理者的注意力聚焦于传统科技才是真正的战略短视根源，因为管理者不愿意把握那些他们原有能力范围之外的变革机遇。在这种思维模式指引下，管理者更愿意改善现有传统科技生产效率。企业家的注意力聚焦于公司的传统科技，意味着该公司受限于特定科技平台，这阻碍了公司适应能力的发展。

Child(2003)的战略选择理论使得研究者对决策制定过程背后的心理、思维因素的兴趣日益浓厚，这一研究视角的目的是为了理解组织决策过程中的个体特征，也就是思维和认知在决策中的作用以及其对组织绩效和组织竞争优势的影响。陈戈、汪林和徐宗玲(2012)认为，理解公司面对动态环境的战略反应，必须同时考虑组织层面因素与管理者层面因素，特别是管理者认知与组织能力的交互作用下所产生的动态管理能力，即管理者建立、整合与重构组织资源与能力，以协助企业适应动态环境的个体能力。管理者认知至少通过两个途径影响着公司战略升级。首先，管理者认知影响着组织层面的动态能力，而动态能力通过获取、整合、重构与释放了企业资源基础，包括传统能力、运作惯例与资源位置，最终促进公司战略升级以适应动态环境。其次，管理者认知在公司组织能力(企业资源基础)与企业战略升级之间起调节作用，即管理者认知扩大了组织创新能力对战略升级的正面效应④。

---

① J. Galbraith. Organization design: an information processing view [J]. Interfaces, 1974, 4(3): 67-72.

② D. C. Hambrick, S. Finkelstein. Managerial Discretion: A Bridge Between Polar Views of Organizations, Research in Organizational Behavior[M]. JAI Press, Greenwich, Conn, 1987.

③ J. P. Walsh. Managerial and organizational cognition: notes from a trip down memory lane [J]. Organization Science, 1995, 6(3): 280-321.

④ 王岚，王凯. 基于认知模式的企业集群知识转移研究[J]. 科学与科学技术管理. 2008(2): 119-122.

认知心理学认为，管理者在一定的信息域中获得经验、形成心智模式，并把心智模式作为过滤器以解释、评估信息[①]。因经验不同，管理者形成不同的心智模式和认知倾向，信息加工和处理特征中的这些心智模式或者认知差异导致战略决策重点的不同。尽管认知倾向可以防止管理者受到过量信息的侵扰并能够加速问题解决，但其也可能代表对客观环境不准确或者过时的表征，从而导致偏见决策。Hambrick 和 Mason[②] 的研究说明了这一担忧。综合上述观点和权变理论，研究者认为管理者的认知倾向和信息加工能力必须和其组织环境相匹配，管理者认知和环境差距越小，战略决策偏见越少。管理者的认知风格对企业绩效和成长有重大影响。Kets de Vries 和 Miller[③] 认为，企业的战略失败往往是由于管理者的思维或者认知刚性。认知刚性可以用 Kitron(1986)[④]的“适应者——创新者”理论加以解释。“适应者”和“创新者”认知风格在长时期内相对稳定。“适应者”认知风格的管理者往往努力通过“做得更好”来提高组织绩效，思维和行动限于组织既有的行为习惯和准则。相反，“创新者”认知风格的管理者关注的是通过重构问题以“不同的方式做事”，这类管理者往往对环境变化采取有效的手段和措施，以实现企业成长，他们被认为是环境和市场变革条件下企业成功的领导者[⑤]。

Tripsas 和 Gavetti(2000)的案例研究指出，宝丽来公司之所以无法应对数码科技革命，不在于缺少数码科技方面的组织能力，而是在于管理者认知没有充分意识到新的市场趋势，不愿意接受数码科技革命对企业战略的挑战，反而深陷于传统的商业思维模式中，最终导致公司倒闭。如果维持公司惯性与推动公司变革的组织层面因素并存于公司内部，那么管理者认知就是一个决定公司战略方向与获得持续竞争优势的决定性因素[⑥]。Eggers 和 Kaplan(2009)研究发现，管理者认知与组织配置定位结合起来对公司战略更新产生了显著的交互作用，即当 CEO 的注意力集中在创新科技时，增强了面向创新产业的组织配置定位对新市场进入步伐的

① J. P. Walsh. Managerial and organizational cognition: notes from a trip down memory lane [J]. Organization Science, 1995, 6(3): 280-321.

② D. C. Hambrick, P. Mason. Upper echelons: the organization as a reflection of its top managers [J]. Academy of Management Review, 1984, 9: 193-206.

③ Kets de Vries M., Miller D.. The Neurotic Organization[M]. San Francisco, CA: Jossey-Bass, 1984.

④ Kitron M. J.. Adaptors and Innovators in Organizations [J]. Human Relations, 1986, 33: 213-24.

⑤ Kitron M. J.. Why New Initiatives Get Blocked [J]. Long Range Planning, 1984, 17: 137-143.

⑥ Tripsas M.. Technology, Identity, and Inertia Through the Lens of The Digital Photography Company [J]. Organization Science, 2009, 20(2): 441-460.

正向作用。邓少军博士(2010)采用纵向案例研究的方法研究了一家典型企业两个阶段转型升级过程中高层管理者认知与企业动态能力发展演化的过程机理,发现管理者认知影响企业动态能力的形成及演化发展过程①。尚航标博士(2010)的研究认为,有限理性的战略决策者管理认知受到环境特征的影响;管理认知在环境动态性与企业战略反应速度间和环境动态性与企业动态能力间起显著的中介作用;管理认知影响着企业对环境变化的战略反应速度,进而对动态环境下企业竞争优势产生影响;动态环境下战略决策者的管理认知应保持一定的复杂性;管理认知影响着企业的动态能力,进而对动态环境下企业竞争优势产生影响;动态环境下企业战略决策者的管理认知应保持一定的复杂性②。表3-7总结了管理者认知研究成果。

表3-7　管理者认知研究总结

研究者	主要结论
Eggers 和 Kaplan	管理者认知与组织配置定位结合起来对公司战略更新产生了显著的交互作用,即当CEO的注意力集中在创新科技时,增强了面向创新产业的组织配置定位对新市场进入步伐的正向作用
Tripsas 和 Gavetti	如果维持公司惯性与推动公司变革的组织层面因素并存于公司内部,那么管理者认知就是一个决定公司战略方向与获得持续竞争优势的决定性因素
Hambrick 和 Mason	管理者的认知倾向和信息加工能力必须和其组织环境相匹配,管理者认知和环境差距越小,战略决策偏见越少。管理者的认知风格对企业绩效和成长有重大影响
Child	组织决策过程中的个体特征,也就是思维和认知在决策中的作用以及其对组织绩效和组织竞争优势的影响
Adner 和 Helfat	管理者认知视为一种认知结构或认知表征,其含义是指作为管理者决策基础的管理者信念和心智模式
Kets de Vries 和 Miller	认为企业的战略失败往往是由于管理者的思维或者认知刚性

① 邓少军.高层管理者认知与企业动态能力演化——基于中国企业转型升级背景的实证研究[D].复旦大学,2010.

② 尚航标.动态环境下战略决策者管理认知对战略反应速度与动态能力的影响研究[D].华南理工大学,2010.

（续表）

研究者	主要结论
陈戈、汪林和徐宗玲	管理者认知在公司组织能力（企业资源基础）与企业战略升级之间起调节作用，即管理者认知扩大了组织创新能力对战略升级的正面效应
邓少军	管理者认知影响企业动态能力的形成及演化发展过程
尚航标	管理认知在环境动态性与企业战略反应速度间和环境动态性与企业动态能力间起显著的中介作用

3.7 近年来国内外组织认知研究发展

随着认知科学的延伸和拓展，组织层面的关于认知的研究，与传统认知科学的研究对象个体认知、团队认知或者说共享心智等有所不同。从信息加工的角度看，个体认知主要是指个体感觉输入受到转换、简约、加工、储存、提取和使用的全部过程。本书从信息加工的视角把组织视为一个认知主体，从整体的角度去考虑认知的结构、过程和功能。因此，从系统的观点去看待组织层面的认知能力，即组织感知和识别相关线索，记忆相关信息，进行战略规划和业务活动计划，获得知识，提出解决办法，做出战略决策，解决组织战略问题从而为企业获取竞争优势的能力。在界定组织认知概念过程中，必须认识到组织认知的复杂性和一致性。组织认知不同于个体认知，更不是个体认知的简单加总，它具备复杂性和一致性的特点。复杂性就是由于系统建构的数目繁多所带来的效应；而整合性则是将数目繁多的建构统一成为一个整体所带来的不同于个体认知的协同效应。为了实现有效性，管理者必须对他们组织环境中的事件提出多种不同的诠释和理解，这样他们理解的多样化也就等同于他们所面对的情境或决策领域的多样化，差异化和复杂性也由此产生。而仅仅有具备一定差异性特点的多种个体化认知还远远不够，将其整合起来的过程也必不可少。组织认知的复杂性反映了影响组织决策的每一位成员所具有的认知复杂性的集合。认知复杂性的使组织能够在多重维度上对一系列环境因素进行区分，同时也使得组织能够有效地利用多种不同的构建或理论来对这些环境要素予以描述。而组织认知的一致性则反应了多种不同的假设或想法已经被综合为一种共识性理解的程度。组织中存在着一定程度的共识和合作是必需的，只有这样才能对组织成员所做出的不同诠释加以有效利用并使得解决个人间的差异成为可能。组织认知的复杂性与组织处理环境不确定性的能力以及提高组织适应性和绩效水平的决策能力是紧密相关的。认知复杂性在决策过程的发现问题阶段与信息来源量和信息宽度成正比(Stabell, 1978)。认知复杂性也在某种程度上决定了人们予以主观诠释和理解之下的环境信息、业务信息和问题发现在多大程度上能够贴近“客观”标准。而组织认知的一致性则决定了组织所构建的知识体系能够被综合为一种共识性的理解并因此促使组织共享心智模式的有效性。

3.7.1　国外关于组织认知的研究

众所周知，由于社会和各行各业发生了很多变化，人们对所谓的学习型组织有很大的兴趣。学习型组织是个比喻，指能够迅速适应环境变化的组织。根据学习型组织这一比喻，研究人员一直以来对把个体认知研究延伸到组织层面上表现了很大的兴趣，尤其是组织科学研究人员越来越多地把研究重点放在集体意义上的团队和组织层面的认知上。研究人员往往把对组织认知角度的研究日益增加的原因归于 Herbert Simon 的主要贡献，以及社会科学研究中结构主义视角的研究。这些研究表明认知过程对经理的行动和他们建构并传递给他人的对现实的理解起着至关重要的作用。近来认知研究主要包括：辨识组织成员所创造的意义，强调意义的理解，而不是设计组织成员如何思考的模型；描述超越个体认知过程的人际之间的意义理解，即团队、群体和组织层面的认知研究以及不同层面的认知互动研究。

在 Cyert 和 March (1963)研究了信息流、组织决策中的潜过程和任务以及 Weick(1969)研究了组织过程后，组织研究对认知的研究兴趣日益高涨。其后，研究人员把组织描述为信息加工系统(Galbraith, 1974; Tushman 和 Nadler, 1978)、具备符号表征能力的多头有机体(Pondy 和 Mitroff, 1979)、有思想能思考的系统(Weick, 1979)、解释系统(Daft 和 Weick, 1984)、心智系统(Sandelands 和 Stablein, 1987)。这些研究观点代表了致力于打开组织行为的“黑箱”，以发现刺激与反应之间的关系的研究成果，因为人们的行为是有目的的，而不只是条件反射。

组织和管理认知研究绝大多数都停留在管理人员或者个体层面的分析上。Bougon、Weick 和 Binkhorst (1977)说:“理解组织发展需要了解组织成员的认知,因为个体认知过程决定并控制组织活动、发展和进化。”这一研究逻辑促使人们从认知心理学借用研究模型和方法来研究组织中的认知现象。这一逻辑依据如下:人能够思维(认知心理学),经理是人(管理人员认知),而经理在从事不同的组织任务(战略或者非战略决策制定、谈判、绩效评估等等)时,就在组织中进行思维,因此这些活动都是组织中的认知。

然而随着认知范式的研究越来越普遍,人们可能过度强调个体层面的分析而忽视社会和组织环境的分析,正如 Salancik 和 Pfeffer(1978)研究表明的个体对任务特征的知觉方面。另一方面,通过采用社会学(Durkheim 和 Maus, 1903)或者人类学(Douglas, 1985)视角的研究方法,人们可能会忽视个体的影响。比方说,组织创始人或者组织中某一部分个体对组织认知的不同观点(Schein, 1985; Martin 和 Siehl, 1983),利用比喻或者类比从一个层面推理到另一个层面,并运用从其他学科——心理学、社会学、人类学或认知科学借用来的分析模型明显是过于简单化的研究。然而,对组织层面是否存在组织认知的争论依然在继续。如果集体认知存在,怎样测量?《能思考的组织》(*The Thinking Organization*)一书的编辑(Sims 和 Gioia, 1986: 1)说:“书的名称仅仅是含义丰富的比喻——组织不会思考,只有人才能思考。”其他研究人员也认为组织并不会认知(James、Joyce 和 Slocum, 1988;Glick, 1985),否则会引起对组织研究人格化的指责,因为只有人才能思考,人有头脑,而组织没有;同时也导致人们对组织研究中把抽象概念具体化的指责,人们会问:组织或者说管理头脑到底在哪?

此外,即使人们争论说集体层面确实存在着认知,可测量认知往往依赖个体层面数据的加总,从而以或多或少的个体之和来代表集体层面。而事实上,整体可能多于或少于个体之和。为推进组织中认知作用的研究人们需要理解:就认知而言什么是组织?就组织而言什么是认知(what is organizational about cognition and what is cognitive about organizations)。否则,集体层面的认知将继续依赖个体层面的认知变量,而忽视环境的影响——集体层面认知的区别性本质,以及不同分析层面的认知互动。

Cannon-Bowers 和 Salas(2001b) 综述了文献中与组织认知视角有关的四种解释(CookeSalas、Cannon-Bowers 和 Stout, 2000; Mohammed 和 Dumville, 2001; Cannon-Bowers et al., 1993)。第一种解释认为,群体认知是个体认知的“重合”:

团队成员拥有团队的共有知识。第二种解释是把群体认知理解为团队成员之间的“相似性”或者“同一性”，也就是说团队成员有同样的知识。第三种解释认为群体认知是“互补的”，也就是说，团队成员不需要有完全一样的认知，但是对工作任务有相同的期望。第四种解释认为，群体认知是“分布式”的：任务所必需的知识分散在群体中不同成员。所有认知角度的研究都把群体认知的概念定义为个体心理结构的相似性或重合性，都对团队成员的认知共性感兴趣。Cannon-Bowers 和 Salas (2001a)认为这些文献都包括这一概念：团队成员拥有相似的或者重合的知识。大多数研究人员在定义群体认知时使用“相似性”这一概念。比如 Mohammed 和 Ringseis(2001)就把群体认知定义为群体成员的相似性。也有人使用“汇合或重合”把群体心智模式定义为个人心智模式的集合(Mathieu et al. ,2000)。

组织研究文献，特别是组织学习文献研究了与认知有关的不同概念(Cool 和 Yanow, 1993)。尽管认知是描述“知道”过程的通用词(Hilgard, 1980)，然而认知心理学家有的从信息加工的角度来定义这个概念(Reed,1982)，有的把认知作为人的神经系统数据处理和储存机制(Anderson 和 Ausubel, 1965)，有的把认知定义为人的思维能力(Glass 和 Holyoak, 1986)。在个体层面上，认知角度从不同的方面来解释人的信息处理过程。然而，研究专家认为，个体导向的认知研究意味着对认知的深刻见解在理解组织行为和组织学习过程方面的作用没有对理解个体学习过程方面大(Cook 和 Yanow, 1993; Easterby-Smith, et al. , 1998)。Allard Poesi (1998)认为，社会认知可以用来解释组织认知和组织学习与变革。Gioia 和 Sims (1986)在他们的重要著作 *Thinking Organizations* 中说，在现代组织中把认知和社会互动分割开来研究是无益的。他们强调组织中没有什么现象比认知获取过程更受到环境的影响。

从社会认知的角度来理解组织，Gioia 和 Sim(1986)认为，鉴于组织的本质是社会建构的实体存在，个体的本质是溶于社会并受社会的影响的，区别个体和组织的界限往往是模糊不清的。在这一意义上，社会认知超越认知方法(强调个体认知和学习过程)和结构方法(强调组织习惯和文化)(Hayes 和 Allison, 1998)。社会认知研究同时研究了人的有意识和无意识的信息加工处理过程，以及在复杂的社会和结构中是如何影响、被影响的(Gioia 和 Sims, 1986)。Higgins(2000)认为，社会认知之所以是社会的，是因为它包括人际特征和反应性特征；又是认知的，因为它包含了互动的不同认知层面。

现有的文献表明，一些研究人员认为组织认知这一概念是违反常识的，因为是人而不是组织在进行思维。但是案例研究表明，在研究认知和决策制定时，组织层面的分析是有益的。比如 Stikins 说，信息获取和加工习惯可能会固定化并以组织成员意识不到的方式对它们产生影响。共享偏好和认知图式也是组织环境的一部分，并影响个体认识理解。从上面的话中可以清楚地看到对认知模型在组织环境中的重要性的肯定。Sandelands 和 Stablein (1987)写道：组织是能够思想的心理/精神存在。实体的字面理解似乎不可能让人满意。按照 Gioia 和 Sims(1986)的观点，组织认知最好被理解为一个隐喻，正如 Tenkasi 和 Boland (1993)反驳说，人脑的计算机模型(Stubbart, 1989)作为认知模型发展中最主要的隐喻，似乎对理解组织认知而言是个太狭隘的观点。因此，就像组织学习一样，在评估认知模型的价值时，应该采用比主流研究文献对这一概念更宽泛的理解。按照 Morgan (1986)的观点：隐喻有助于我们描述组织的本质并给我们提供组织应该是什么的思考与选择。组织认知也许能够解释个人理性选择无法解释的各种组织行为。然而，也许难以宣称组织认知给出了“清晰的观点和选择”。Pentland (1992)分析了三种不同的研究方法。第一种被描述为认知方法，关注“知觉、意义理解和信仰”；第二种是结构方法，关注的是“客观存在物、结构和惯例”；第三种是“情境”视角，强调的是“情境表现或者习惯做法”。Gioia 和 Sims(1986)提出了组织认知的相似的三分法：首先是基于个体认知的视角；第二个观点认为人就是组织，他们的认知、观点和行为决定了“被组织起来”的本质；第三个观点认为组织成员和组织环境融为一体，组织环境影响组织成员知觉，个体思维难以明显区别于组织思维。

经常可以听到抱怨说高层没有战略眼光也没有方向。这一问题演变为在组织中有主导作用的群体是否有战略眼光。如果有，这样的过程是什么？又是如何通过这样的过程在组织中传递并共享“战略眼光”的。因此，战略眼光在组织中的被理解和共享的方式也许代表着组织认知过程。在组织的其他层面也可以有战略行为意味着个体层面的认知可以转变成组织中的共享认知，并可以推动到组织高层(Burgelman, 1983)。Fiol(1989)表明组织产生的新思想或者新观念最初可能被不同的部门有不同的认识，可是随着时间的推移这些观点融合到一起。该研究可以被用来表示组织层面认知结构的发展并追踪认知结构发展的过程。一般说来，组织认知的研究可以通过观察组织中新思想和创新过程的发展得到推进。比方说，网络分析可以被用来表明组织层面的认知结构以及信息获取和传播的过程(Krackhardt, 1990; Ghoshal 和 Nohria, 1989; Walker, 1985)。

组织认知研究中的障碍是这一关键假设:个体认知产生组织行为,行为带来绩效。这一假设是有问题的。

首先,个体认知和行为本身因果联结有问题。认知是个体和组织行为的因还是果呢?很多中间步骤以及每个联结都受多种因素影响,因此联结个体认知与组织行为的因果路线图是不牢固的。一个例外可能是在某一组织环境下,组织行为受到某个个体的强力支配(Walsh 和 Fahey's, 1986),比如说在创业者个人的企业或强力领导控制的组织里(Kets de Vries 和 Miller, 1984; Fiedler, 1986)。

其次,不同的个性化理解也许会产生明显相似的行为。Brehmer(1976)报告了可以广泛复制的研究发现:互动的个体之间在判断上明显区别的数量在很长一段时间内保持不变,尽管个体公开判断上有明显的改变,以及某些任务环境下,互动的个体保持明显的一致性,尽管在隐性判断上区别很大。更进一步的证据表明集体认知、或者模拟条件下的互动认知也在发生,尽管组织个体成员在解释上的区别(Donnellon、Gray 和 Bougon, 1986),以及在其他层面指导个体对认知图式的理解上也存在集体认知(Finney 和 Mitroff, 1986)。

第三,在组织环境下的个体认知受到组织其他成员的极大影响(Hill, 1982),也受到环境的影响(比如在任务特征的感知上)。McGrath's (1984)回顾了组织研究后说:"任务类型和网络类型在决定交流方式、满意度和任务有效性方面让一切个体区别微不足道。"

因此,即使在组织环境下对个体层面的认知研究,可能对理解组织层面的认知理解价值也不大。这一结论与一般意义上的观点一致,即社会系统是按照层级结构组织的,高级系统层面相对于低级系统层面的联系很松(Weick, 1969)。在这一系统内,中心层的行为几乎独立于它的组成部分的特征和行为的(Simon, 1973、1979)。这一结论得到组织模式连贯性的支持,尽管组织成员存在流动性和个体行为有变化。

认知研究往往停留在个体认知研究上的原因之一是抽象概念的具体化和人格化所带来的后果。比如人们常常讨论群体和组织层面的认知导致了抽象概念的具体化。也就是说,把一个抽象概念当作一个具体实物(Weick, 1969)。像"组织心智""组织记忆"这样的术语被认为是具体的实物。而事实上这些术语只是社会建构。把抽象概念具体化确实存在,但只是在个体层面的分析上。比如知识、记忆、信息处理过程变成"实物"(如同人格特征),这些"实物"然后被用来解释可观察到的个体行为。抽象概念具体化受到"定义操作论"、建构的测量的自动辨别、推理法则有效性的缺乏的支持。这样建构的认知地图造成了把认知图与认知域混淆的认知论谬误的后果。

Cambell(1974)解释了基本认知成分的属性。即,知识表征(持有)、信息处理(变化和选择)可以从不同分析层面的可观察的行为上推论出来,并能够检验。通过把认知定义为获取、储存、改变和使用知识的能力,我们可以从具体的物质和生物系统中抽象出认知。人们认为认知能力就存在于这些系统中(e. g. Newell 和 Simon, 1972)。因此 Schneider、Susan C. 、Angelmar、Reinhard(1993)认为个体和集体(群体、组织)都可以有认知。确实,个体能够思维,组织同样也可以思维。谈及"思考着的组织"不仅仅是个比喻,而是指可以通过实证证明的组织能力。

3.7.2 国内关于组织认知的研究

宁夏大学教授董小焕和庸少宏(2007)研究认为,组织知识的流动、转化、积累、升华等过程,必须建立在以组织认知结构不断完善、提升及其高级化演进的目标基础上来。因为组织学习知识的目的是为了提高组织发展所需的各种能力,而能力的高低取决于认知结构的状况。由此可见,在不确定条件下组织发展需要不断积累和更新知识。知识的积累和更新,不是将个体知识汇总起来的简单相加,也不是各学科知识的累积,更不是信息的堆积和简单流动,而是通过顺应和同化,智慧地运作组织资源(包括硬性资源和软性资源)的过程,也就是不断地完善主体(包括个体、群体和组织)的认知结构,将组织资源用知识统合为一个有机的生命体。

此外,董小焕和庸少宏(2007)还构建了一种"组织认知结构构建过程模型"。两位学者的研究认为,组织在发展过程中会形成群体智力(或智慧),群体智力是通过学习过程而形成新的群体认知结构的结果,外现于组织的产品、技术、服务、组织文化、管理体制、运行机制以及组织形象之中,如图 3-3 所示。

知识(包括显性知识和隐性知识、内部知识和外部知识),在组织中通过两种学习方式——正式学习(培训、示范、规范、正式沟通等)和非正式学习(熏陶、感染、非正式沟通等),达到在组织成员之间的流动和繁殖,当这些知识内化于组织行为时,变成组织思考和解决问题的共同行为方式,便形成了组织新的认知结构。这种认知结构体现出的智慧行为隐含着组织的共识、愿景、组织文化、心智模式、行为契

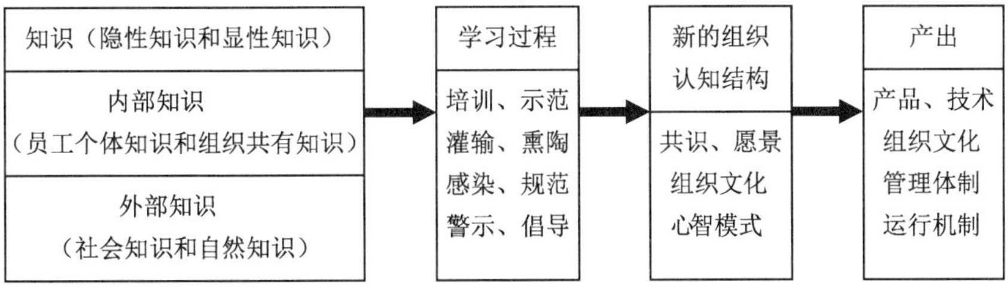

图 3-3　组织认知结构构建过程模型

资料来源：董小焕，庸少宏. 知识管理的有效途径——构建以认知结构为基础的学习型组织[J]. 科技管理研究，2007.

合、顺应环境的态势等心理能量。因此，组织认知结构的状况，决定着组织行为的效果，长期影响着组织发展。当然，组织认知结构的构建也是一个动态演进的过程，按螺旋式上升的规律发展着的。

此外，国内学者陈致宇和陈世权（2006）在管理系统认知结构及其知识获取的研究中认为，在管理科学中，一个有效、完好的管理系统涉及管理者本身的管理素质和管理知识①。这就涉及管理者在获取和应用管理知识的一系列心理活动，存在着管理者对管理系统的认知结构。所以，管理系统的认知结构就是管理者的管理知识表征，这些管理知识以管理者的心理结构和认知结构的形式储存在头脑中。管理系统的认知结构与过程和通常的认知模型类同，陈致宇等人在 Gagne 给出的“人类加工系统的基本部分”的基础上，建立了管理系统的认知加工模型，该模型包括了感觉、记忆、控制和反应四个过程，如图 3-4 所示。

3.7.2.1　感觉过程

管理系统构成的管理环境，对感觉系统提供并输入了各种相关的管理信息，这个系统具有管理信息的转换和整合作用。换言之，感觉过程通过管理信息获取感应器，从管理环境中提取了管理信息刺激的基本特性，并通过管理信息的感觉登记将这些特性联合起来。在这个过程中，管理者在感知管理环境的刺激接受输入的管理信息时，在头脑中发生了一系列的管理信息加工（处理）过程。

① 陈致宇，陈世权. 管理系统认知结构及其知识获取[J]. 商业研究，2006(17)：23-26.

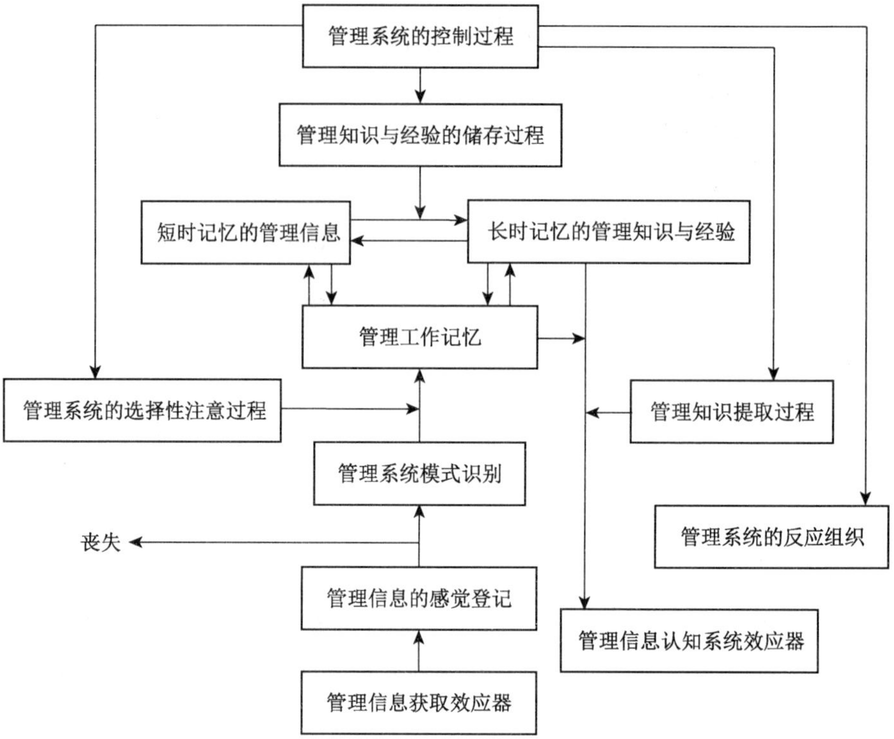

图 3-4　管理系统的认知加工模型

资料来源:陈致宇,陈世权.管理系统认知结构及其知识获取[J].商业研究,2006.

3.7.2.2　记忆过程

管理信息经过编码后构成了物理刺激进入记忆系统,并通过管理系统模式识别和记忆系统中已有的信息进行比较,做出近似的匹配。在管理工作记忆中,有大量的、各种不同的管理信息(知识与经验)存在长时记忆(永久性记忆)中。由于当前输入的管理信息和过去输入的管理信息相互作用,使保存在记忆系统中的管理信息只有一部分对当前的信息加工起作用,这些被激活的部分管理信息处于活动状态,是短时记忆(工作记忆)。短时记忆中的管理信息得到精细的加工处理,得到的管理知识与经验又保存到长时记忆中。而那些不对当前的信息加工的、不起作用的则被扬弃(丧失)。

3.7.2.3 控制过程

管理系统的控制过程是管理者对管理系统认知加工过程的控制部分,包括加工过程的计划和目标。它通过注意来选择所需要的管理信息,通过计划来决定认知加工系统如何起作用。主要包括:管理系统的选择性注意过程,注意管理系统模式识别中相关问题;将长时记忆的管理知识与经验的提取过程,提高管理信息认知系统的效应;管理知识与经验的储存过程,将短时记忆中的信息以某种形式保存下来,并通过复述向长时记忆系统转移、加工并储存;控制过程还包括了逐个管理系统的反应组织。

3.7.2.4 反应过程

反应过程通过管理信息认知系统效应器,最后作出实际的反应。反应过程对整个管理系统的认知加工过程的各种输入、输出进行实际控制。

在上述四种过程中,它们以各种方式相互作用。在每个过程中,又包含了一系列的过程,这些过程与整个系统的认知加工过程有联系,以实现整个系统的一般目标。

西安理工大学教授党兴华(2006)在对组织技术创新合作中的组织认知模式研究中认为,组织技术创新合作的认知模式主要包括两个部分:一是组织受社会背景、地域环境、行业状况等影响而形成的对技术创新合作常规的思维方式和态度;二是组织基于第一部分的认知,对技术创新合作所采取的行动。其在研究中认为,组织之间技术创新合作的实质是基于认知模式的知识的创造与互补过程,如图3-5所示。

党兴华(2006)认为,对应于组织对技术创新合作态度的两种取值和组织对技术创新合作采取行为的两种取值,可组合组织在技术创新合作中的四种不同知识创造认知模式:即发现型、创造性、观察型和观望型。组织的认知模式是多样性和共识性的结合;知识创造活动主要是知识主体与环境及其原有认知模式的相互作用,所吸收的有用的数据、信息,经过加工处理形成新知识。在组织技术创新合作知识创造的过程中,推动认知模式的不断演化,并达成认知模式上的共识是很重要的一环。

王岚和王凯(2008)在基于认知模式的组织集群知识转移的研究中认为,集群组织认知模式的结构由知识获取成分、知识应用成分和元成分三部分组成。其中,

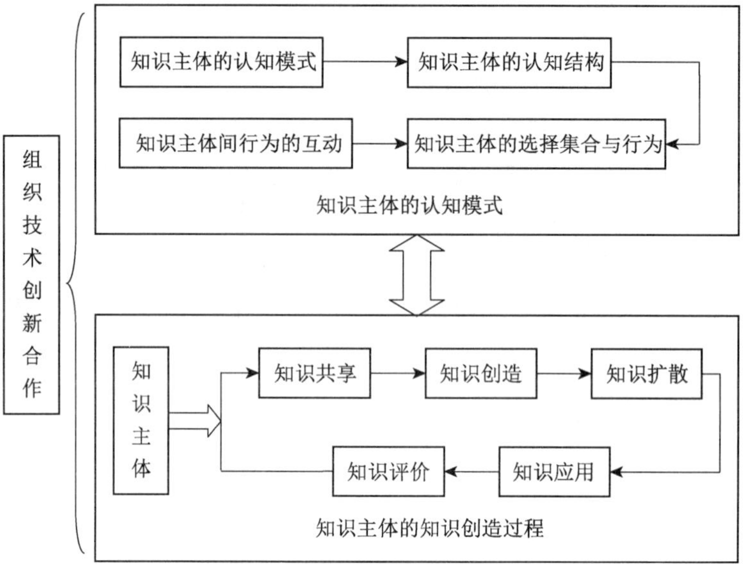

图 3-5　基于认知模式的组织之间技术创新合作

资料来源：党兴华，李莉，汤喜建. 组织技术创新合作中的组织认知模式问题研究[J]. 科技管理研究，2006.

知识获取成分的功能在于对于外部知识源溢出的信息和知识，通过特定的方式进行搜索、识别，并与组织已有知识结构进行匹配和对照，对新知识进行评估和选择性获取；元成分的功能则对组织获得的新知识进行转化和整合，目的是使获取的知识通过多种形式的转化而融入组织原有的知识结构之中，完成知识在组织内部的配置和整合；知识应用成分的功能表现在通过比较和综合进行知识的深度挖掘，通过知识的精练和提升进行知识创新，通过知识的有效过程提升组织认知能力。王岚和王凯(2008)认为，组织认知模式具有稳定性、相关性和可变性。认知模式的特性决定了组织知识活动的行为方式，构成组织集群知识战略选择的潜在约束。稳定性是指组织认知模式在组织的长期认知实践基础上形成的，一旦在原有的知识结构中形成"固有观念"和"支架"，组织认知模式就具有较强的稳定性，"认知地图"将长期引导组织的认知过程和认知活动按照一定的固有模式和路径进行；相关性是指组织认知模式将使得组织关注和选择与自身已有知识相关的知识和信息，对于与固有知识结构差异较大的知识的接受难度较大；相关性表现在相同知识背景下组织之间的交流比知识特质不同的组织之间的交流更容易发生。

杨旺(2003)在其组织智能一文中提及了组织认知能力的概念,并用组织知识价值总和来表示组织认知能力的水平,将组织知识价值描述为复平面上知识向量与组织目的向量的点积。这是探讨组织认知能力问题一个很重要的线索,可以将组织认知能力问题由单纯地理论推演、概念阐述,上升到可测量问题。基于此,本书认为组织认知能力应该是信息价值和知识价值的总和。因为信息的价值性决定了转化为知识价值的大小,获得信息的多少以及能否筛选出对组织有用的信息,都体现了组织认知能力的大小。对于知识价值,组织在实现其目的的 0-t 时间内,获得的知识价值由组织外部知识价值和内部知识价值构成。因为外部知识价值由其向组织内部知识的转化速度决定;而内部知识价值依据内部知识的更新速度决定,否则按照知识与组织目的的相关度来判断知识价值,组织内部知识将始终具有知识价值,因为积累和沉淀下来的内部知识必然是跟组织目的相关的,实则部分存量知识随着组织环境的变化已经无形磨损,不再能为组织所用,这部分知识价值必须从组织知识价值总和中独立出来,即:

组织认知能力(Organization Cognition, 简称 OC)可以表示为,在 $0-t$ 时期内获得的所有信息价值以及知识价值之和。

$$OC = C_{K外} + C_{K内} + C_I \tag{3-1}$$

式中,外部知识价值

$$C_{k外} = \sum_{i=1}^{t} K_{外i}; \tag{3-2}$$

内部知识价值

$$C_{k内} = \sum_{i=1}^{t} K_{内i}; \tag{3-3}$$

信息价值

$$C_I = \sum_{i=1}^{t} I_i。 \tag{3-4}$$

式(3-2)、式(3-3)和式(3-4)来源:杨旺.组织智商模型及提升策略研究[D].哈尔滨工业大学,2003.

彭正龙教授和王宏丽博士(2009)年对组织认知能力及其与组织知识的相互作用的关系的研究表明,组织认知能力的研究脱离不了对组织知识的研究,组织认知能力的跃迁首先是组织知识结构的改变，而组织认知能力状态的变化又会反作用于组织对知识的吸收、内化和更新过程。因此，可以说组织知识就是组织这个认知主体，对组织和组织外部环境认知结果的总结，知识的流动和转化就是认知主体认知结果的反映。根据 Wesley M. Cohen 和 Danzel · A. · Levintha 的看法，企业组织的知识存量在很大程度上是其认知能力的一个函数，即存储在认知主体内部的事物、模式、概念越多，新知识就越容易被消化、吸收，本书认为组织知识取决于三个方面：消化吸收外界信息和知识，用 g 来表示组织消化吸收外部信息和知识的能力系数；组织外界知识内化为组织内部存量知识，用 c 来表示外部知识内化的速率；组织内部存量知识不断更新，用 u 表示组织内部知识的更新速度。这里更新指的是放弃已经具有无形磨损特征的知识，如已过时的知识或因同行关注被动溢出的知识。所以，与组织认知能力相关的知识增长是指组织知识的积累、创造以及更新，以上三方面能够导致知识总量及质量都得到提高和增加，最终带动组织知识价值的增加，而这种表征知识价值增长的过程其实质就是组织认知加工过程，现给出完整的基于信息到知识环节的组织认知加工模型，如图 3-6 所示。

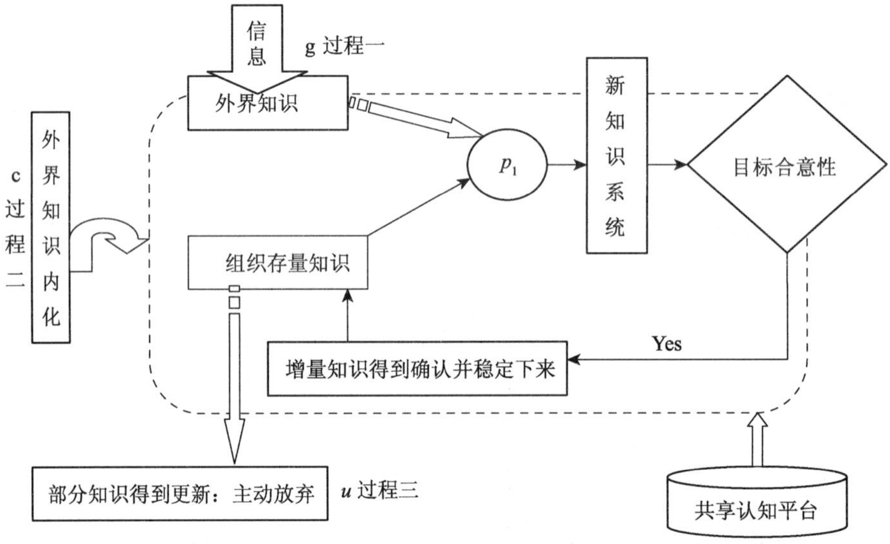

图 3-6 组织认知加工模型

资料来源：彭正龙，王红丽，黄文平. 组织认知能力及其与组织知识的相互作用关系[J]. 工业工程与管理. 2009，14(2)：21-29.

过程一：

认知主体通过对外部环境的搜索和选择来获取所需信息的过程称为信息获取过程，即在认知的引导下，认知主体对外部环境的信息过滤和吸收，获得有用的信息，然后将这种信息转化为知识，由于此时这种知识还不能直接为认知主体所用，称作外部信息和知识的消化吸收过程。

过程二：

Cesar Collazos 等人对知觉类型分析发现，协作学习过程是否成功有效取决于组织成员是否成功地创建和保持了对问题的共同认知，于是他引入了共享认知(shared-knowledge awareness)的概念，用以描述协作学习过程中个体成员之间在知识建构过程中对某些问题的共同认知，包括对不同部门协作任务的理解，协作过程中的协调策略、交流和监督方式，对问题的共同理解等。这里的共享认知指组织成员对问题、问题的环境、组织在问题求解过程中所追求的目的所达成的共识。

认知主体外部知识内化过程是这样的：一方面基于认知性的隐性知识，对于认知主体而言就是其存量知识，是对信息接收、认知转化为知识起主导作用的知识；另一方面就是不同层次的知识的相互碰撞、吸纳、结合过程，认知主体从获取外部信息转化而来的知识为外部知识，企业存量为企业内部知识，这两个层次的知识要进行融合而形成新的更为复杂、系统、完善的知识，也就是认知主体吸收并创造知识的过程；组织成员对组织目标、共同愿景的理解，为外部知识内化提供了方向和指导。组织外部知识内化过程不是随意的，而是围绕着这种共有知觉，将外部知识转变为自身所需要的知识体系的一部分，这个过程促使认知主体不断产生新的知识系统，存量知识进而得到增长。组织知识内化过程效率越高，对知识的利用率就越大；组织认知能力越强，其知识内化过程的效率就越高。

过程三：

认知主体内部存量知识的更新过程可以表述为主动放弃。主动放弃是由于认知主体感觉知识库中的知识有些已经无形磨损，即对应当前组织环境已经显得过时或因同行关注知识被动溢出，认知主体将这一部分知识主动放弃，否则这部分知识的累积会影响外部信息的吸收和知识内化。通过这个过程，认知主体不仅保持了内部知识的价值，即随时为认知主体可用的、符合其发展需求的知识；而且也为另外两个过程的流畅进行排除了障碍。这一过程的进行速度，取决于环境信息的演化速度和认知主体的认知能力，信息变化速度快，且认知能力水平高，组织内部知识更新速度也快；反过来，较快的更新速度对内部知识价值是一种“保值”，进一步促使组织认知能力的提升。

所以组织认知加工过程可以理解为：认知主体依靠自身认知的敏锐性获得对其有用的信息，也就是获取具有较多价值的信息并转化为外界知识；然后结合认知主体存量知识提供的认知架构，围绕共享的组织子目标 p_1，创造相关的知识，产生新的知识系统，并通过市场目标合意性的检验，最终作为新的增量知识存储下来，认知依赖的知识结构完成改变；最后，随着企业存量知识的增加，知识难免出现无形磨损，企业内部只有不断更新才可以保证企业存量知识价值的时效性，从而保证企业具备与时俱进的认知能力。

季光辉(2010)结合国内外有关组织能力理论和能力系统的研究成果，从整体上给出组织认知能力系统理论模型，如图 3-7 所示。

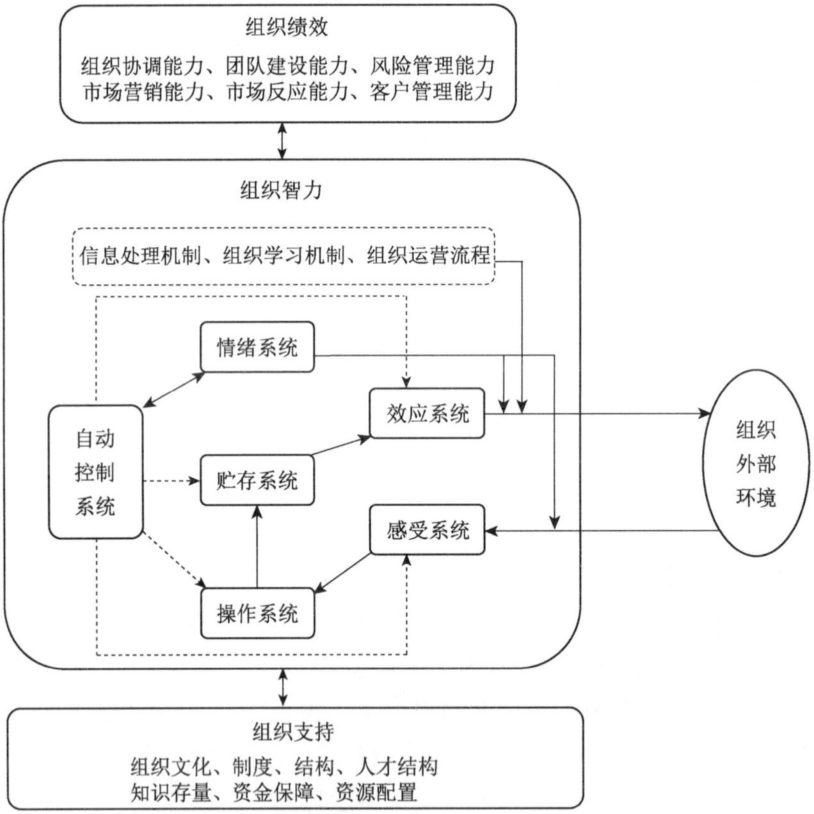

图 3-7　组织认知能力系统理论模型

资料来源：季光辉. 组织认知及其对开放式创新绩效影响研究[D]. 同济大学，2010.

其中，组织支持层是组织认知能力系统的基础，组织所占有和控制的有形和无形资源是组织认知能力系统的支撑，在一定程度上决定了组织认知能力的强弱。认知能力系统在组织边界内部的核心是由感受系统、效应系统、操作系统、贮存系统、自动控制系统、情绪系统这六个子系统组成，一旦这些要素突破组织的界限，以整体认知能力的形式进入市场竞争之中，主要表现为组织的信息处理机制、组织学习机制、组织运营流程，最终表现为组织的核心竞争能力，并在市场上实现其最终价值。组织表现层是组织认知能力系统的价值体现，组织认知能力系统的价值最终是通过组织协调能力、团队建设能力、风险管理能力、市场营销能力和客户管理能力等各种能力体现出来，以此对外部环境变化进行反馈。

该理论模型表明，信息处理机制是信息处理系统、方案、流程的结合；组织学习机制是组织对内外知识的积累、整合和应用的过程；组织运营流程是组织对计划、决策、控制、反馈的良性循环；组织情绪既是对于信息、知识的客观需要，又是组织内部形成的共享的心智模式。以上四个要素均是以感受、效应、操作、贮存、自动控制等系统为基石，来整合组织创新活动中的“感觉—记忆—控制—反应”过程。其中，组织对外部信息的“感觉—记忆—控制—反应”机制越有效，越有利于创新活动的开展，而这种信息处理机制是组织感受、效应、操作、贮存、自动控制功能发挥的基石，具体包括各类信息系统、信息处理方案和流程；组织学习机制是对组织内外知识的积累、整合和应用过程，其基于信息处理机制，整合于组织的“感觉—记忆—控制—反应”过程中，通过对知识的解释、分享和扩散，使知识成为组织记忆的一部分，以利用创新知识的持续获取；优化的组织运营流程强调了组织在创新活动中计划、决策、控制、反馈的良性循环的重要性，并且强调了在研究、开发、生产、销售部门之间协调一致的内部利益关系的重要性；组织情绪反映了在创新活动中对于信息、知识的客观需要，同时还反映了组织成员在长期共事中逐渐形成的一种共享的心智模式，其体现了员工的归属感、忠诚度等。

复旦大学邓少军博士(2010)从理论及实证层面研究了中国企业转型升级背景下企业动态能力发展演化的微观认知机理，采用纵向案例研究的方法，研究了一家典型企业两个阶段转型升级过程中，高层管理者认知与企业动态能力发展演化的过程机理，并集中探讨了这一过程中一些重要的本土化情境因素的影响。基于 69 家中国沪深 A 股上市公司 2005—2007 年面板数据，邓博士进一步实证研究了企业高层管理者的认知特征(包括认知柔性与认知复杂性)与企业动态能力的重要表征——资源配置柔性(包括资源配置的多样性与资源配置的变化)的关系。

国内外关于组织认知的研究文献与企业高管认知、团队认知相比而言数量还很有限，然而，对组织中认知现象的研究近年来随着对组织能力的研究从宏观转向微观，相关研究文献越来越多。从已有文献中可以看出，主要围绕组织认知结构、组织认知模式、组织认知过程等认知构成要素与组织学习、组织知识等组织能力源泉拓展开来，具体包括学习与能力、学习与变革、知识创新、共享心智、认知能力等的相互关系进行了分析、研究，深入考察组织认知、组织能力、组织绩效和企业竞争优势之间的关系。近年来，组织认知研究总结如表 3-8 所示。

表 3-8 组织认知研究总结

研究者	主要结论
Gioia 和 Sims	鉴于组织的本质是社会建构的实体存在，个体的本质是溶于社会并受社会影响的，区别个体和组织的界限往往是模糊不清的
Allaire 等	组织可以被界定为具有共享认知图的社会人文环境或被界定为集体心智的建立，集体心智不仅仅是组织个体成员心智的复制
Daft 等	组织有认知系统和记忆，组织是解释信息的系统
Swieringa 等	组织在向成员和环境学习过程中形成了组织规则，组织规则包括组织原则、共享的假设、核心信念等，正是这些组织规则构成了组织共享的心智模式
Schneider 等	提出了一个认知框架，一个基于结构、模式和过程的认知框架，这一框架可以应用到团体，甚至组织层面的分析
Hodgkinson	组织成员倾向于形成共享的心智模式；由于组织中不同团队的工作环境对信息加工有具体的要求，各团队成员形成了与工作环境信息加工要求相匹配的认知风格，在心智模式方面表现出较多的一致性和共同点
Harrison	在认知和决策制定时，组织层面的分析是有益的
董小焕等	构建了"组织认知结构构建过程模型"
陈致宇等	构建了"管理系统的认知加工模型"
党兴华等	组织之间技术创新合作的实质是基于认知模式的知识的创造与互补过程
王岚等	集群组织认知模式的结构由知识获取成分、知识应用成分和元成分三部分组成，并具有稳定性、相关性和可变性
邓少军	管理者认知与企业能力演化之间的内在关系
彭正龙、季光辉陶然等	组织认知的即兴现象、企业能力的状态跃迁对企业开放式创新绩效的影响研究
彭正龙、王宏丽等	组织认知能力和组织知识的相互关系

3.8　组织能力演化的认知模式

组织能力演化是战略管理组织理论和演化经济学关注的核心问题之一，这一问题对于理解企业在熊彼特式竞争环境下的竞争异质性和绩效差异尤为重要，正如 Hoopes 和 Madsen(2008)在基于能力视角的竞争异质性研究中所指出的，异质性的组织能力在很大程度上决定了企业不同的竞争位势，进而导致企业具有不同的绩效。Abell 等(2008)指出，组织能力研究需要关注其微观基础，即个体在组织能力形成与演化中的作用机制，现有的能力演化的微观认知机制研究为这一组织能力研究的新领域奠定了一定基础。但是，认知通常不是单独发生作用，而是与其他个体因素(如动机、行为等)和组织因素等在不断地进行相互作用。

Gavetti(2005)在强调认知性因素对于组织能力演化的重要性时指出，能力的研究需要微观基础，这种微观基础应能更完整地把握我们所了解的组织中的认知与行动。针对这一呼吁，随后有许多学者提出了组织能力演化的不同微观认知模式(Laamanen 和 Wallin，2009)。如 Gavetti 等(2005、2008)提出的类推(reasoning by analogy)模式，Farjoun(2008)提出的心智试验(mental experimentation)模式，Bingham 和 Haleblian(2008)提出的解释(construal)模式，Tripsas 等(2000、2009)提出的认同(identity)模式，Regner(2005、2008)提出的想象(imagination)模式等。管理者通常就是采用这些认知模式推动组织搜寻(organizational search)，在此过程中组织战略及相关能力得以形成并不断演化。下面将从组织能力演化的角度分别阐述几种主要的认知模式。

3.8.1　类推模式

从战略决策的角度，类推是指管理者运用过去熟悉情境去处理新的类似情境问题的认知思维模式。实际上，这种认知模式一直以来就是认知科学领域研究的兴趣点所在(Giek 和 Holyoak，1980；Holyoak 和 Thagard，1995；Thagard，1996)。Gavetti 等(2005、2008)把这种认知模式引入战略决策研究领域，强调类推是战略决策者普遍具有的一种逻辑认知模式，当面对新的机会或困境时，战略决策者首先发展出针对目标问题的心智表征以识别其主要特征，再回想以前遇到或听到过的情况，搜索熟悉的相似经验以及曾在类似的情境下取得良好效果的策略进行类比式推理以形成解决当前问题的策略与方案。Gavetti 等(2005)的研究表明，类推模式有助于战略决策者在复杂和新颖的环境下寻找到有利的竞争位置，而其效果的发挥则受到管理者经验的深度(对特定领域知识的熟悉与了解程度)、宽度(对众多领域知识了解的广泛程度)，以及高阶策略方案对其所含详细选项的限制程度的影响。由于组织能力的演化在很大程度上是组织一系列决策及行动的结果，因而决策者运用类推的认知思维模式做出组织能力发展与转变的决策无疑会对组织能力的演化带来重要影响。

3.8.2 心智试验模式

Farjoun(2005)认为，Gavetti 等(2005)的观点过于强调类推模式的优越性而忽视了其他认知模式的重要价值，并据此提出了心智试验的认知模式[包括想象(visioning)、情境分析(seenario analysis)和模拟(simulation)三种心智试验的变体]。他强调心智试验可以依靠人们所熟知的演绎(deduction)与归纳(induction)的认知推理过程，但更接近于溯因(abduction)的方式(Farjoun, 2008)。溯因是美国逻辑学家皮尔斯(Charles Pierce, 1839—1914)最早明确提出的概念，与演绎(通过已知事实的现存知识或一致被认可的规则推导出结论)和归纳(从有限的观察数据中得到结论或一般性规则)不同的是，溯因是生成假设来解释已知事实，它是开始于事实的集合并推导出它们最合适的解释的推理过程。在有关能力发展的战略决策中，应用溯因的推理方式进行心智试验就是针对决策问题不断产生并测试相关假设性方案，通过一系列心智活动从而最终为决策问题找到最合适的策略。这种方式不必像试错那样需要真实地逐一实施特定的备选方案，在一定程度上降低了战略决策与实施的成本，保证了决策的连贯性。

3.8.3 解释模式

Bingham 和 Haleblian(2008)在研究创业型企业国际化能力的习得过程时提出了能力发展的认知性解释模式，这种解释模式由先于行动的认知模板(cognitive templates)以及紧随行动后的归因(attributions)所组成,Bingham 和 Haleblian (2008)通过研究发现,管理者在开展国际化业务之前会为其国际化能力勾勒出心智草图(认知模板)以帮助指导未来的行动,这种认知模板的形成通常来自有见识管理者的以往经验以及组织创始人的直觉和远见,它对于企业国际化能力的发展会带来重要影响:①认知模板为推动能力发展的经验学习创造了有利的开端,事先的心理准备以及对即将获得经验的预期降低了领导者一在经验产生后冲动性或反应式行事的可能性,因而能够减少能力学习的代价;②认知模板的半结构化特征为变革创造了有利条件,它避免了结构化缺失造成的混乱以及过分结构化所带来的刚性,有助于组织成员达成一致意见从而明确组织能力发展的方向;③认知模板作为一种知识结构有助于明确问题的所在及解决方式进而推动能力的发展;④认知模板能够鼓舞管理者,为其明确方向,从而为管理者在不确定环境下采取行动带来信心,然而随着时间的推移,初始的认知模板很可能变得不再具有足够的解释力,超出其范围之外的意外结果会不断增多,这时,管理者会对这些意外结果进行归因判断,如果造成意外结果的原因来自组织内部(内部归因),那么管理者会调整原有的认知模板和行为,通过发展认知模板的不同抽象层次以推动能力的进一步发展,反之,如果归因于组织外部(外部归因),则一般会保持原有的认知模板和行动。

3.8.4　认同模式

组织认同是指组织内部成员及外部利益相关者对组织核心观念的感知(Hsu 和 Hannan,2005;Poles et al.,2002),它与组织中的某种规范密切联系,这种规范表明了有关组织中合法行为的共享信念。组织认同能够充当指路牌,指引组织能力的发展知识的获取以及组织惯例的演化(Kogut 和 Z.即 Zander,1996)。Tripsas 等(2000、2009)在研究组织应对技术变革的困难时进一步阐明了能力演化的认同模式。他们的研究表明,组织认同是组织认知惯性的一个重要来源,它会对能力发展决策产生导向与约束效应,具体表现在:①认同充当了过滤器,组织成员倾向于按照与已有认同相一致的方式关注与解释外部刺激从而作出决策;②由于认同与组织惯例程序及信念交织在一起,改变认同以做出适应技术变革要求的能力发展决策通常十分困难。因此,充分考虑技术变革及相应的能力发展决策是否对现有的组织认同构成挑战将变得十分重要。

3.8.5 想象模式

Regner(2005、2008)提出了能力发展的想象模式,认为想象在企业创造性战略中发挥着重要作用,是创造性战略不可分割的组成部分。想象一般与直觉相联系,它可以帮助行动者更好地搜寻、识别机会。Regner(2008)认为,动态视角的企业战略既需要重复的惯例与模式,同时也需要想象力与创造性。前者可以保持战略的稳定性与效率,而后者则可以促进企业战略对环境变化的动态适应。因此,Regner(2008)建议动态能力理论应借鉴战略实战理论(strategy-as-Practice)中有关想象力与创造性的观点,以避免动态能力同样陷入单纯依靠经验与惯例而导致能力刚性的能力发展悖论中。Pandza 和 Thorpe(2009)也有类似的观点,认为与直觉相联系的想象构成了企业进行创造性搜寻的重要认知基础,它可以帮助管理者实现对以往知识路径的偏离,进而产生新的知识,因而创造性搜寻构成了企业动态能力的重要组成维度。与组织战略决策及能力演化相关的认知模式实际上并不限于以上这几种。Gavetti 等(2008)认为,理性选择与基于反馈的适应性学习之间存在多种中间形态的认知模式,从而形成了一种中部隆起的分布形态。由于完全理性的选择与严格的反馈式经验学习在现实中几乎不存在,因此,处于中间形态的多种认知模式就成为组织战略决策及行为研究的重要立足点[①]。

3.9 组织认知能力的界定及其系统结构要素研究

现代认知心理学家对于“认知”的理解,仍然是各色各样的。美国心理学家霍斯顿(T. P. Houston)[②]等人归纳为五种主要意见:①认知是信息加工;②认知是心理上的符号的运算;③认知是问题解决;④认知是思维;⑤认知是一组相关的活动,

① Gavetti G., Levinthal D. A., Rivkin J. W.. Response to Farjoun's strategy making, novelty, and analogical reasoning-Commentary on Gavetti, Levinthal, and Rivkin (2005) [J]. Strategic Management Journal, 2008, 29(9): 1017-1021.

② Houston T. P.. Essentials of psychology[M]. New York: Academic Press, 1981.

如知觉、记忆、思维、判断、推理、问题解决、学习、想象、概念形成、语言使用，等等。也有的认知心理学家，如道得(Dodd)[①]等则认为，认知应包括三个方面，即适应、结构和过程。也就是说，认知即为了一定的目的，在一定的心理结构中进行的信息加工过程。这是一种广义和狭义相结合的认知心理学观点。北京师范大学教授彭聃龄(2004)在《认知心理学》一书中指出，认知是获得和应用知识的过程，也可以叫作信息加工的过程[②]。信息本身含有知识、消息的意思，它存在于世界的各种事物和现象之中。人们通过自己的感官获得从外部输入的信息，经过处理转化为自己内部的观念或概念，即一些能代表外部世界事物的符号或模式，并存储在头脑中，然后再经过一系列的处理，将内部的观念或概念转化为语言或其他行为，成为输出的信息，对外部的刺激做出某种特定的反应[③]。

结合第2章对组织和组织能力概念的界定，本书认为，所谓组织认知即是作为生命有机体的组织在复杂、动荡的全球竞争环境中感知、识别组织内外信息，把信息转变为知识，并在此基础上追求竞争优势的过程。这一概念的内涵是组织通过学习(个体学习、团队学习和组织学习)把感知、识别到的信息通过相关的认识模式(如类推、心智试验、解释、认同、想象)建构成对组织有用的知识的过程。此外，通过该概念可知，这一对"组织认知"概念的界定实践上是从认知能力的角度出发的，因此，"组织认知"也可以说是"组织认知能力"，属于组织能力研究的范畴。更具体地说"组织认知能力"研究和组织学习、组织知识、核心能力、动态能力等研究密切相关。

通过对上述概念的梳理可知，组织认知能力是组织获得持续竞争优势的前提。在复杂、动荡、全球互联互通、竞争日趋激烈的环境中，如果组织拥有独特的、优异的认知能力，并通过组织学习积极建构组织知识，它就能够比竞争对手做得更好，能够更快速地对复杂、动荡的内外部环境作出反应，从而获取并保持竞争优势。

综合近年来企业竞争优势研究文献发现，从组织能力的角度解释竞争优势的源起、发展和保持成为管理理论研究和企业实践领域里占支配地位的研究兴趣和课题。受制于认知科学发展的限制和认知测量工具手段的匮乏，目前国内外对基于组织认知能力的企业竞争优势研究尚在发展阶段，尽管认知视角的组织能力研究受到越来越多的关注。那么，如何在现有理论研究不足的情况下对组织认知能

① Dodd D. H., White R. M.. Cognition, mental structures and processes[M]. Boston: Allyn and Bacon, 1980.

② 彭聃龄，张必隐.认知心理学[M].杭州：浙江教育出版社，2004.

③ 季光辉.组织认知及其对开放式创新绩效影响研究[D].上海：同济大学，2010.

力及其系统进行深入研究，挖掘组织认知能力系统构成要素，以期从系统的角度对组织认知能力及其作用进行解释，并建构基于企业的竞争优势，成为笔者研究的首要问题。因此，本部分的主要工作在于：基于国内外已有研究成果、相关理论，通过对相关企业管理者和员工的访谈，从企业的视角了解组织认知能力系统的构成，对构成要素及其作用进行分析，并在此基础上，描述一个完整的组织认知能力系统概念模型。

3.9.1 组织认知能力系统构成要素分析

组织认知能力系统构成要素有哪些？不同研究人员基于不同的理论视角，建构了不同的分析框架。本书采用 Glaser 和 Strauss 扎根理论。Glaser 和 Strauss 首创并发展的扎根理论是一种质化研究方法，其基本宗旨是在经验资料的基础上建立理论。与量化实证研究不同，研究者在进入田野调查之前并不提出理论假设，而是直接从调查资料中进行经验概括，在不断比较过程中提炼出反映社会现象的概念（concept），进而发展范畴（category）以及范畴之间的关联，最终升华为理论。这是一种自下而上的归纳式研究方法，直接扎根于现实资料的理论便是其成果的体现。扎根理论一定要有经验证据的支持，但它的主要特点不是经验性，而在于它从经验资料中抽象出新的概念和观点，发现新的互动与组织的模式。扎根理论的主要思想通过开放性译码（open coding）、主轴性译码（axial coding）和选择性译码（selective coding）这三重译码过程来实现。①开放性译码。开放性译码就是把搜集来的资料进行分解。针对资料里所反映的现象，不断比较其间的异同，进而为现象贴上概念标签，再把相似概念聚拢到一起，提炼出的概念与范畴作进一步比较，如此不断地分析和比较，从而发展出主要的范畴。②主轴性译码。主轴性译码的主要目的是发现和建立主要范畴间的各种联系，从而展现资料中各部分的有机关联。Strauss 和 Corbin 提出了一个典范模型（paradigm model）[①]，即所分析的现象与其原因、背景、中介条件、行动与互动的策略以及结果之间所体现的逻辑关系。通过与资料的进一步互动，研究者可以把主要范畴的关系按照这个逻辑予以展现。于是，以一种抽象的形式，资料又被组合到了一起。③选择性译码。在这一阶段，

① Strauss A., Corbin J.. Basics of qualitative research: Grounded theory procedures and techniques [M]. Newbury Park: Sage, 1990.

研究者通过描述现象的"故事线"来梳理和发现核心范畴(core category),把核心范畴与其他的范畴系统地联结起来,搜集新的资料验证其间的关系,并进一步通过资料与正在成型的理论的互动来完善各个范畴及相互关系,从而建立起概念密实、充分发展的扎根理论。

可见,扎根理论研究的目的在于从理论层次上描述现象的本质和意义,从而建立一个适合于资料的理论[①]。在这个过程中。持续的资料搜集与资料分析的互动与比较体现在每一个译码阶段,这种比较与互动也指引研究者下一步的资料搜集(即理论采样)。因此,连续比较和理论采样是扎根理论的两个根本特征,扎根理论研究法也被称为"连续比较方法"[②]。

从方法论的角度看,Suddaby 认为,作为一种解释性方法,扎根理论秉承的是建构主义的本体论和相对主义的认识论,因此,扎根理论更适用于某些研究问题。例如,理解行动者(actor)从主体间的互动中构建意义的过程;有关个体解释现实的知识的构建[③]等。基于本体论与认识论的差异。扎根理论研究法不适合对"唯一的客观现实"的描述和解释——这是实在主义者所追求的目标。从扎根理论自身的使命角度看,扎根理论致力于发展新理论[④],发掘对现象的新的理解和认识[⑤],因此,扎根理论特别适合于缺乏理论解释的或现有理论解释力不足的研究领域。例如,李志刚(2007)发现在创业领域存在着创业者多次直接或间接参与创建新企业的现象,但对于这样一种非常特殊的"连次创业"现象(李对此现象的"概念化")却缺乏研究,于是他对这一现象开展了扎根理论研究,并取得了初步的结论[⑥]。又如,Browning 等对于前人没有注意到的现象——为什么在高度竞争性的行业中能出现合作,以及合作为何能够得以持续的原因进行了扎根理论研究,得出了富有启发意义的结论[⑦]。

---

① 李志刚.扎根理论方法在科学研究中的运用分析[J].东方论坛,2007(4):90-94.

② GLASER B. G., Strauss A. L.. The discovery of grounded theory: Strategies for qualitative research[M]. New York:Aldine. 1967.

③ Suddaby B.. What grounded theory is not[J]. Academy of Management Journal, 2006(49): 633-642.

④ Slater S. F., Narver J. C.. Market orientation and the learning organization[J]. Journal of Marketing, 1995,59(3): 63-74.

⑤ 陈向明.扎根理论的思路和方法[J].教育研究与实验,1999(4):58-63.

⑥ Grant R. M.. Toward a knowledge-based theory of the firm[J]. Strategic Management Journal, 1996a,17:109-122.

⑦ Browning L. D., Beyer J. M., Shetler J. C.. Building cooperation in a competitive industry: sematech and the semiconductor industry[J]. Academy of Management Journal, 1995(38):3-151.

3.9.2 访谈过程和访谈资料分析

本书基于事先准备好的访谈提纲，采用半开放式访谈来与被访者进行沟通。一般而言，访谈法可分为封闭式访谈、开放式访谈、半开放式访谈三类。其中，半开放式访谈是指研究者对于访谈的结构有一定的控制，但同时也允许被访者积极参与的一种方法。并且，在半开放式访谈的过程中，研究者聚焦于特定问题，根据研究主题的发展来动态调整访谈内容和顺序。与封闭式访谈和开放式访谈相比，半开放式访谈更适用于本书。

在每次访谈之前，笔者需要与被访者进行适当的沟通，以使其明确研究目的、研究主题和研究意义，并通过合适的言语营造访谈气氛，与被访者建立初步的互动关系，以利于访谈的顺利开展。在访谈过程中，笔者需要依据访谈提纲和谈话技巧，对关键问题和核心话题进行把握，做到有的放矢，从而合理地控制访谈节奏和时间；并且，在进行访谈的同时，笔者需要注意观察被访者的面部表情和身体语言，并加以记录，记录这些信息对研究者事后解读访谈资料，进行正确的概念划分、范畴归类有着重要的启示性作用。在整个访谈过程中，笔者与被访者积极地产生互动，保持友好、平和的态度，并实时就某一话题产生共鸣。访谈后，笔者需要对每次访谈过程进行反思，确定下一个抽样的方向并写成备忘录。由于是对被访者的深度访谈，并且每次访谈持续时间均要求在 50 分钟左右，故在访谈具体过程中，笔者需在取得被访者同意后进行全程录音，以保证资料收集的完整性。

访谈资料的分析工作主要是指访谈结束后，将每次访谈录音转化为书面文本，并将被访者的表情、语气和动作按时间顺序加以标注。本书每次访谈时间不一，平均每次访谈持续大约为 50 分钟，总共获得约 25 个小时的访谈录音资料，转化为书面文本共计约 22 万字。另外，本书将 ATLAS. ti 6.0 质化分析软件作为访谈资料的辅助整理和分析工具，通过将收集的访谈资料以文本的形式导入 ATLAS. ti 6.0 中来进行深层次的译码分析。具体的译码分析过程包括开放式译码、主轴译码和核心译码三个阶段。其中，“开放式译码”是将访谈资料分解、比较、概念化和范畴化的过程，其是扎根理论研究过程中资料分析的基础工作，通过开放式译码可以使访谈资料大大简化、意义更加突出，为进一步挖掘研究主题，寻找隐藏在访谈资料中的核心内容打下良好的基础；“主轴译码”的主要任务是发现和建立概念、范畴之间的各种关系，以表现访谈资料中各个部分之间的有机联系；“核心译码”是将所有已归纳的概念和范畴体系经过系统的分析以后选择一个核心范畴，将扎根理论前期所做的分析全部集中到与核心范畴相关的领域上去。笔者将通过三级译码过程以最终构建组织认知能力系统概念模型，并对组织认知能力系统的构成要素有一个全面的认识和理解。

3.9.3　访谈提纲和访谈样本

由于笔者的研究目的是抽取组织认知能力系统构成要素，继而在此基础上构建组织认知能力系统概念模型，因此访谈围绕两个主题：①对组织认知能力和能力系统的认识与理解；②对组织认知能力系统构成要素的分析与讨论。该访谈提纲的设计规则如表 3-9 所示。

表 3-9　访谈提纲的设计规则

主题	问题举例	目的
背景介绍	“请您介绍一下您本人及贵公司的基本情况”	了解被访者的个人情况、工作单位等基本情况
对组织认知能力和能力系统的认识	“您对于企业核心能力有什么认识，核心能力具体包括哪些” “您对认知是否有了解？如果有，请谈谈您对认知的看法，包括个体认知、团队认知和组织认知” “您认为组织认知能力是什么，它是否属于企业核心能力”	了解被访者对组织认知能力，以及能力系统的认识和理解
对组织认知能力系统构成要素的分析和讨论	“能力是系统的外在表现，从系统的角度看，您认为组织认知能力系统由哪些要素构成” “就您看来这些要素的具体内涵和作用是什么”	了解被访者对组织认知能力系统构成要素的认识和理解
深层讨论	“除了这些，您认为还可能存在哪些构成要素，它们的作用又是什么”	了解被访者对某一个问题的深层次认识和理解
开放式问题	“对于刚才的讨论，您还有什么补充么”	补充、完善被访者对该问题的看法

与量化研究所采用的大规模随机抽样不同，扎根理论重视样本的代表性和资料来源的丰富性，扎根理论仅选择少数几个典型个案进行深入分析。基于上述原则，笔者所选择的被访者主要来自国有大型企业，被访者以上述企业的各级管理人员、部门负责人以及基层员工为主。由于被访者专业知识、工作经历、学历层次、职务等级千差万别，这对访谈提纲中问题的设计、表述技巧提出了更高的要求。通过一系列的前期筛选工作，最终正式接受访谈的有效被试为 28 人，被访者均为企业管理人员或者企业员工，每次访谈持续时间均要求在 50 分钟左右，从而实现对被访者的深度访谈。此次访谈样本如表 3-10 所示。

表 3-10　访谈样本

项目	类别	样本数	百分比
样本容量	有效	28	100%
	无效	0	0%
行业	计算机业	5	17.85%
	生产制造业	16	57.14%
	咨询服务业	4	14.28%
	其他行业	3	10.71%
职务等级	总公司高层	3	10.71%
	分公司高层	5	17.85%
	中层	12	42.85%
	基层	8	28.57%
合计		28	100%

3.9.4　开放式译码

在参考国内外组织能力和认知理论相关研究的基础上，本书基于扎根理论译码原则逐步对访谈资料进行开放式译码，进而抽取相关概念和范畴，以此为进一步挖掘研究主题，寻找隐藏在访谈资料中的核心内容打下良好的基础。

开放式译码中概念化的过程是对原始资料中所有可能成为现象的内容进行标

识，从而获得概念群的这样一种过程。在此，笔者借助扎根理论辅助软件 ATLAS. ti 6.0 对转录文本进行逐字逐句的分析和讨论，使原始资料分解为一个个独立的意义单元。在开放式译码这一阶段，共抽取得到原始概念 328 个（X_1-X_{328}）。其中，328 个原始概念大部分有语义重复、同义或近似现象，因此通过对原始概念语义合并整理，最终从 328 个原始概念中得到 35 个正式概念（XX_1-XX_{35}），并明确了 35 个正式概念之间的相互关系。在此基础上，把所获得的概念群以及正式概念之间的相互关系，将代表同一现象或具有相关关系的概念聚拢成一类，即范畴化过程。基于扎根理论原则，本书在 35 个正式概念的基础上，依次抽取出 9 个范畴，如表 3-11 所示（XXX_1-XXX_9），开放式译码主要内容如表 3-12 所示。

表 3-11　概念与范畴

	副范畴	正式概念	主范畴
组织认知能力系统	组织学习能力和组织变革意识	企业是否不断学习和追求变革	组织学习
		企业是否支持组织学习和反馈	
		企业是否鼓励组织成员追求竞争优势	
	组织学习和组织能力演化	组织学习促进组织能力演化	
		组织学习促进组织成员能力成长	
		组织学习促进共享心智模式的发展	
		组织学习促进管理者认知能力发展	
		组织学习促进组织成员认知能力发展	
		组织学习促进组织知识创新	
		组织学习促进组织知识流动	
	组织知识获取能力	组织能否迅速地辨别知识的效用	组织能力
		组织获取外部知识的速度	
		组织获取组织内外部知识的能力	
	组织知识积累能力组织知识吸收能力	组织是否有知识管理部门或者人员	
		组织是否定期更新组织知识	
		组织是否评价组织成员知识拥有量	
		组织是否鼓励组织成员持续学习	

（续表）

	副范畴	正式概念	主范畴
组织认知能力系统	组织知识吸收能力	组织是否鼓励外部知识学习	组织能力
		组织能否快速学习、吸收知识	
		组织能否有效整合组织新、旧知识	
		企业是否鼓励、支持组织学习和组织知识创新	
	组织知识转化和利用能力	组织是否擅长创造新知识	
		组织新技术、新专利产值率是否稳步提升	
		组织能否快速有效地整合、利用新知识	
		组织是否支持在组织内传播新知识	
		组织是否把新知识用在产品和服务上	
	组织成员个体认知能力	组织成员个人认知模式是否促进组织学习和组织知识创新	组织成员个体认知能力
		组织成员个人认知结构是否促进组织知识结构的改善和组织知识创新	
		组织成员个人认知过程是否适应组织学习和组织战略发展	
	管理者认知能力	组织管理者认知模式与组织学习和组织知识创新的契合程度	管理者认知能力
		组织管理者认知结构与组织知识结构的契合程度	
		组织管理者认知过程是否与组织战略过程一致	
	共享心智	组织是否重视共享心智	共享心智
		共享心智是否鼓励组织学习和组织知识创新	
		共享心智是否促进组织战略制定和企业竞争优势的发展	

表 3-12　开放式译码主要内容

原始概念 X_1-X_{328}	正式概念 XX_1-XX_{35}	范畴化 XXX_1-XXX_9
组织致力于学习；学习意识；变革导向；竞争意识；团队学习；内部学习；外部学习等	XX_1：组织学习和反馈 XX_2：组织变革 XX_3：竞争意识	XXX_1：组织学习能力

（续表）

原始概念 X_1-X_{328}	正式概念 XX_1-XX_{35}	范畴化 XXX_1-XXX_9
知识掌握；知识创新；学习能力；组织能力；能力演化；组织成员认知能力等	XX_4：组织能力演化 XX_5：组织成员个人能力成长 XX_6：共享心智模式 XX_7：管理者认知能力 XX_8：组织成员个人认知能力 XX_9：组织知识创新 XX_{10}：组织知识流动	XXX_2：组织能力演化
信息识别；信息有用性；知识发现；知识取得；知识保存等	XX_{11}：迅速识别信息 XX_{12}：知识发现 XX_{13}：获取知识	XXX_3：组织知识
知识管理；创新政策；技术管理；知识效用测量和评价；现有存量知识等	XX_{14}：组织知识管理 XX_{15}：知识更新 XX_{16}：知识评价 XX_{17}：组织知识存储	XXX_4：组织知识积累能力
组织内外部学习；知识普及；知识学习和吸收速度快等	XX_{18}：组织学习和知识吸收速度快 XX_{19}：组织知识整合 XX_{20}：组织支持知识创新 XX_{21}：组织外部知识学习	XXX_5：组织知识吸收能力
组织支持组织学习和知识创造；专利数量稳定增长；知识传播平台；组织鼓励知识利用等	XX_{22}：知识创新 XX_{23}：专利、技术创新 XX_{24}：知识整合 XX_{25}：知识传播 XX_{26}：知识利用	XXX_6：组织知识转化和利用能力
组织成员认知能力；信息加工范式；认知过程；认知结构；认知模式；组织成员学习能力；组织成员知识创造能力等	XX_{27}：认知过程 XX_{28}：认知结构 XX_{29}：认知模式	XXX_7：组织成员个体认知能力
管理者认知能力；管理者认知风格；管理者认知结构；管理者认知过程；组织知识建构过程等	XX_{30}：管理者认知模式与组织学习和组织知识创新 XX_{31}：管理者认知过程与组织战略过程一致性 XX_{32}：管理者认知结构与组织知识结构	XXX_8：管理者认知能力
团队学习；组织学习；知识分享；心智模式；交互式记忆等	XX_{33}：组织学习产生共享心智模式 XX_{34}：共享心智促进组织学习效用 XX_{35}：组织鼓励共享心智模式的发展	XXX_9：共享心智模式

3.9.5 主轴译码

主轴译码阶段的主要任务是发现和建立概念、范畴之间的各种关系。笔者通过开放式译码共抽取得 9 个范畴(XXX_1-XXX_9)，这些范畴所包含的意义较为广泛，范畴之间的关系比较模糊。因此，笔者将借助主轴译码阶段典范模型工具从“现象、因果/中介条件、脉络、行动/互动策略和结果”的角度，挖掘各范畴之间的联系，细分主范畴与副范畴，并最终把各范畴联系起来。

通过运用典范模型对 9 个范畴进行整理和分析，共得到 6 个主范畴，分别是 XXX_1 组织学习能力、XXX_3 组织知识、XXX_2 组织能力演化、XXX_7 组织成员个体认知能力、XXX_8 管理者认知能力、XXX_9 共享心智模式。具体的典范模型及其范畴之间的关系如表 3-13—表 3-18 所示。

表 3-13 XXX_1 组织学习的典范模型

因果条件	现象
XX_1 组织学习和反馈	XXX_1 组织学习能力
行动脉络	
组织通过持续的组织学习、创造知识、发展能力，是企业最终取得竞争优势的基础	
中介条件	行动/互动策略
XX_1 组织学习和反馈	XX_3 竞争意识
结果	
作为组织认知能力的支撑基础，组织学习是企业最终取得竞争优势的保障	

表 3-14 组织知识的典范模型

因果条件	现象
XXX_4 组织知识积累能力	XXX_3 组织知识
行动脉络	
组织知识是组织学习的结果，也是组织学习的出发点。组织知识结构的丰富和发展直接决定了组织认知结构的完整性。组织知识同时也促进了组织认知能力的发展	
中介条件	行动/互动策略
XXX_5 组织知识吸收能力	XXX_6 组织知识转化和利用能力

（续表）

<table>
<tr><th>结果</th></tr>
<tr><td>组织知识是组织认知能力系统的核心，将组织学习、组织能力与组织认知模式有机结合起来形成企业竞争优势的保证</td></tr>
</table>

表 3-15　组织能力的典范模型

<table>
<tr><th>因果条件</th><th colspan="2">现象</th></tr>
<tr><td>XX$_{5}$组织成员个人能力成长
XX$_{9}$组织知识创新
XX$_{10}$组织知识流动</td><td colspan="2">XXX$_{2}$组织能力演化</td></tr>
<tr><td colspan="3">行动脉络</td></tr>
<tr><td colspan="3">组织知识创新、知识流动和组织成员个人能力成长是组织能力直接体现</td></tr>
<tr><td colspan="2">中介条件</td><td>行动/互动策略</td></tr>
<tr><td colspan="2">XX$_{6}$：共享心智模式</td><td>XX$_{7}$：管理者认知能力
XX$_{8}$：组织成员个人认知能力</td></tr>
<tr><td colspan="3">结果</td></tr>
<tr><td colspan="3">组织知识流动、组织知识创新、员工个人能力成长、管理者认知和组织成员个人认知能力是组织认知能力和组织能力的直接体现</td></tr>
</table>

表 3-16　组织成员个体认知能力的典范模型

<table>
<tr><th>因果条件</th><th colspan="2">现象</th></tr>
<tr><td>XX$_{28}$认知结构</td><td colspan="2">XXX$_{7}$组织成员个体认知能力</td></tr>
<tr><td colspan="3">行动脉络</td></tr>
<tr><td colspan="3">组织成员个体的认知结构决定了其知识结构和认知能力，并最终影响到组织能力和组织认知能力系统</td></tr>
<tr><td colspan="2">中介条件</td><td>行动/互动策略</td></tr>
<tr><td colspan="2">XX$_{27}$认知过程</td><td>XX$_{29}$认知模式</td></tr>
<tr><td colspan="3">结果</td></tr>
<tr><td colspan="3">组织是由个体构成的，因此组织成员个体的认知能力的高低直接影响到组织能力和组织认知能力的高低</td></tr>
</table>

表 3-17　管理者认知能力的典范模型

因果条件	现象
XX_{32}管理者认知结构与组织知识结构	XXX_{8}管理者认知能力
行动脉络	
管理者认知结构决定了其知识结构和认知能力，管理者通过决策制定影响组织认知能力系统和企业竞争优势的发展	
中介条件	行动/互动策略
XX_{31}管理者认知过程与组织战略过程一致性	XX_{30}管理者认知模式与组织学习和组织知识创新
结果	
管理者认知能力的高低直接影响了组织决策质量，因此决定了在复杂、动荡环境中组织能力的发展和企业竞争优势的取得	

表 3-18　共享心智模式的典范模型

因果条件	现象
XX_{35}组织鼓励共享心智模式的发展	XXX_{9}共享心智模式
行动脉络	
管理者认知结构决定了其知识结构和认知能力，管理者通过决策制定影响组织认知能力系统和企业竞争优势的发展	
中介条件	行动/互动策略
XX_{34}：共享心智促进组织学习效用	XX_{33}：组织学习产生共享心智模式
结果	
管理者认知能力的高低直接影响了组织决策质量，因此决定了在复杂、动荡环境中组织能力的发展和企业竞争优势的取得	

3.9.6　核心译码

通过对访谈资料的开放式译码和主轴译码，已经形成了一个以 6 个主范畴、9

个副范畴和 35 个正式概念为基础的理论体系。接下来，笔者将以此为基础提取一个核心范畴，以期将大部分研究结果囊括在一个比较宽泛的理论范围之内。核心范畴能够将绝大部分概念、范畴体系整合成为可以被正确理解和合理解释的理论体系，进而形成一个围绕核心范畴的故事链，对访谈资料的核心内容能够形成简要的描述，包括这些概念、范畴体系与核心故事的关系。

围绕“组织认知能力及其系统要素构成研究”这个主题，本书推导出了一个故事链，其具体描述如下：首先，组织认知能力是在组织学习和组织知识的基础上形成的，组织学习的效用和组织知识的创新、转化和利用是组织认知能力得以体现的基础；其次，组织认知能力的形成受制于组织学习、组织知识和认知模式，组织通过认知模式理解、建构组织内外部信息，并通过组织学习把信息转化为组织可以利用的知识；第三，组织成员个人积极参与组织学习和组织知识创新，促进个人认知能力的有效利用，从而促进组织整体能力和组织认知能力的全面发展；第四，作为管理者的组织成员的认知结构在很大程度上直接影响了组织学习的内容、组织知识的建构和创新，更重要的是影响组织战略决策；第五，组织内的共享心智模式是组织发挥协力，提升组织能力以取得市场竞争优势的有力保障。另外，组织认知能力的发挥除了组织学习、组织知识和认知模式的作用外，还取决于组织成员个人的认知能力、管理者认知能力和共享心智在组织内的存在，从而使得组织能够对组织内外部环境信息进行有效的加工、理解和知识建构。经过确认与核实，上述故事链能够代表大部分访谈资料所呈现的现象，进而将上述故事链的描述语言概念化，即通过核心范畴来表达整个故事逻辑。

通过三级译码的逐级分析，共提取出 6 个主范畴、9 个副范畴、35 个正式概念。其中，每一个主范畴均不能容下上述故事链。因此，结合研究主题，本书将全部现象归结为“组织认知能力及其系统构成要素”。

3.10　组织认知能力系统结构图及其特点分析

基于上文在扎根理论基础上的组织认知能力系统构成要素分析，以及前述章节对组织能力和认知研究取得的理论成果和认知视角的组织研究对企业获取竞争优势的理论和实践指导意义，可以看出，组织学习和组织知识是组织认知能力系统的基础，又是组织认知的对象，组织学习能力和组织知识在一定程度上决定了组织认知能力的强弱。组织认知通过 Gavetti 等（2005、2008）提出的类推（reasoning by analogy）模式，Farjoun（2008）提出的心智试验（mental experimentation）模式，Bingham 和 Haleblian（2008）提出的解释（construal）模式，Tripsas 等（2000、2009）提出的认同（identity）模式，Regner（2005、2008）提出的想象（imagination）模式对组织内外部环境进行学习和认识，建构组织知识。组织知识是组织认知的对象和结果。组织学习促进组织知识的生产和创新，从而增强组织能力，包括组织核心能力和动态能力，并最终作用于企业竞争优势的产生。

组织认知能力系统是由组织学习系统，组织知识系统，组织能力系统，认知模式系统，个体认知、共享心智模式和管理者认知系统五个子系统组成，这些要素在组织内外相互作用，以整体组织认知能力的形式体现在企业竞争优势中。结合国内外已有的关于组织能力系统和认知的研究成果①②③④⑤，笔者对于组织认知能力系统的阐述如下。

第一，组织认知能力系统与复杂、动态的企业内外部环境密切相关。组织总是处于不确定的动态的外部环境下运行的。在内外部不确定的动态的环境中，企业是一个开放式的系统，组织认知能力系统基于组织与其内外部环境的交换关系。作为生命系统的组织为了适应环境的变化，能动的学习并反馈信息，通过不断优化、协调组织认知能力系统结构，使各个构成要素之间产生相互的非线性作用关系，促使组织认知能力得到质的飞跃。在不确定的动态的企业内外部环境下，存在着各种信息、资源和约束条件，组织只有通过组织认知能力有效地利用环境信息和企业内外部各种资源，适应环境约束才能生存下去，并致力于取得竞争优势。

第二，组织认知能力系统对于组织的影响是基于组织内部系统结构得以发挥的。组织认知能力来源于组织学习和组织知识。在复杂、动态的企业内外部环境下，组织认知能力能否有效的发挥，关键在于组织是否善于学习、创新知识。当组织认知能力系统致力于组织学习和组织知识创新时，以核心能

① 董小焕，庸少宏．知识管理的有效途径——构建以认知结构为基础的学习型组织[J]．科技管理研究，2007(6)：145-146.

② 陈致宇，陈世权．管理系统认知结构及其知识获取[J]．商业研究，2006(17)：23-26.

③ 王岚，王凯．基于认知模式的企业集群知识转移研究[J]．科学与科学技术管理．2008(2)：119-122.

④ 崔婷．企业能力系统涌现机理及层次演进研究[D]．天津大学，2006.

⑤ 季光辉．组织认知及其对开放式创新绩效影响研究[D]．同济大学，2010.

力和动态能力为标志的组织能力就会得到提升，从而促进企业竞争优势的产生。

组织认知能力系统是组织能力体系的一部分，该系统主要由组织学习、组织知识、共享心智模式、管理者认知和组织能力为代表的核心要素构成。组织认知能力系统是组织能力体系中的一类复杂的系统，具有一般组织能力体系的共性，同时也具有它本身的特殊性。

1. 组织认知能力系统是一种开放式系统

组织认知能力系统同组织能力体系中其他系统一样是一种开放式系统。组织本身就具有开放性，组织认知能力系统则作为一种开放式系统与环境有着物质、信息等资源的交换；同时，组织认知能力系统作为一种复杂系统，其复杂性本身源于系统的开放性。从另一个方面来说，组织认知能力系统与组织所处的不确定的动态的外部环境有着密切的联系与交往，通过与环境的相互作用，不断从环境中吸取物质、信息等资源，以提高组织自身的认知能力水平，以便更好地适应市场环境的发展需要。此外，组织认知能力系统还可利用自身的效应系统、情绪系统，以及组织表现层中的功能模块等作用于外部环境，来影响市场环境发展变化的趋势，使市场环境的变化尽可能地朝着有利于组织自身的方向发展。

2. 组织认知能力系统是一种复杂适应系统

组织认知能力系统同组织能力体系中其他系统一样是一个复杂适应系统。系统本身就是由具有一定功能的构成要素及其相互作用关系所组成的。系统内部各构成要素之间往往通过各种不同的行为方式，即相互作用来实现一个共同的目标，而这种相互作用方式具有复杂协同特征。一般而言，随着系统外部环境的变化，往往会导致系统内部各构成要素之间产生相互作用，而这种要素之间微观的相互作用会通过要素之间的复杂协同而关联放大，即通过系统内部各构成要素之间的连锁反应而产生对改变组织认知能力系统状态的重要影响，而这正是组织即兴产生的根本原因。

3. 组织认知能力系统具有演化发展倾向

组织认知能力系统同组织能力体系中其他系统一样具有演化发展的倾向，即从一个低水平的能力系统向高水平的能力系统演化。正如前文所述，组织认知能力系统是属于一类较为典型的复杂适应系统，而复杂适应系统是导致组织认知能力发展的根本原因。当组织外部环境发生变化，组织通过组织学习和组织知识创新等系统等传递到组织认知能力系统中来，则组织认知能力系统中的各构成要素之间会通过不断的复杂协同、相互作用，以寻求要素之间的相互适应和自我完善，从而实现要素之间的又一次稳态，而此时组织认知能力水平又提升了一个台阶。

4. 组织认知能力系统的主动适应性学习

作为组织能力体系的一部分，组织认知能力系统的发展趋势是从简单到复杂，从低级到高级的演进，而这样一种状态发展过程，是组织认知能力系统自我强化的循环过程。组织认知能力系统内部的各构成要素是以人为微观单位的。由于人能够学习并创造知识，因此组织认知能力系统各构成要素能够在相互适应以及与环境的不断适应中通过学习以及知识积累，调整结构、不断发展。基于人的微观要素单位会对企业内外环境的变化和刺激产生反应，通过主动性学习和资源整合，来适应外部不确定的动态的环境变化。系统的主动性学习往往导致其层次结构与功能结构的不断重组与完善。

5. 组织认知能力系统的目的和认知对象的特性

组织认知能力系统内部各构成要素之间存在着大量的信息流，对于信息的获取、加工、记忆和应用是组织认知能力系统的主要功能。由于不确定的动态的内外部环境的存在，组织赖以生存的信息和知识往往存在变数，组织对于信息和知识的认知加工能力决定了组织认知能力系统的变化。当组织对于内外部环境中的信息和知识无法有效处理、利用的时候，会产生由于信息和知识的不完全而导致组织认知能力系统行为在一定程度上表现出盲目性和随机性，从而削弱组织能力和企业竞争优势的产生。

3.11 本章小结

本章在认知科学研究成果的基础上，结合国内外组织理论和企业竞争优势理论研究范式下的组织能力发展的微观认知基础和视角，界定了组织认知能力的概念，阐释了组织认知能力的内涵和特点，并在对国内外文献分析和研究的基础上，对组织认知能力系统的构成要素进行了研究，提出了基于“组织学习系统，组织知识系统，组织能力系统，认知模式系统，个体认知、共享心智模式和管理者认知系统”5 个子系统组成的组织认知能力系统，并分别提出了 35 项具体构成要素；然后，在深入分析组织认知能力系统的内部结构与外部环境的基础上，构建出组织认知能力系统的理论。

第4章 企业竞争优势模型构建

在第2章组织能力研究和第3章组织认知能力系统构成要素的基础上，本章以文献研究的形式探析企业竞争优势的产生并构建企业竞争优势理论模型。本章选取组织认知能力系统构成要素中的管理者认知要素、组织学习要素、组织知识要素和组织能力要素作为企业竞争优势研究的核心范围。通过检索上述相关文献，梳理出组织认知能力系统构成要素基础上的企业竞争优势的产生和发展，并构建以此为基础的企业竞争优势模型。

众所周知，复杂、多变、动荡的环境要求组织学会接受无序性和不确定性，并学会依靠这些环境特征寻求竞争优势。如果组织要保持对环境的适应能力，能及时处理无法计划或预料的事情，而这些事情将来更为普遍，那么不断学习是至关重要的。对组织管理者而言，这些环境特征要求他们致力于寻找更具适应性和独创性的解决方案，而不是解决组织层面的技术问题。同时，组织管理者还要致力于培养组织成员的学习能力和适应能力，使他们能在不断变化的环境中富有创造性地工作。

现有心理学的研究成果表明，知识和认知之间存在着某种天然联系，易法敏(2005)认为，与组织知识密切相关的认知行为决定了组织知识积累，从而决定了企业竞争能力；知识作为在认知过程中逐渐积累的经验，又为认知能力提供了知识基础。

Grant(1991)指出了决定竞争优势持续性的组织资源和能力的四个特征。①持久性。资源的持久性也就是资源贬值的速率，其变化相当显著。当前的技术变革速度倾向于缩短资本设备和技术资源的生命周期。商誉、商标和公司形象的贬值速度相对较慢。能力具有比组织据以建立的资源更具有持久的潜力，因为当个别资源耗尽或过时时，组织可以用其他替代资源。组织能力的持久性依赖于组织管理者和组织员工对其的维护和更新。②透明性。组织的持续竞争优势取决于竞争对手模仿其战略的速度。与单一绩效变量相对应的卓越竞争优势，比源自多元能力的竞争优势更易于识别恶化理解。包含在众多不同资源之间协调的复杂模式的能力，更难以识别和理解。③可转移性。组织建立了卓越绩效后，模仿者就必须获得资源和能力以形成竞争性挑战。如果资源可以在相似的条件下获得，竞争优势就难以持久。然而，绝大多数资源和能力并不能自由地在组织间传递，所以潜在的竞争者无法以同样的条件获得它们。④可复制性。由于转移资源和能力是困难的，因此通过内部投资对其进行模仿是可能的，有些可以通过复制而简单模仿，但是，建立在高度复杂的组织惯例基础上的能力就很难被复制。组织最重要的资源和能力是那些持久的、难于识别和理解的、不能轻易复制的以及明确地为组织所拥有和控制的部分，这些部分必须得到保护和维持。而且，组织应围绕它们设计战略，并将战略的范围限制在那些组织拥有的明确的持续竞争优势的领域，这种持续性的竞争优势就是由组织这些资源和能力的持久性、可转移性和可复制性决定的。

Kay(1993)指出，公司的成功来自建立在组织独特能力和战略性资产之上的竞争优势，他认为，如果组织的能力和战略资产不是独特的，那么组织就不可能具有持续的优势，并提出了三类独特能力。①结构。结构描述的是企业内部的协作网络关系，这种关系可以是正式的、非正式的、组织部门和职业之间的，以及组织与消费者和供应商之间的互动关系。结构为组织知识和惯例提供了有效渠道，这些知识和惯例往往是组织可持续竞争优势的关键来源。②声誉。声誉是建立在组织与其供应商和消费者之间的关系上的。当消费者或供应商与组织签订合同时，表明他们对组织的声誉评价高于组织的竞争对手，然而，如果声誉得不到维护，将损害组织的竞争优势。③创新。创新是竞争优势的来源：如果它为组织提供更高效的竞争手段，为消费者提供更大的附加值；或者使组织以新的方式参与竞争。当然，只有当创新不会轻易被效仿或替代时，才能产生可持续的竞争优势。

竞争优势也可以是组织拥有的战略资产，Kay(1993)把组织的战略资产归类为。①自然垄断。例如，规模经济、限定的系统兼容标准(如微软的 PC 操作系统)、高价值或低成本的投入(稀有矿物、有特定技能的劳动力储备、研究实验室或廉价劳动力地区)。②沉没成本。例如，预先对固定设备的投资(如石油炼制和气体提纯设备)、知识、技能(如管理大型复杂项目)。③排他性。例如,排他性的进口或分销协议、使用特定技术的许可、立法保护。

Prahalad 和 Hamel(1990)认为,核心能力就是"组织中的集体学习……跨越组织边界的交流、参与和对工作的一种强烈承诺……围绕个体而联合的技能。他们认为核心能力有三个根本特征:首先,必须提供进入多种市场的途径;其次,必须对可感知的最终产品用户利益做出重要贡献;第三,对竞争对手来说很难模仿。

本章以下部分将分别从认知理论、组织学习、组织知识的角度分别探析企业竞争优势研究的观点和结论。近年来,企业竞争优势研究对竞争优势的界定如表4-1所示。

表 4-1　竞争优势概念

定义	来源
竞争优势是技术和技能的集合,而不是单独的、分立的技能或技术	Prahalad 和 Hamel (1994: 202)
竞争优势就是企业特定的有形、无形资产集聚成统一的集合体,其超越个人和团队,使不一般的活动得以履行	Winter scheild (1994: 226)
竞争优势是组织的"特色能力",即"结构""革新"和"声誉"	Kay (1993)
竞争优势——企业动员其所属组织,将有不同技能的人组合在一起共同工作的能力。技术竞争优势是一个企业创造与变革相关的技术的能力。核心竞争优势是嵌入小组或团队中的补充性技术和基础知识的联合,其能够产生处理一个或多个关键过程的具有世界级水平的能力	Miyazaki (1994: 19, 24)
竞争优势在于组织的专利资产,其不易购买、窃取、模仿或取代。这类资产最大的价值在它是无形的、不言而喻的	McGrath 等(1995: 254)

资料来源:Scarborough N. M., Graham G.. Business: gaining the competitive edge[J]. 1992.

4.1 认知理论视角的企业竞争优势

为迎接组织内外部环境挑战,Glazer(1998)认为,组织必须使自己变得更聪明，这种“聪明”既不是体现在行为上，也不是体现在方法上，而是体现在认知能力上。组织智商、组织情商、共享心理模型、知识创造都或多或少涉及想要使组织聪明的思想，但是使组织聪明的关键是认知能力。C. K. Prahalad 和 R. A. Bettis (1986)使用“主导逻辑”[①]来揭示组织管理者的知识和认知方式是来自于他们积累和共享的经验。K. Weick (1979)使用“因果图”这一术语来描述组织成员共享认知框架，他指出，组织成员利用这一框架把混乱的现实转化为一种原因和结果都被界定和了解的形式。P. Berger 和 T. Luckmann (1996)使用“组织食谱”这一概念解释组织成员利用“组织食谱”去识别和理解那些理所当然的、公认的核心假设，这些核心假设对组织思考的对象和方式以及可能性、可讨论性和可想象事物等设立了界限。组织管理者通过利用一些实现快速反应和效率的共享“食谱”，学会使他们的分析集中化并使数据处理时间最小化，但这些惯例在新的或变化了的环境下会变成反效果(Stubbart 和 Ramaprasad, 1990)。这些概念隐含的问题是组织共享的认知结构可能会限制组织的环境分析能力和数据分析方式，大量的实证研究进一步证实了这种可能性。Snell (2001)指出，组织管理者“使思想模式浮出水面并检验它们……有助于揭示隐藏在思想模式中的假设”[②]。P. S. Barr (1992)分析了25 间美国两个相似的铁路组织高级管理者的认知倾向。其中，一个组织进行了根本变革，存活了下来，而另一个以破产告终。他的研究收集了有关新概念的应用、旧概念的摒弃、新思考方式的发展和新的心智模式等数据。尽管两个组织中管理者的思想结构最初是相似的，但随着时间的推移他们改变了。正如 Sparrow (1994)所说：“所有思想地图的指标都支持这一假说，即，思想地图中更快的变革与组织的更新和生存有关。存活下来的那个组织采取一切手段改变其思想模式，其变革的速度远远快于最终衰亡的那个组织。”[③]此外，在总结了有关文献后，他也指出，关于组织认知过程的文献关注组织有潜在的认知界限组成的方式，管理者利用组织这些认知界限来理解世界。

组织认知利用大量快速增长的研究表明，在组织的高级层面，环境分析过程受到范畴化过程的影响，这些范畴化过程构建了组织管理者思考、阐释和组织来自环

① C. K. Prahalad, R. A. Bettis. The dominant logic: a new linkage between diversity and performance[J]. Scientific Management Journal, 1986(7) 6:485-501.

② R. S. Snell. Moral foundations and their connections with characteristics of learning organizations [J]. Human Relations, 2001(54)3:321-344.

③ P. Sparrow. The psychology of strategic management, in C. L. Cooper & I. T. Robertson (eds.), International Review of Industrial and Organizational Psychology[M]. 9, Chichester: Wiley, 1994.

境的数据的方式(Calori et al.，1992)。也有研究人员认为管理者对其组织环境的范畴化应通过共享感知的形成来创造他们的环境。Smirich 和 Stubbart (1985)认为，管理者会创造他们的环境——组建它们——然后对它们做出反应。

战略选择理论认为管理者对企业环境的感知决定了组织战略选择①。当前，已有研究人员研究了管理者特质和企业战略以及企业环境之间关系对组织绩效的影响，这一研究领域越来越重视管理认知如何影响组织战略结果，其假设是不同的组织管理者具有不同的心理倾向和知识基础，管理决策正反映了不同的心理倾向和知识基础。另外，现有研究文献探索了不同组织环境中不同管理认知的效果，并认为管理认知的效果依赖组织战略以及组织内外部环境②。然而，Gupta(2009)、Szilagyi 和 Schweiger (2011)认为，现有管理者特质和组织战略以及组织环境之间关系的研究不足是其对组织整体战略和管理典范往往界定不准确，忽略了不同的战略活动需要特定的具体的要求、能力和行为。

Galbraith (2008)认为，组织是信息加工系统，他把不确定性定义为信息的缺失，认为任务不确定性高时，负责任务执行的人就缺乏信息，这就导致例外的产生，当例外达到一定程度时，就需要全局眼光和整体视角，因此，管理者必须处理新的决策。这一观点与 Hambrick 和 Finkelstein (2012)是一致的，他们认为，管理自主权在弱环境下更高，即手段——目的不确定性更高的环境。根据权变理论，组织信息处理能力和信息要求匹配时有助于提升组织绩效。由于认知能力反应管理者的信息加工能力，因此，不言自明的是管理者认知能力和环境要求之间的匹配意味着更优的决策过程和提高的组织绩效。另外，这一匹配关系在高度不确定的环境条件中影响和效果更显著，因为这更需要管理者果断和明智的决策处理。不过，到目前为止，人们对这一关系的理解还需要对上述概念更细致、准确的定义和测量。

组织战略管理研究表明，战略不再被视为主要由企业外部的市场条件决定，还由组织自身的特殊因素决定，例如，信息在组织内的流动方式，组织的信息加工方式，以及创造新知识的方式等。Michael Porter 在 20 世纪 80 年代提出的企业竞争战略，主要强调了企业如何应对外部环境这一战略观，这种观点认为战略是关于企业自己创造“市场地位”，凭借这种地位，并通过在面对竞争对手和供应商时使自己处于有利地位的方式，企业可以保护自己免于竞争压力或者企业去影响竞争压力。

---

① D. C. Hambrick, S. Finkelstein. Managerial Discretion: A Bridge Between Polar Views of Organizations[M]. Greenwich, Conn.: JAI Press, 1987.

② 同上.

他的战略观集中于五种产业层面对战略和绩效的影响:进入壁垒、替代威胁、消费者议价能力、供应商议价能力和行业在位者之间的竞争。这一战略分析框架与行业分析的"结构—管理—绩效"方法有关,在某一行业中,行业结构(如新企业进入的难易程度)决定企业的行为和战略(如创新战略),因而决定企业的竞争优势和绩效。

能力的复杂性是指某些能力源于某单一资源的贡献,而其他的能力则涉及许多资源之间的一系列复杂交互作用。复杂性会带来持续竞争优势的发展①。Grant(1995)认为,由于资源是能力的必要但不充分条件,因而资源与能力之间存在区别。这就意味着关于能力的重要战略问题是,能力本身并不要紧,要紧的是相对于其他竞争者而言组织所具备的认知能力。这一过程如图 4-1 所示。

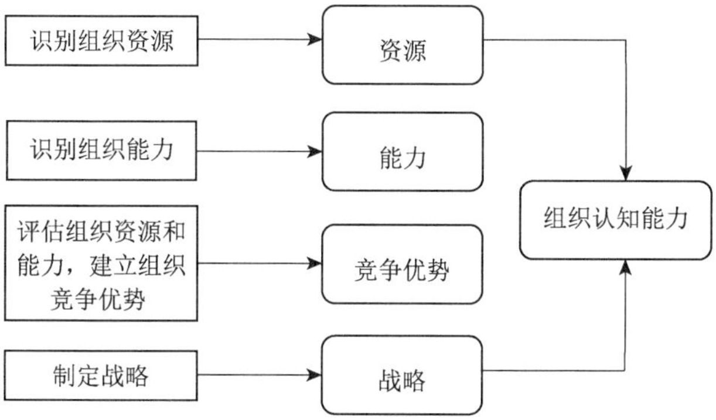

图 4-1　组织认知能力过程

资料来源:Grant,R. M.. Toward a knowledge - based theory of the firm[J]. Strategic Management Journal. 1996(17):109-122.

然而,还必须考虑到组织管理者对组织资源认知的局限性。这种局限性可能是理解不当、评估过高或者过低。Stevenson(1990)就发现,个人对优势和劣势的认知感觉受到同时与个人和组织相联系的因素的强烈影响:"组织中的地位、感知到的角色和承担的责任类型,如此强烈地影响到评估,以至于这种评估趋向于超越环境的客观性。"他的研究表明,在管理者分析组织竞争力的优势和劣势时,受到一系列的影响。这些影响可以通过图 4-2 粗略地说明。

① Graeme Salaman, David Asch. Strategy and Capability: Sustaining Organizational Change[M]. Oxford: Blackwell Publishing Ltd., 2003.

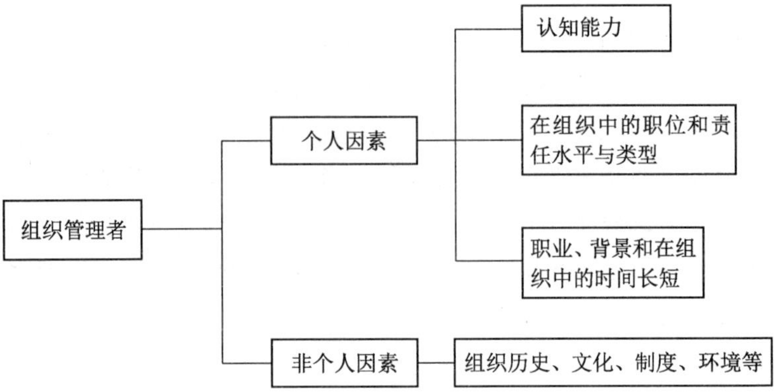

图 4-2　组织竞争力受影响的因素

资料来源：Stevenson H. H.，Jarillo J. C.. A paradigm of entrepreneurship: Entrepreneurial management[J]. Strategic ManagementJournal. 1990(11)：17-27.

4.2　学习视角的企业竞争优势

组织学习的研究表明，组织学习对于企业的发展具有以下几个方面的影响。其一，通过组织学习，企业可以较为充分地了解组织的内外部环境，提高组织的灵活性，从而快速地调用和配置组织的内外部资源，满足顾客潜在和现实的需求[①](Slate 和 Newell，1995)。其二，由于企业的产品或服务是企业各种知识以特定方式组合作为输入形成的产出[②](Grant，1996a)。这些大量知识和其特定的组合方式是企业长期组织学习的结果，具有路径依赖性和原因模糊性，竞争对手很难较快和全面地复制。另外，由于组织知识中存在大量的隐性知识，这些知识难以表述和编码，具有黏性，因此，很难转移和复制（Ronalk 和 Turkzy，1995；Hardley 和

① Slater S. F.，Narver J. C.. Market orientation and the learning organization[J]. Journal of Marketing，1995，59(3)：63-74.

② Grant R. M.. Toward a knowledge-based theory of the firm[J]. Strategic Management Journal，(1996a)17：109-122.

Marvando，2000；Grant，1996）。其三，通过组织学习，企业可以较为充分地了解自身的能力和外部环境的机会，从而可以在其既有组织能力和资源的基础上，发掘市场机会，实现组织能力和资源的多种应用，使资源具有衍生性。

总之，组织学习不仅具备提供出色的顾客价值和难以复制的特点，并且通过组织学习，企业可以在原有组织能力和资源的基础上发展出新的业务，因此，组织学习是一个企业基于能力的竞争优势的重要资源（Day，1942），企业核心能力的本质是企业特有的知识和资源，通过组织学习培养壮大企业的核心能力是现代企业谋求生存与发展的必然选择，Deckson（1996）更认为，组织学习是企业能够拥有并能用之保持竞争优势的最有价值的资源。

Miner 和 Mezias（1996）指出，在组织学习文献中系统的实证研究（包括定量和案例研究）比例太低，以往的研究多集中于一般性的示意模型、定性和模拟研究[①]。哈尔特和哈利（2002）指出，除了巴克和森库拉（1999）、哈尔特（1998）、哈尔特等人（2000a、2000b）、森库拉等人（1997）的研究，目前很少有关于组织学习的实证研究。核心竞争力表现为一些知识和经验。一方面，这些知识和经验只能通过不断的组织学习而获得和更新，因此核心竞争力的培育与组织学习是不可分割的。个人层次学习所获得的知识和经验往往只局限于个人的专业领域。另一方面，这些经验和知识没有形成一个知识体系，还不能构成企业的核心竞争力。组织所具备的核心竞争力超越了通过个人学习所获得的竞争力基因以及团队学习所带来的单项核心竞争力的层次，它是一个由单项竞争力所组成的有机体系。组织层次的学习一方面能促使单项竞争力发生整合，另一方面可以为组织所具备的核心竞争力体系创造机会从而使其不断得到深化和更新。

组织学习过程是组织知识产生的前提，组织内存在由其成员组成的“实践社区”，知识通常首先存在于该社区成员中，并且较为复杂的知识很容易流动，因为其中的成员具有相似的技术背景和工作经历，以及关于某些具体问题的理解。“理解社区”能有效地整合新知识和已有的知识体系，也储存了有关产品开发的惯例、程序和案例方面的信息。企业的搜寻和学习的作用，形成了企业成长的反馈机制（Arthur，1990；Levenson，1995）。这种反馈力量产生于企业的演化过程之中，是一种驱动企业间差异的力量。

---

① Miner A. S.，Mezias S. J.. Ugly duckling to more：pasts and futures of organizational learning research[J]. Organization Science，1996，7（1）：8-99.

组织学习可以被看作是企业实现战略更新的一个主要方式。战略更新需要组织探索新的学习方式，与此同时，要充分运用所学习到的知识（March，1991）。组织学习有助于企业发现和利用新的市场机会，形成新的竞争优势，有利于知识在组织之间的共享、转移以及新知识的产生[①②]。

组织学习有助于企业快速准确地把握外部环境变化。国家宏观政策、产业发展趋势、竞争状况分析等涉及的信息（特别是一些突发事件，这些都是企业难以控制但对企业经营会产生巨大影响的信息），如果依靠个人学习，不仅受个人能力限制而导致学习效率低下并且反应速度也很缓慢，难以与环境变化相匹配，但组织学习则可以在个人学习获得的信息和经验基础上，运用团队学习的方式，通过共享信息和经验等学习机制缩短信息收集、获取相关专业知识以及从数据转化为知识之间的时间，最终为企业准确快速地把握外部经营环境的变化以及制定企业发展战略方案等奠定信息知识基础。

组织学习有助于创造企业专用性知识。每个企业都是由资源和能力组成的一种共同体，不同企业由于具有不同的资源和能力而导致异质性，主要表现为企业的核心竞争优势的差异和企业营利能力的差异。然而即使企业拥有特异性知识，也会随着经营环境的变化而成为企业发展的障碍，因此，企业的特异性知识是一个动态的概念，其具体内容会随着环境的改变而发生变化才能保持其竞争优势。如企业的技术专利，会因一种更先进的技术被发明或专利到期而失去其竞争优势的基础。组织学习有助于异质知识与外部经营环境战略柔性匹配。企业拥有特异性知识并不意味着企业就拥有核心竞争优势，只有与外部经营环境特别是市场需求相匹配，而这个匹配过程也不是自发的，需要企业不断进行尝试。组织学习对于这种尝试提供了一种途径，如把个人的成功做法或部门成功的经验向其他个人或部门推广，从而有助于缩短尝试过程，提高尝试过程的成功概率，增强企业对环境变化的柔性反应能力，进而维持企业的持续竞争优势。

组织的学习依赖于个体学习，个体学习是组织学习的基础。组织学习并非个体学习的简单加总，而是包括组织成员的知识和能力的共享以及组织知识、组织记忆、组织惯例的形成。从组织知识观的视角来看，组织学习的关键在于知识的获取

① Hamel G.. Competition for competence and interpartner learning within international strategic alliances [J]. Strategic Management Journal, 1991 (12):83-103.

② Kogut B., Zander U.. Knowledge of the Firm, Combinative Capabilities, and the Replication of Technology[M]. INFORMS, 1992.

和利用。所以组织学习是一个动态的过程，是组织及其成员获取、转移、共享、融合和创造知识的过程。组织学习的目的是通过对组织内外及其成员的知识的提升和整合以形成增进组织绩效的组织资本，这也正是企业竞争优势的重要来源。通过动态有效的组织学习，企业组织能够更好地制定战略、采取对策，从而使企业有效运作。

Cyert 和 March(1963)认为，学习是组织的基本功能。他们将“组织看作是一个不断地从经验中学习，同时不断适应的理性系统”①。阿格瑞斯和斯柯恩(1978)较早提出了组织学习的概念，他认为，组织学习就是减少组织的习惯性防御②。Fiol 和 Lyles(1985)将组织学习定义为“通过更多的知识和理解力来改变行为的过程”③。Lewitt 和 March(1988)指出，当组织“从历史到惯例对推理进行编码，从而引导行为”时，组织就进行了学习④。而 Hubber(1991)更进一步提出，当组织的任何一个组成部分获得了信息，并且该信息可以被代表组织的某部分或其自身所利用时，就意味着组织进行了学习⑤。组织学习发生在组织通过信息处理以提高和改善组织的潜在行为和过程中。Adwin(1995)等人把组织学习定义为：在组织内部为保持和改善绩效的能力和过程。组织学习的本质不是获得更多信息，而是要培养实现组织持续的竞争优势和创新能力，而这往往要通过知识的收集、共享和应用来实现。组织学习和知识创造过程的目标就是要建立一种可以从自身和别人的经验中学习的动力，并能产生、储存和搜索知识，以达到组织有效行动的效果。Lewis 和 Gild(1995)将组织学习界定为“组织内持续或提高基于经验的绩效的能力或过程”。这个定义与阿格瑞斯和斯柯恩(1978)、道格森(1993)、森格(1990)，以及斯瑞拉斯塔拉和格兰特(1985)的定义相似。根据道格森(1993)的观点，“学习是一个动态的概念，它在理论上的应用强调组织持续变革的本质”。

---

① Cyert R. M., March J. G.. A Behavioral Theory of the Firm[M]. Englewood Cliffs: N.J. Prentice-Hall, 1963.

② Argyris C., Schon D.. Organizational Learning, Reading[M]. MA: Addison-Wesley, 1978.

③ Fiol C. M., Lyles M. A.. Organizational learning[J]. Academy of Management Review, 1985, 10: 803-813.

④ Levitt B., March J. G.. Organizational learning[J]. Annual Review of Sociology, 1998, 14, 319-340.

⑤ Huber G. P.. Organizational learning: The contributing processes and the literatures[J]. Organization Science, 1991, 2, 88-115.

表 4-2　组织学习的定义

作者	定义
阿格瑞斯和斯柯恩(1978)	组织学习就是减少组织的习惯性防御
达弗特菲欧尔和威克(1984)	组织学习是关于组织行动和环境之间的知识
Fiol 和莱利斯(1985)	组织学习意味着通过更多的知识和理解力来改变行为的过程
利维特和马齐(1998)	组织被看作是通过将其历史进行编码成指导其行为的过程
斯塔塔(1989)	组织学习是创新发生的主要过程。实际上,个人和组织学习的速度可能是持续竞争优势的唯一来源,特别是在知识密集型企业
森格(1990)	学习型组织是人们持续延伸其他们真正希望的结果的组织,在学习型组织里,可以培植新的以及扩充性的思维模式,集体渴望得以释放,人们持续学习,如何在一起学习
哈伯(1991)	一个实体通过信息处理过程来学习使得其潜在行为的范围发生变化
大卫·李等(1992)	组织学习过程被看作是一个循环过程,个人的行动带来组织与环境的互动。环境的反映通过提升个人的认识对那些因果关系加以阐释
梅耶-多哈米(1992)	组织学习是持续地对经验进行验证和转化成共有知识的过程,组织运用这些知识来实现其核心的目的
拉德勒(1992)	学习需要一个环境,在这个环境下追求试验的结果,在组织内进行检验和扩散
克门(1993)	组织学习被界定为增加组织采取有效行动的能力
利文斯和马齐(1993)	组织学习解决在探索新知识和开发利用已有知识之间的平衡问题
戴依(1994)	组织学习包括以下程序:开放式问询、信息化阐释和可以获得的记忆
克罗珊等(1995)	学习是一个在认知和行为方面进行变革的过程,并不意味着这些变革会直接带来绩效的提高
斯拉特和拉维尔(1995)	组织学习是新的知识或洞察力的发展,可以影响组织行为
卡拉里瑞和菲尔然(1996)	组织学习是对于共有意识的、有目的的创新,源于组织内人员的共有经验

（续表）

作者	定义
马奎特(1996)	强有力地学习和集体学习的组织持续地对自己进行改进，从而可以更好地收集、管理和使用知识
米勒(1996)	学习区别于决策制定。学习增加组织知识，决策制定不会。学习实际上可能发生在采取行动之前或之后
斯万德和马奎特(2000)	组织学习代表着人与人之间的复杂关系，他们的行动、标志和组织内的程序

Penrose(1959)认为，学习能使组织比以前更有效地利用资源。但是由于经验的影响，组织会形成一种应付环境变化的惯例，使他们倾向于使用旧的途径来解决问题。组织往往只在某个路径上积累知识和能力，因此无法更有效地和根本性地改变现有的资源和能力状况，支持大幅度的创新的能力较差。组织学习是一种学习的方式，这种学习方式与个人学习的最大差别是组织学习特别有助于知识的共享和新知识的创造。而知识共享首先是对参加组织学习的企业员工有利，因为通过组织学习可以提高员工的知识水平和他们的能力，而且通过组织学习还可以增加组织对外部环境的适应能力，进而在复杂、动荡的竞争环境中生存、发展。

4.2.1　组织学习的过程

组织学习的发生与时间有关以及跨越各个层面，并且组织学习在知识吸收（前馈）和知识转化、利用（后馈）之间保持着动态平衡，如图 4-3 所示。通过学习前馈过程，新的思想和行为就由个体到达群体最后传递到组织层面。与此同时，所学习到的内容也从组织到群体到个体层面进行了后馈，进而影响组织成员的行为模式和思维方式。因此，组织学习是动态的。

从阐释到整合（前馈）需要从个体学习到个体间或群体间学习的转换。包括采用个体的认知模式以及通过某种方式将其整合，在群体成员中形成共识。在对已有的共识进行改变时存在很多挑战。首先就是个体需要能够通过语言、行动、自己的认知模式来沟通。由于认知模式的很多方面都是隐性的，对个体拥有的知识进行沟通需要一个对观点和概念的清晰表述过程。这个过程可以促进隐性知识显性化(Polanyi, 1967)。表述清晰化并不必然意味着共识的分享。语言的不清晰可能导致认知过程的困难；我们往往乐于“看到我们所相信的”而不是“相信我们所看到

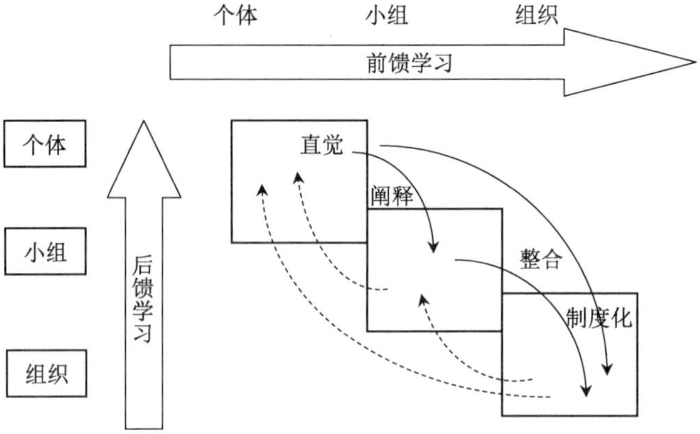

图 4-3 组织学习的动态过程

资料来源:Crossan M. M. , Lane H. W. , White R. E. . An Organizational Learning Framework: From Intuition to Institution[J]. Academy of Management Review, 1999, 24(3):522-537.

的”。对集体之间能否形成共识的检验是团队一致行动的形成。吸收新的知识的学习(前馈)与运用所学知识(后馈)之间存在张力的原因在于制度化的学习(已经学习到的内容)会阻碍对新的学习的吸收。完全吸收新知识的学习需要从个体到群体一直到在组织内制度化的学习的前馈过程。运用所学知识是从组织到群体到个体的后馈制度化学习的循环。组织学习的动态理论提供了理解战略更新基本平衡的方式:探索学习(前馈)与拓展性学习(后馈)之间的平衡。组织学习既需要对各个层面学习检查的能力也需要前馈和后馈过程的平衡。需要将人力资源管理,战略管理,信息技术管理连接起来作为促进学习流动的方式。战略更新是每个组织面临的核心挑战。

4.2.2 组织学习的层面

克罗杉和哈兰德(1997)聚焦于三个层面的学习,将个人的直觉和群体阐释的过程结合起来,并在个人层面,运用整合程序来解释小组层面,将小组层面进行制度化来解释组织层面。

他们将学习的存量看作是停留在某一个层面:个体、小组和组织。这些存量和学习的流量有所区分。学习的流量侧重于在各个层面之间进行前向或后向反馈。他们认为在一个层面内的学习是一个动态的过程,也可以被看作是一个流动的过程。

4.2.2.1　个体层面学习

在个体层面，直觉感知是个体产生新的洞察力的过程。罗纳卡和塔克齐(1995)研究了从隐性知识到显性知识的转化过程，他们认为这个过程主要是在描述如何使个体的直觉更显性化以及如何与他人共享。通过阐释说明，个人可以对于他们所运作的不同领域形成认知地图(Huff，1990)。这些认知地图可以被看作是个人学习存量。个体学习存量代表着个人知识和能力(Bertine 和 Tomassini，1996)，个人知识和能力是组织学习关注的一个重要部分，因为个人能力代表着学习从受教育领域向组织领域的最根本转变。个人在工作中形成的知识和能力往往与特定的工作情境密切相关，阐释说明需要的不仅仅是能力，同时需要组织的激励及指引。个人所能做的(个体能力)、想做的(所受激励)、需要做的(组织指引)这三个方面的综合平衡可以有效地提升个体层面的学习(Watkins 和 Marsick，1993)。总之，个体层面的学习关注的主要是个体的直觉感知和阐释说明。聚焦于个体新的观念的产生，个体学习有助于打破传统心智模式，用不同的方式来看待问题，扫描外部环境，形成开展新工作的能力。

4.2.2.2　团队层面学习

格兰恩等(1994)提出："学习需要通过组织成员之间的互动来完成。"团队学习包括个体对知识阐释说明的共享，旨在开发一种集体共识。对话(Isaacs，1993)被看作是个体学习向团队学习转换的一个关键方面(Watkins 和 Marsick，1993)。在对话过程中，团队成员可以从不同的侧面来探索复杂的问题。个体可以保留他们对问题原有的看法，但仍然可以互相自如地交流各自的看法(Senge，1990)。正是通过团队成员之间持续的对话，才能形成集体共识或集体心智(Weick 和 Roberts，1993)。

总之，团队学习抓住了知识从个体到群体加以整合的过程，通过团队层面的学习有助于集体心智的形成。群体学习可以为企业带来更好的绩效。竞争优势来源于企业支持和培育团队知识的能力(Liebeskind，1996)，因此，随着小组层面学习能力的提升，企业绩效也随之提升。

4.2.2.3　组织层面学习

克罗杉(1999)认为组织层面学习不仅仅意味着知识在更大范围获得共识。组织层面的学习意味着组织可以将共识转换为新的产品、流程、程序、结构和战略。即使组织单个成员离开，组织的非人力结构仍然留存。更进一步而言，由于组织需要在战略意义上具有自我更新的能力，组织学习可以为企业提供持续竞争优势（Quinn，1992；De Geus，1988）。

组织层面的学习包括将个体和团体学习嵌入到组织的非人力层面。在这种情况下学习的存量就是哈伯（1991）所描述的组织记忆（Walsh 和 Ungson，1991）。更进一步而言，这可以将组织的学习需要与系统、结构、流程联系起来从而支持将组织与竞争环境相匹配的战略定位（Andrew，1971）。组织内部学习的研究多侧重于研究个体和群体层面的学习，对于组织层面的学习关注得相对较少，成果也比较零散。邦提斯和哈兰德（2002）提出，个体、群体和组织层面的学习行为是相互关联的，个体层面的学习会通过旨在探索新知识的“前馈”过程影响到群体和组织层面的学习，而嵌入于系统、结构和战略中的组织层面的学习也会通过旨在利用已有知识的“反馈”过程影响群体和个体层面的学习。邦提斯和哈兰德将智力资本、知识管理和组织学习联系起来，认为组织的智力资本是特定时点的知识存量，知识管理就是针对这一知识存量随时间变化所开展的工作，而组织学习这一“行为”变量的引入，有助于人们更好地理解智力资本存量在时间进程中的变化。他们研究中的“学习存量”是针对某个特定层面的学习主体而言的，至于不同层面的“学习流量”，是以探索新知识的“前馈”学习过程和利用已有知识的“反馈”学习过程来表示的。研究发现，学习存量与流量的匹配程度影响企业的绩效。如，招聘来最优秀的人（存量高），但由于组织结构设计阻碍了他与相关人员的交流，或者奖惩制度不能激励他采取发挥其潜能的行动，都会出现对优秀人才能力利用不足的问题，也就是组织吸收个人知识的前馈学习过程中的流动“瓶颈”问题。组织层面的学习对绩效有着更为重要的影响。过度重视个人技能开发而轻视个人层面学习主体间知识流动的促进机制的投资，那么，流动中的“瓶颈”问题将导致企业存量知识投资的不必要浪费以及高存量知识拥有者的心理受挫。为了良好匹配，企业必须确保其组织学习系统成为制度化学习行为不断翻新的促进手段，以使战略、制度、结构及流程永葆活力。

尽管组织学习起源于个体学习（Shrivastava，1983；Senge，1990），促进组织学习发展的过程并非简单的组织个体成员知识的相加（Argyris 和 Schon，1978；Hedberg，1981）。组织学习被看作是基于知识的动态过程，包括从个体到群体，进而到组织的各个层面的知识的流动以及从组织到个体的回馈（Huber，1991；Crossan et al.，1999）。

Winter(2001)指出,通过组织的不断学习,组织能力所依赖的知识基础在不断地进化发展。他们认为,动态能力是一种通过学习获得的、稳定的集体行为方式,通过这种方式组织系统的创造和修正其运作能力,目的在于获得更多的效益。动态能力的形成首先受到外部学习的刺激,这种刺激在组织内部通过知识转移和创造影响改变着组织现有的运作能力。组织学习是能力发展和进化的原动力。通过外部学习活动,组织可以积极搜索关于外部环境变化的信息并密切关注着环境变化发展的方向,同时通过组织内部的整理、分类和处理从而将搜索到的外部信息转化为企业新知识,进而将其融入到其新产品、战略变化和组织变革中去,从而为组织动态能力的建立提供了必需的知识基础;同时随着这一过程的不断重复以及组织内部的学习活动,这些新增知识在企业内部不断地被吸收和利用,进而完全融入组织已有的知识中并变成其一部分,之前的动态能力也就逐渐变成了企业的运作能力。随着环境变化和组织进一步的学习,形成新的动态能力。伴随着组织学习活动的进化发展以及这种螺旋上升的组织动态能力的演化,组织的运作能力也在不断提升和发展。

4.3　知识视角的企业竞争优势

如今,知识,特别是隐性知识,是组织在战略上最有意义的资源(Quinn, 1992; Grant, 1991),这是因为隐性知识证明了基于资源的竞争优势的是竞争对手难以模仿或复制的。知识在很大程度上可以说是一种无形资源,野中(1991)认为,隐性知识存在一个由个体在给定条件下所遵从的智力模式构成的认知维度。这些智力模式是判断和决策的内部程序,对个体而言可能是个人的,也可能是一个团队成员或部门的成员所共享的。组织学习、组织惯例与组织能力之间的关系可以归结为如下几个要点:① 能力转移依赖于组织学习和组织惯例;② 组织学习所代表的知识将以组织惯例的形式根植于组织;③ 组织惯例包含的正式的和非正式的、系统化的和隐性的知识。

Miyazaki(1994)将惯例定义为“代表特殊问题的成功解决方法的交换作用模式”。组织惯例涉及高度隐性的知识,组织管理者的职能之一就是通过组织惯例的开发实现能力的整合和协调。

普拉哈拉德和哈默尔(1991)把核心能力界定为"组织中的共同知识";提斯等人(1997)则指出,企业通过学习和知识积累等不断培养新的核心能力的动态能力,是企业获取持续竞争优势的关键。因此,企业的核心能力是一个动态的知识系统(Barton,1995),企业核心能力是组织内部一系列互补的技能体系和知识体系的组合,它以知识的形式存在于企业各方面的能力中,这些知识并不是在企业间共享的,而是企业的专有知识。

易法敏(2005)认为,与组织知识密切相关的认知行为决定了组织知识积累,从而决定了企业竞争能力;知识作为在认知过程中逐渐积累的经验,又为认知能力提供了知识基础。因此,本书认为,知识和认知行为之间始终是相辅相成的关系,从知识角度切入将是认知行为研究的必由之路。

斯彭德(Spender,1995、1996)引入一个"多重认识论",试图抓住组织运用的不同类型的知识。他从两个维度对组织知识进行了划分:一方面他认为组织知识既包括隐性知识也包括显性知识;另一方面,他认为知识既分布在个人层面,也分布在集体层面。这样,就产生了四种类型的组织知识:知觉知识(个人拥有的清晰知识)、客观知识(审美观点组织拥有的清晰知识)、自动知识(潜意识的个人知识)、集体知识(与环境高度相关的知识,以组织实践的形式表述出来)。其中组织知识是作为行动催化剂以及创造潜在竞争优势的组织集体知识。

"客观知识"代表的是知识的集合体——以科学团队为代表,而且经常被看作是知识的最高级形式(Boisot,1995)。目前,很多组织投资于开发这样的客观化知识,试图存储、分享、杠杆化,他们所能分配的知识和智力(Quinn、Anderson 和 FinKelstein, 1996)。"集体知识"代表的是从根本上嵌入企业内部,而且以制度惯例的隐性经验和集体行动方案(Brown 和 Duguid, 1991)。这样的知识和知识能力相对而言,更隐藏于个人自身之内,需要通过知识的互动来获得(Spender,1994)。正是这种类型的知识,使得富有经验的团队取得卓越的绩效。这种共享的知识被尼尔森和温特(1982)称为"惯例"。看起来更为重要的组织知识,可能以这种形式存在。威克和罗伯特(Weick 和 Roberts,1993)认为,这种复杂的、隐性的组织知识是值得关注的,他们认为飞行操作中的团队成员的知识可能体现了所有高度依赖组织的知识的特征①。斯彭德(1996)认为,"集体知识是最安全而且战略上最为重

① Weick K. E., Roberts K. H.. Collective Mind in Organizations: Heedful Interrelating on Flight Decks[J]. Administrative Science Quarterly, 1993, 38(3):357-381.

要的组织知识”[①]。

知识是企业竞争的优势根源，不仅是因为企业内的知识，尤其是一些隐性知识难以被竞争对手所模仿，而且还在于当前的知识存量所形成的知识结构决定企业发展未来机会、配置资源的方法，企业内各种资源效能发挥程度的差别都是由企业现有的知识决定的。同时，与组织知识密切相关的认知能力决定了企业的知识积累，从而决定了企业的竞争优势。企业内各种资源效用发挥响度上的差别、创新能力的差别，都是由企业现有的知识存在决定的，企业能力差别的背后实际上是知识存量的差别，能力是企业拥有知识存量的外在表现。企业的知识结构决定了企业发展未来市场机会、配置资源的方法。知识是通过积累而获得并发挥作用的。这就说明，外部易于转移而来的明晰知识可能并不会给企业带来特殊的效用，易于模仿，不会产生持续竞争优势。知识的积累必须以一定的知识存量为基础，缺乏相关的知识积累，企业无从获得和吸收其他的知识。企业的增量知识严格依赖于企业的存量知识，这就是知识所表现出的路径依赖性和历史依赖性。如果企业的某一存量知识为企业创造了竞争优势，那么，这种优势将随着企业增量知识的产生得以保持，体现出竞争优势的可持续性或竞争优势的自增强性。企业是一个知识的集合体，知识的存量决定了企业配置资源等创新活动的能力，从而最终在企业产出及市场力量中体现出竞争优势。由组织知识决定的企业认知学习能力是企业开发新的竞争优势的真正源泉。

组织知识并不是企业拥有的个体所有知识的总和，而是企业能像人一样具有认知能力，把其经历储存于“组织记忆”中，从而拥有知识。组织知识决定的企业认知学习能力是企业开发新的竞争优势的源泉。正如哈耶克指出，企业作为一个知识集合体，是一个知识分布系统，它通过具有路径依赖性的积累过程获得知识，并使知识发挥作用。新的知识逐渐融入企业的正式组织和非正式组织之中，成为企业决定未来知识积累的重要力量。企业的知识存量和认知结构进一步决定了企业配置、开发和保护资源的能力。研究表明，大公司在内部组织的运作中本质上并没有使用组织经济学所暗含的控制和激励机制，而是努力构建作为协调装置的“分享氛围”，内部制度环境，而且从根本上不影响员工的价值观，有助于企业内部知识的开发和利用。企业的绩效应该依赖于组织知识的存量以及它们所能获得的知识的

① Knowledge M., Strategic S., Journal M., et al.. Making Knowledge the Basis of a Dynamic Theory of the Firm[J]. Strategic Management Journal, 1996, 17(S2):45-62.

流量。

基于知识的竞争是战略管理学者和实践者都非常关注的领域。实际上,很多人认为,知识是企业获取可持续竞争优势和卓越绩效的最重要源泉(Drucker,1995;Spender 和 Grant,1996)。他们认为,复杂的、专门的、隐性知识可以创造更为持久的优势,因为其难以模仿性(Winter,1987;Reed 和 DeFilippi,1990)。然而,很多的实证研究将知识与绩效联系起来,或者调查基于知识的企业竞争优势的可持续性(Teece,1998a)。

企业的核心能力取决于其通过不同信息渠道获取的专用性知识。学习被认为是具有“黏性”的,因为一些重要类型的知识通常具有非正式、隐含的特性,而且有效使用正式、编码化的知识需要一些隐含、难以编码化的知识。这种知识不能把完全和特定的个人、企业分离开来,而且难以编码化、难以通过正式的信息渠道传播。

组织的知识不仅存在于企业管理者、技术人员和一线员工的头脑中,而且体现在企业的技术设备和工艺流程中。企业通过不断学习和积累的那些能够给客户带来显著价值且竞争对手难以模仿的知识和技能构成了该企业的核心能力。企业核心能力是组织内部一系列互补的技能体系和知识体系的组合,它以知识的形式存在于企业各方面的能力中,这些知识并不是在企业间共享的,而是企业的专有知识。组织知识理论认为隐藏在核心能力背后并决定核心能力的是企业掌握的知识。这些知识和经验是通过不断地组织学习而得到和更新的。如果把组织中的个人通过学习获得的知识和经验能力成为能力“基因”,那么企业组织中一个团队通过学习而形成的知识体系就构成了单项核心能力,而整个组织的学习则整合单项核心能力,构成了一个能力体系,形成了企业整体核心能力。学习是使企业的个体能力向组织能力转化,最终形成核心能力的必要手段。知识的共享、经验技能和失败教训的共享,是企业组织学习的主要内容,通过知识共享可以使个人的能力、知识转化为企业集体的组织能力和知识。

很多学者都认为从企业内外部收集信息对于建立企业的知识库起着关键作用。信息收集可以源于企业内部的研发活动,也可以源于企业外部的合作安排,如合资或联盟,在其中,企业通过“干中学”或“用中学”来收集信息。尽管企业内部研发所产生的知识被认为是企业赢得竞争优势的关键因素,但是,联盟中的“干中学”则为获取外部知识并将所“嵌入”的知识内部化,提供了一种较为快速的学习途径。这种通过合作安排所产生的“学徒关系”可以加速企业的信息收集和学习效果。

从企业内部研发活动以及外部合作安排所获取的知识可以分为两类:显性知

识和隐性知识。一般知识是较为普通的,多数企业可以在市场中获得。因此,显性知识对于其他企业的模仿几乎是透明和开放的。然而,隐性知识对于企业外部人来说,既不易模仿也难以理解。隐性知识是企业特有的,往往不能被记录,常常代表着组织成员间共享的经验。巴巴(1991)指出,隐性知识由于其原因不明而给模仿建立起高度的屏障。隐性知识往往只有通过“学徒关系”或“干中学”来获得。

通过学习来开发核心能力要求企业能够加工、存储和恢复信息。因此,企业必须开发一种组织记忆。组织记忆存在于组织持久性的媒体中,如企业的价值观、行为规范以及有助于企业范围内转移技术知识的产品团队。隐性知识常常以“暗喻”方式出现,使得不易被组织外部成员记录。这种“暗喻”的使用产生了一种企业特别的“语言”,而这种“语言”是企业进行信息存储和转移的有效手段。

因此,“企业内部学习”以及“学习型联盟”建立了企业的知识库,尤其是产生了特有的隐性知识。这种隐性知识有助于企业理解、定义复杂问题,并以独特的方式来解决问题,换句话说,这种隐性知识尤其是具有社会情境、为企业专用的隐性知识形成了企业的核心能力。

与信息处理理论相对比,组织学习理论为组织知识的创造提供了丰富的理论视角。学习理论描述了组织如何通过经验来改变知识或行为(Huber,1991)。组织被看作是通过一系列的创造新知识或修订现有知识的流程来学习。第一个过程是编码——组织通过对组织惯例中引导行为的来自经验的一系列推论进行编码而学习(Levitt 和 March,1988)。第二个和第三个过程是探索和开发利用两个孪生程序。探索包括“搜寻、变异、风险承担、实验、运作、弹性、发现、创新”(March,1991)。开发利用包括“精炼、选择、生产、效率、甄选、实施、执行”(March,1991)。编码、探索、开发利用描述了组织知识创造的不同方式。这些方式影响知识产生的数量和种类。编码促进了知识以某种形式存在,有利于向其他人传递。探索创造了新的,没有解决的知识伴随有潜在高的但不确定的回报。这个过程往往和组织中的几个部门有关而不是只和正在进行探索研究的部门相关。开发利用创造了增量知识,这类知识会给企业带来适当的,但是相对稳定和中等的回报。这些差别反映出三种不同的创造知识的学习方式。组织外部学习的一个重要目的是收集新的知识,特别是当组织处在一个复杂、未知、充满创新和变革的环境中时。这样的经历会刺激组织开展探索层面的学习(Luo 和 Peng,1999;March,1991;Moorman 和 Miner,1998)。探索可以为企业带来具有创新特征的知识——包括许多对组织属于新奇层面的元素。知识的编码是组织学习理论中的一个根本原则。组织学习被看作是“将历史演绎编码成指导行为的惯例”(Levitt 和 March,1988)。通过编码,知识可以解除其前后情境,表述成惯例。被编码成惯例(如正常规则或政策)的知识可以在组织参与者之间和组织下属单位之间分享,这有利于将局部知识转化为组织层面的知识。知识编码的概念可以在演化经济学中和组织知识观中寻找到相应的足迹(Kogut,1991;Nelson 和 Winter,1982;Nonaka 和 Takeuchi,1995;Spender,1993)。显性知识包括可以用符号,以及可以通过这些符号将其沟通给其他人的知识。相反,隐性知识包括难以表述和难以通过符号与他人沟通的知识。隐性知识比显性知识有更大的“黏性”(Szulanski,1996):相对可以编码的知识(已经显性化地知识)而言更加难以传输,尤其在组织之间传递速度较慢(Kogut 和 Zander,1993;Winter,1987;Zander 和 Kogut,1995)。将一个主体内的知识编码成显性形式需要知识的流动性,这有利于知识的分布、沟通、转化、存储和更新。因此,编码可以提高知识在组织单位之间的流动性。重要组合现有知识是知识开发利用的一个重要方面(March,1991),与收集新的知识相比,组合知识意味着获取来自于组织不同部分的知识而将其整合到企业的运作实践中或由此创造新的知识。这样产生的知识通常在组织内更加集中,更有利于解决问题。同样更有利于企业实现增量创新(Dewar 和 Dutton,1986),更具有常规性,更有利于相关部门问题的解决。

波拉尼(1962)将知识划分为显性知识和隐性知识两类,其划分的主要标准是这种知识能否通过知识编码的方法进行传递。隐形知识高度个体化、难以编码和形式化,显性知识能够以编码的形式表示。在企业的知识结构中,隐性知识占据整个知识的绝大部分。隐性知识往往具有高度的个人与环境依附性,隐性知识的获得必须通过始建于经验的积累。尼尔森和温特(1982)认为,在企业中分散存在的、具有社会情境的隐性知识可以以构成企业有价值的无形资源(Barney,1991;Reed 和 DeFillippi,1990)。利卜曼和鲁梅尔特(1982)、柯古特和赞得(1993)、提斯(1982)和皮萨罗(1997)同样认为,知识尤其是隐性知识是企业竞争优势的来源。他们认为,隐性知识难以模仿而且不可能被编码。犹豫不能被编码,隐性知识不能通过市场机制单独销售。换句话说,当隐性知识可以为企业创造高的绩效时,这样的高绩效可以维持较长的时间。

基于企业资源观以及与核心能力,动态能力和组织惯例相关的文献认为,隐性知识是企业获取可持续竞争优势的核心。首先,在企业中存在两种类型的隐性知识——个人层面的隐性知识和基于团队的隐性知识;其次,引用威客和罗伯特

(1993)的集体心智概念来探究由团体所拥有的隐性知识，团队中的任意一个成员都只能获得所有集体知识存量的一个部分，这样就有利于集体知识的保护；其三，隐性知识的存量是学习效应的一个结构。随着个体学习某项特别的技能，或者随着团队成员之间的互动，隐性知识的存量在不断积累；隐性知识存量的积累必然会改善企业绩效。

罗纳卡(1991)认为，隐性知识是高度个人化的知识，嵌入在个人行为本身，受个体所处环境的约束。德鲁克(1993)指出："隐性知识，如某种技能，是不可能用语言来解释的，它只能被演示证明它是存在的，学习这种技能的唯一方法是领悟和练习。"同时他认为，隐性知识是源于经验和技能的。在不同的路径下，形成的知识是异质的。不同企业发展的路径是各不相同的，不同的企业拥有不同的隐性知识，从而形成企业间的差异，这些差异可以为企业创造超额收入来源。

在个人层面，隐性知识的概念更多地和技能密切相关(Nelson 和 Winter，1982；Polanyi，1969)。当一个优秀的棒球运动员击出一个漂亮的全垒打时他运用的就是隐性知识。经过经验的积累，目睹了很多不同场景下成百上千个投球后，击球手已经积聚了读取各种迹象，预料弧度以及球速的隐性知识。投球手眼中的表情，双脚的位置，胳膊的弯曲度，眉毛上的汗珠，这些迹象都是击球手通过经验来解释和读取的。他并不是有意识这样去做，而是在完全无意识的过程中，使他能够在球离开投球手的手之前开始回转。实际上，这个过程根本没有进行有意识地讲他的一击调整得和击球模式相一致。如果问击球手为何会这样去做，他可能浑然不知，无法给你做出解释，但有一个真正的、可以观察的效果，因为拍子击中球的概率远比基于纯机会的预测的概率高得多。这个例子说明了隐性知识的一些重要内涵：隐性知识包括模式的认知，这是通过经验的累积获得的，在无意识的情形下发生，如果不是不可能表述清楚，也是非常难以表述，而且它形成了有价值的个体技能的基础——从击中一个棒球到下棋或者写一个计算机程序，隐性知识都在发挥作用。个人层面的隐性知识往往通过"师带徒"等贴身学习的方式才能获得，为了促进个人层面的隐性知识在企业层面的分享，企业应建立相应的知识分享和人员激励机制。

基于团队的隐性知识是一种什么情形呢？这种知识呈现出何种形态？它存储在哪里，如何获得？威客和罗伯特(1993)基于魏格纳和他的同事以往的工作(Wegner，1987；Wegner、Erber 和 Raymond，1991；Wegner Giuliano 和 Hertel，1985)，推断出与团队活动有关的知识可能存在于类似"集体心智"中。所谓集体心智即关系密切的群体运用单一的记忆处理系统，对于记忆共同经验的不同的部分承担不同的责任。这些群体了解局部情况而不了解整个事情的所有细节，彼此之间相互依赖，在激活自己的记忆方面相互贡献缺失的细节……处理记忆系统被整合起来，联系在不同位置拥有相关信息的个体方面拥有不同的结构（Weick 和 Roberts，1993）。一个合适的例子就是划艇比赛。一艘大的划艇需要八个成员之间的协调配合，他们在浩渺的大海中围绕一个记号进行近距离的比赛。在这种情况下，彼此非常熟知，这是一个复杂的情况，因为任何一个简单的错误都可能导致大的恶性事件，除非所有的参赛者不仅完成他们指定的任务，而且可以在不可预知的情况下快速地按照其他成员完成任务的方式做出调整，如大浪、大风后暂时的平静，或者其他船只的小把戏。每个个体扮演其中一个角色——舵手、战术家、前甲板船员、升降索船员、帆员等。每个个体缺乏用来承担其他角色的全部知识，而且不能在合适的位置扮演其他角色。这样，用来完成这项复杂任务的知识就分散在不同个体之中，每个人都拥有不同的职责。总的来说，完成整项任务所需的知识不停留在任何单个个体的脑海里，所需要的知识也不是纯技术型的。有一点需要说明的是，每个个体完成集体任务的有效性与他人能否同期有效都完成任务，同时根据不可预测的环境条件调整自己的行动密切相关，如狂风、大浪、其他船只的位置等。这样，需要互相持续的调整以及协同性来准确地完成这项集体任务。

总之，组织知识存储在集体心智中，可以界定为通过彼此经验和无意识的同步行动的表述，当团队面临必须在挑战性环境中完成的复杂任务时，单个个体认知模式的组合。尽管某些知识可以通过操作手册获得，但大部分是以隐性形式存在的。知识的有用性依赖于所运用的情境，有赖于团队中相对稳定的成员构成。其他情形同等的情况下，团队成员高的流失率会妨碍成员形成经验性模式的能力。因此，企业应一方面注重培育企业专用性集体知识，同时也要运用战略人力资源管理机制留住企业核心技术团队，培育企业的可持续竞争优势。

4.4 能力视角的企业竞争优势

组织能力理论将企业的竞争优势归结为企业配置、开发、保护资源的能力。企业内部资源、能力的积累是企业获得超额收益和保持竞争优势的关键。以彭罗斯

(Penrose E. T. ,1959)、普拉哈拉德(Prahalad C. K. , 1990)、哈默(Hamel G. , 1990)、斯多克(Stalk G. , 1992)、伊万斯(Evans P. , 1992)、舒尔曼(Schulman L. E. ,1992)、提斯(Teece D. J. ,1997)等人为代表的一批学者对企业能力进行了深入的研究。

彭罗斯(Penrose,1959)是西方经济思想史上第一个强调企业内部的知识创造是企业成长源泉的经济学家。她认为,企业应视为"一系列资源的集合,而非古典经济学认为的仅仅是产品—市场的集合",她把注意力转向单个企业的成长过程的研究,特别重视企业内部的能够拓展其生产机会的知识积累倾向;她认为,企业内部存在着通过知识积累以拓展生产领域的机制,而且这种知识积累是一种内部化的结果,节约了企业稀缺的决策能力资源,新的管理者才能释放出解决问题、促进企业成长的能量。此外,她还认为,企业获得租金可能并不是因为它拥有较好的资源,而是因为企业拥有较好地利用这些资源的独特专长。从长期来看,限制企业成长的仅仅是内部管理资源。企业在技术诀窍及管理能力方面的特定能力是产生持续竞争优势的异质性的重要源泉。

普拉哈拉德和哈默(1990)把核心能力定义为"组织中的集体性学识、特别是如何协调不同的生产技能以及多种等级的技术"[①]。核心能力是一组技能与技术的集合体,是组织中独特的知识和技能。能力不会由于运用和共享而消失,相反,它们会不断提升。他们认为有三种方式可以识别企业的核心能力。

其一,核心能力必须为企业提供进入不同市场的潜在通道;其二,核心能力应该有助于顾客感知终端产品的价值;其三,核心能力是竞争对手难以模仿的能力。核心能力理论认为企业本质上是一个能力的集合体;能力是对企业进行分析的基本单元;企业拥有的核心能力是企业长期竞争优势的源泉;积累、保持和运用核心能力是企业的长期根本性战略。

斯罗克(1992)等人认为,成功的企业极为注意行为方式,即生产能力的组织活动和企业业务流程,企业成功的关键不仅仅在于其核心能力,每个企业都必须管理一些基本的业务流程,每个流程也都需要部门之间的协同配合[②]。提斯(1997)等人将动态能力界定为企业整合、塑造和重新配置内部和外部能力从而适应迅速变

---

① Teece D. J. , Pisano G. , Shuen A. . Dynamic Capabilities and Strategic Management[J]. Strategic Manngement Journal. 1997, 18(7): 509-533.

② Stalk G. , Philip E. , Schulman L. E. . Competing on capabilities: The new rules of corporate strategy[J]. Harvard Business Review. 1992, 70 (2): 54-65.

化的外部环境的能力①。这样，核心能力反映出组织在已有的路径依赖和市场位置的基础上达成新的竞争优势的能力。企业必须适应不断变化的环境，更新自己的能力。而提高和更新能力的方法主要是通过技能的获取、知识和诀窍的管理、学习。他们认为动态能力是企业组织长期形成的学习、适应、变化和变革的能力，能力包括组织惯例、技能和互补资产。动态能力观试图寻找提供一个一致的框架，既能够整合现有的概念性和实践性知识，而且可以促进命令的执行。

艾森哈德和马丁(Eisenhardt 和 Martin，2000)将动态能力定为企业运用资源的过程——特别对资源进行整合，重新配置获取和释放的过程，从而与市场的变化相匹配。动态能力是随着市场的出现、碰撞、分裂、进化和消亡，企业用来进行新的资源配置的组织和战略惯例。资源观和能力观综合认为，尽管资源本身可能有价值、稀有、难以模仿，只有当资源和互补性资源捆绑在一起时才有可能带来竞争优势(Amit 和 Schoe-maker，1993；Barney，1992；Teece，1997)。实际上，捆绑对人力资本尤其有效，因为人力资本的缄默性、社会复杂性，以及难以挪用等特征(Bamey，1992；Coff.，1999；Penrose，1959)。由于这个原因，资源观认为财富创造是人力资本和其他形式资本的互动(Penrose，1959)。相似的是，动态能力观强调“难以交易的知识和资产”。企业的竞争优势存在于企业独特的协调、组合、转化企业专用性资产的能力中(Teece，1997)。表 4-3 概括了组织能力学派的研究发展。

表 4-3　组织能力学派的研究发展

时间	代表人物	主要著作	理论观点
1959	彭罗斯	企业成长论	企业内在成长论
1982	尼尔森和温特	经济变迁中的演化论	运用企业拥有的智力资本，对企业进行分类，从经济进化论的角度将理论研究从静态分析动态分析
1982	利普曼和普梅尔特	不确定模仿力：竞争条件下企业运行效率的差异分析	无法有效仿制或复制的资源导致企业间效率的差异存在
1990	普拉哈拉德和哈默	企业核心能力	核心能力是组织中的集体学识，特别是关于如何协调不同生产技能和整合多种层级的技术核心能力是产生竞争优势的源泉

① 彭正龙，王红丽，黄文平. 组织认知能力及其与组织知识的相互作用关系[J]. 工业工程与管理. 2009，14(2)：21-29.

（续表）

时间	代表人物	主要著作	理论观点
1992	乔治、菲利浦、拉文斯	基于能力的竞争：公司战略新规则	企业整体核心能力产生竞争优势
1993，1996	冯斯	企业理论：契约和能力观 基于知识的企业理论研究方法及一些重要评述	企业核心能力论，核心能力既是组织资本，又是社会资本，它们使企业组织的协调和有机结合成为可能
1997	提斯、皮萨罗、苏恩	动态能力与战略管理	企业动态核心能力论
2000	艾森哈德和马丁	动态能力：它们是什么	动态能力是企业用来进行新的资源，配置的组织和战略惯例

4.5　企业竞争优势结构模型

通过上文对企业竞争优势起源的理论探析，本部分尝试构建了企业竞争优势起源模型。如图 4-4 所示。

这一模型显示，“认知”这一概念也不再仅仅属于个体认知的研究范畴。诸如共享心智模式、交互式记忆等群体或组织层面关于认知的研究体现了认知心理学与组织行为学、组织能力理论、组织绩效以及企业竞争优势理论的交叉融合。尤其是共享心智模式、组织记忆、组织交互式记忆、管理者认知和组织认知方面的研究有助于理解企业在日益复杂、动荡的剧烈竞争环境下如何做出战略决策、引领创新、获取竞争优势。这种基于微观认知的企业研究，开拓了企业能力研究和竞争优势研究的新视野。

学习理论为组织学习理论奠定了心理学基础。从“认知”理论的观点来看，学习是指认知结构的改变。在竞争环境中，学习（包括组织成员的个人学习、团队学习和组织层面的学习）意味着组织顺应环境变化以获取新的竞争能力。实践中，学习意味着组织能够识别新的竞争领域，这些竞争领域与其核心业务、工作流程、组织制度等密切相关。学习过程中，组织成员形成共享的心智模式，通力协作对信息

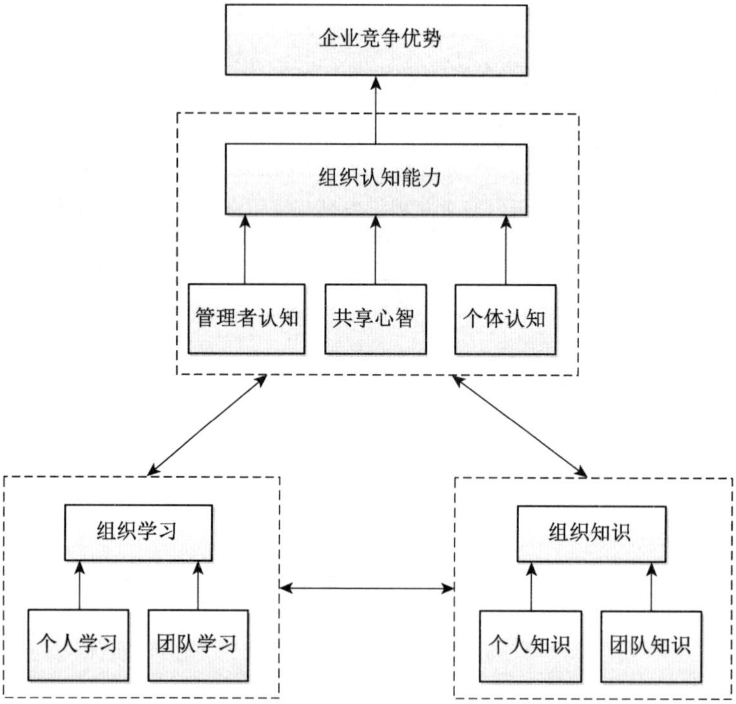

图 4-4　企业竞争优势结构模型

进行解释，并获得系统化、多样化的反馈，这些共享的解释和反馈有助于提升组织能力和绩效，并从而帮助企业获取竞争优势。

Peter Drucker(1995)直接指出，“知识已经成为关键的经济资源，甚至可能是唯一的来源”，进一步强化了知识作为企业特殊的资源，是组织能力的最为重要的来源。对于组织而言，复杂、动荡的竞争环境中其生存、发展和获取竞争优势的挑战在于以下三个问题：首先，组织不知道自己知道什么是其生存和发展的最大风险；其次，组织不知道自己应该知道什么，从而迷失并最终消失在竞争环境中；第三，组织如何获得知识，也就是说组织如何确保其成员获取知识。如果组织知道其知道什么，并促使组织知识在组织成员中的流动和获取，那么组织绩效和竞争力将得到极大提升。

组织能力理论将企业的竞争优势归结为企业配置、开发、保护资源的能力。企业内部资源、能力的积累是企业获得超额收益和保持竞争优势的关键。以彭罗斯(Penrose E. T.，1959)、普拉哈拉德(Prahalad C. K.，1990)、哈默(Hamel G.，

1990)、斯多克(Stalk G.，1992)、伊万斯(Evans P.，1992)、舒尔曼(Schulman L. E.，1992)、提斯(Teece D. J.，1997)等人为代表的一批学者对企业能力进行了深入的研究，激发了国内外组织理论研究者对企业竞争优势起源的研究，并因此而深化了理论和实践领域对企业竞争优势的认识。

4.6 本章小结

本章梳理了企业竞争优势起源研究文献，重点探析了学习(包括组织成员个体学习、团队学习和组织学习)和企业竞争优势的关系、知识(包括组织成员个体知识、组织知识)和企业竞争优势的关系、认知(包括组织成员个体认知、管理者认知、团队认知和组织认知)和企业竞争优势的关系、能力(包括组织成员个体能力、组织能力)和企业竞争优势的关系，在此基础上，提出了认知视角的企业竞争优势起源之概念，并建构了认知视角的企业竞争优势概念模型，为下一章的组织认知能力系统和企业竞争优势之间的实证研究奠定了逻辑基础。

第5章 组织认知能力系统与企业竞争优势关系的实证研究

本章在第2章、第3章、第4章分别探析组织能力理论、组织认知能力系统构成要素和企业竞争优势理论的基础上,提出组织认知能力与企业竞争优势显著相关这一总体假设。此外,本章还提出了组织认知能力和企业竞争优势相关组成部分的假设,并通过统计问卷对假设逐个进行验证。具体假设如下:

总假设:组织认知能力和企业竞争优势正相关。其他有关企业竞争优势的具体假设分解如下:

H1:组织认知能力与企业高管能力正相关;

H2:组织认知能力与企业战略能力正相关;

H3:组织认知能力与企业技术创新能力正相关;

H4:组织认知能力与企业市场营销能力正相关;

H5:组织认知能力与企业人力资源管理能力正相关;

H6:组织认知能力与企业财务能力正相关;

H7:组织认知能力与企业界面管理能力正相关。

5.1　研究思路与方法

5.1.1　对象选择和样本统计

本书调查问卷共分为五个部分。第一部分主要调查企业的基本情况，包括企业名称、所在地区、企业所有权性质、企业员工数量等，后四个部分分别是有关组织学习、组织知识、组织认知能力、企业竞争优势方面的指标体系。问题的设计基于李克特量表法(Liket Scale)进行设计，即问题由针对某种事物的态度或看法的陈述组成(李怀祖，2004)，所有指标均采用 5 级打分法。为了保证问卷结构的合理，对问卷设计采取了访谈、设计、小规模发放、问卷修改的标准设计过程。本书为了保证测量工具的有效性，对问卷进行了预测(前测)。预测的主要目的是通过让受测者试填问卷，对问卷的测量项目进行净化。预测阶段总共发放 100 份问卷，回收 78 份。经检验，问卷各部分的信度分析皆为 0.7 以上，说明问卷具有良好的信度。同时对问卷的效度通过因子分析进行了筛选。

本书采用 SPSSl1.0 统计分析软件作为资料分析工具。使用的统计方法主要有以下几种：① Cronbach'S coefficient alpha 信度分析，采用 Cronbach's alpha (1951)系数检验量表的信度；②因子分析(fact analysis)，用来确定权重和检验效度；③方差分析；④相关分析，通过相关系数，可以得知研究变量之间相关强度与方向；⑤回归分析。对象选择和样本情况如表 5-1 所示。

表 5-1　对象选择和样本情况

项目	类别	样本数	百分比
样本容量	有效	62	75%
	无效	16	25%
行业	计算机业	36	40.0%
	生产制造业	21	23.3%

（续表）

项目	类别	样本数	百分比
行业	咨询服务业	21	23.3%
	其他行业	12	13.4%
职务等级	总公司高层	9	9.9%
	分公司高层	9	10.0%
	中层	33	36.7%
	基层	39	43.4%
合计		120	100%

从统计表中可以看出，被调查企业涵盖了各行业，被访谈、调查人员包括企业高层、中层和基层员工，因此样本具有一定的代表性。

5.1.2 指标体系设计

由于本书需要验证组织认知能力对企业竞争优势是否有显著相关关系，因此，指标设计涉及两个方面：组织认知能力方面的指标，包括组织成员个人学习、团队学习、组织学习；组织成员个人认知、管理者认知、组织记忆、共享心智模式；组织成员个人知识、组织知识和组织知识创新。其中，组织学习方面的指标用来表征企业对组织知识和组织认知能力演化的支持程度；组织知识方面的指标用来表征知识创新的效果和组织认知能力的演化；企业竞争优势方面的指标，用来表征基于组织学习、组织知识的组织认知能力的提升是否促进了企业竞争优势的发展。

指标的选取经过两个过程：首先对相关理论进行分析，总结出具有共性特征的具体指标；在此基础之上，将得到的具体指标与企业实际相结合，即通过与实际企业的具体访谈，初步验证指标的合理性。

5.1.3 与组织认知能力相关的指标

随着认知科学的延伸和拓展，关于组织认知的研究，与传统认知科学的研究对象（个体认知）有所不同。从信息加工的角度看，个体认知主要是指个体感觉输入到转换、简约、加工、储存、提取和使用的全部过程；比较而言，组织认知则是把组织视为一个认知主体，从整体的角度去考虑认知的结构、过程和功能。因此，从系统的观点去看待组织层面的认知能力，其是组织探知和识别相关线索，记忆相关信息，进行计划，获得知识，设计解决办法，做出决策，并解决问题的能力。基于上文对组织学习与企业竞争优势的分析，测量项目中提出了一组基于组织学习的企业竞争优势评价指标，并按照科学性、典型性及可比性等原则，采用各因素逐步细化的方法构建如表 5-2 所示评价指标体系。基于知识观的核心竞争力以巴顿(Dorothy Leonard-Barton，1992)为代表，他认为核心竞争力是指企业特有的、不易交易的并为企业带来竞争优势的专有知识和信息，是企业所拥有的提供竞争优势的知识体系。根据对知识、知识创造、知识创新相关概念和理论的解读，本书测量项目从复杂的知识创新过程中抽取出可以定性和定量描述部分。为了简化步骤，指标主要包括知识获取、知识积累、知识吸收、知识转化和利用。其中，知识获取和知识积累体现了组织知识存量的相关描述，知识吸收、知识转化和利用代表了真正的创新过程。当然，关于知识创新的这四部分并不完全独立，彼此之间可能存在着交叉，我们用尽可能具体的测量项目加以区分。相关指标如表 5-2 所示。

表 5-2　组织认知能力系统构成要素测量指标

	二级能力指标	具体测量项目	指标代码
组织认知能力系统	组织学习能力和组织变革意识	企业是否不断学习和追求变革	YS01
		企业是否支持组织学习和反馈	YS02
		企业是否鼓励组织成员追求竞争优势	YS03
	组织学习和组织能力演化	组织学习促进组织变革	CS01
		组织学习促进组织成员能力成长	CS02
		组织学习促进共享心智模式的发展	CS03
		组织学习促进管理者认知能力发展	CS04
		组织学习促进组织成员认知能力发展	CS05
		组织学习促进组织知识创新	CS06
		组织学习促进组织知识流动	CS07
	组织知识获取能力	组织能否迅速地辨别知识的效用	HQ01
		组织获取外部知识的速度	HQ02
		组织获取组织内外部知识的能力	HQ03

（续表）

	二级能力指标	具体测量项目	指标代码
组织认知能力系统	组织知识积累能力	组织是否有知识管理部门或者人员	JL01
		组织是否定期更新组织知识	JL02
		组织是否评价组织成员知识拥有量	JL03
		组织是否鼓励组织成员持续学习	JL04
	组织知识吸收能力	组织是否鼓励外部知识学习	XS01
		组织能否快速学习、吸收知识	XS02
		组织能否有效整合组织新、旧知识	XS03
		企业是否鼓励、支持组织学习和组织知识创新	LY01
	组织知识转化和利用能力	组织是否擅长创造新知识	LY02
		组织新技术、新专利产值率是否稳步提升	LY03
		组织能否快速有效地整合、利用新知识	LY04
		组织是否支持在组织内传播新知识	LY05
		组织是否把新知识用在产品和服务上	HQ01
	组织成员个体认知能力	组织成员个人认知模式是否促进组织学习和组织知识创新	HQ04
		组织成员个人认知结构是否促进组织知识结构的改善和组织知识创新	HQ05
		组织成员个人认知过程是否适应组织学习和组织战略发展	HQ06
	管理者认知能力	组织管理者认知模式与组织学习和组织知识创新的契合程度	JL05
		组织管理者认知结构与组织知识结构的契合程度	JL06
		组织管理者认知过程是否与组织战略过程一致	JL07
	共享心智	组织是否重视共享心智	LY06
		共享心智是否鼓励组织学习和组织知识创新	LY07
		共享心智是否促进组织战略制定和企业竞争优势的发展	LY08

5.1.4　与企业竞争优势相关的指标

20 世纪 80 年代以来，研究人员对企业竞争优势的探索转移到了企业内部。在承认企业竞争优势内生于企业的前提下，探究企业竞争优势根源的理论经历了企业资源-企业能力-组织知识的过程，认识逐渐深化，将决定企业竞争优势的根本性因素定义为企业具体化的知识，以及组织学习、共享心智、组织智能等，在理论上和实践上，为培育企业竞争优势提供了可操作性的概念和分析框架。因此，要培育企业的竞争优势，必须充分地认识和把握组织认知活动的微观机理，构建基于组织认知的企业构筑竞争优势。企业竞争优势指标如表 5-3 所示。

表 5-3　企业竞争优势测量项目

企业竞争优势指标	二级指标	具体测量项目	指标代码
企业高管能力	敬业意识与创新	企业高管是否具有事业心	NL01
		企业高管是否具有创新意识	
		企业高管是否具有丰富的行业经验	
	统筹全局	企业高管是否具有敏锐的洞察力和判断能力	NL02
		企业高管是否善于抓住事物的主要矛盾并能统筹全局	
		企业高管能否准确地识别出本企业可以利用的经营机会	
	组织协调	企业高管是否致力于在企业内外部建立协作关系	NL03
		企业高管是否致力于合理配置企业内外部各项资源	
		企业高管是否致力于建设高效率的组织结构和流程	
		企业高管是否充分授权	
		企业高管是否因组织内外部环境的变化而及时调整组织战略目标和管理理念	
组织战略能力	企业战略预见	企业是否善于识别和整合各类信息	NL04
		企业监测、预测环境变化的能力强弱	
	战略定位	企业战略规划是否完整	NL05
		企业是否善于着眼整体、谋划、协调和统筹全局	
		企业能否准确地识别出本企业可利用的经营机会	

（续表）

企业竞争优势指标	二级指标	具体测量项目	指标代码
组织战略能力	企业战略组织	企业能否及时有效地补充企业所需人、财、物等资源	NL06
		企业能否合理配置和协调各类现有资源	
		企业针对变化能否及时调整战略目标和经营思路	
		企业职能战略与总体战略能否很好的匹配	
		各部门的目标能否与战略目标保持一致	
企业技术创新能力	技术获取	企业内外部技术监测系统是否完善	NL07
		企业是否具备并运用先进的技术评价方法	
	技术吸收	企业技术引进的投入力度大小	NL08
		企业是否鼓励、支持组织学习和组织知识创新	
	技术创新	企业是否鼓励、支持技术创新和应用	NL09
		企业同类产品（服务）更新换代的速度	
企业市场营销能力	利用市场信息	企业是否快速感知、捕捉到市场需求的变化	NL10
		企业是否建设专门的营销信息系统	
		企业市场营销部门与客户是否保持经常性沟通	
	对销售渠道的管理和控制	企业的销售网络是否完善	NL11
		企业与经销商关系是否融洽	
		企业能否有效影响、管理分销商	
	产品（服务）的售后	企业是否及时处理市场、客户反馈	NL12
		企业售后服务能力是否有口碑	
	营销策划及执行	企业营销部门的设置及营销功能是否健全	NL13
		企业的营销策划投入力度大小	
企业人力资源管理能力	人力资源规划	企业是否进行战略人力资源规划	NL14
	招聘培训	企业招聘培训体系是否健全	NL15
	人力资源配置	企业人力资源是否合理、有效	NL16
	人员考核	企业人力资源考核系统是否健全	NL17
	薪酬激励	企业薪酬体系是否合理	NL18

（续表）

企业竞争优势指标	二级指标	具体测量项目	指标代码
企业财务管理能力	财务预算	企业运营业务预算准确程度高低	NL20
	资产管理与资本运作	企业资产保值、增值情况	NL21
		企业是否有效利用资本市场	
		企业投融资渠道是否畅通	
	财务控制	企业财务管理制度和内部控制体系是否健全	NL22
		企业财务分析是否给出有效的财务策略	
		企业财务考核指标和相应措施是否科学	
企业界面管理能力	与外部的交流沟通	企业与消费者沟通是否畅通	NL23
		企业与供应商沟通是否畅通	
	部门间的沟通协调	企业市场营销部门提供的数据是否有助于企业研发部门的研发活动	NL24
		企业研发部门与生产（服务）部门协作是否顺利	
		企业人力资源管理部门与企业内其他部门协作是否顺利	
		企业财务管理部门与其他部门协作是否顺利	

5.2　统 计 分 析

本书共发放问卷 100 份，回收 78 份。问卷回收后，对不符合要求的问卷进行剔除，剔除问卷的准则主要有两个：一是剔除问卷填答缺漏者；二是检查受测者是否认真的填写问卷（如出现大面积雷同判断，则视为无效问卷）。最终得到有效问卷 62 份，有效问卷回收率是 78.5%。

5.2.1　被调查对象的描述性统计

就科学的角度而言，一个良好的测量工具（量表）应具有足够的效度和信度。

效度是指量表测量的结果能够真正反映调研人员所要了解对象特征的程度，也就是测量结果的准确性；信度是指衡量结果的一致性或稳定性。

效度分析是采用因素分析对问卷的理论结构效度进行验证。一般而言，效度可以分为三种：内容效度（content validity）、关联效度（criterion-related validity）和构思效度（construct validity）。内容效度是指量表涵盖研究主题的程度。判断方法为：①测量工具是否可以真正测量到研究者所要测量的变量；②测量工具是否涵盖了所要测量的变量。调研人员必须检查量表中的项目能否足够地覆盖测量对象的主要方面。为了获得足够的内容效度，要特别注意设计量表时应遵循的程序和规则。本书问卷内容是通过文献研究和访谈研究而得，为使问卷内容更具完整性且题意清楚明了，在问卷初稿完成后，进行了预测和修正，以便使问卷内容可以充分涵盖所测量的内容。内容效度的主观性使其不能单独地用来衡量表的效度，但可以用来对观测结果作大致的评价。关联效度是指测量工具的内容具有预测或估计的能力；并依照其使用间隔的长短又可分为预测效度（predictive validity）和同时效度（concurrent validity）。预测效度是指测量工具有能够预测未来的能力。因为本书并不是预测性质的，因此不做预测效度方面的检定。同时效度是指测量工具具有描述目前现象的有效性。对理解测量结果的含义而言，构思效度是最重要的效度指标之一。对构思效度进行评定，首先必须对项目的结构、测量的总体安排以及项目之间的关系做出说明，然后运用因素分析等方法从若干数据中离析出基本构思，以此来对测量的构思效度进行分析。

信度是一份测验所测的分数的可信度或稳定性，也就是同一群受测者在同一份测验上测验多次的分数要有一致性，所以信度是指测量的一致性程度。可从两个层面分析，即测验结果的稳定度与一致性。稳定度表示以同样的测量工具重复测量某特质，而得到相同结果。有关稳定性测量的信度类型有两种：一种为再测信度，使用同一份问卷，对同一群受测者，在不同的时间，前后测试两次，求出这两次分数的相关系数，这种相关系数又称为稳定系数，相关系数高表示此份问卷的信度高；另一种为复本信度，复本指内容相似、难易相当的两份问卷，对同一群受测者，第一次用一份，第二次用另一份，两次分数的相关系数称为复本系数或者等值系数，如果两份问卷不是同时实施，也可相距一段时间再实施，这样算出的相关系数就是等值系数。

在态度量表上，常以相关项目衡量相同态度，故各项目之间应有一致性，即内部同质性。测量一致性的信度类型有两种：一为折半信度，填答问卷后，将问卷题目分成两半，分别计分再将这两半的总分计算其相关系数，这种相关系数称为折半信度系数；另一个为 Cronbach's alpha(Cronbach a)系数。前种只适用于一般标准化的问卷，由于本书问卷记分为多重方式，所以采用 Cronbach a 系数，其公式如下：

$$a = \left(\frac{K}{K-1}\right)\left(1 - \frac{\sum S_i^2}{S^2}\right)$$

式中，K 为该测验所包含的项目数；a 为每一项目分数的变异量；S 为测验总分的变异量。问卷的内部相关信度根据 Cronbach a 系数大小而定，Cronbach a 值越大表示信度越高。

5.2.2　与组织认知能力相关的指标的信度与效度分析

本书采用主成分法来提取公共因子，并通过方差最大法(Varimax)的正交旋转方法获得各因子的负载值。KMO(Kaiser-Meyer-Olkin measure of sampling adequacy，KMO 取样适当性数值)检验结果如表 5-4 所示。

表 5-4　组织认知能力和企业竞争优势指标的 KMO 和巴特利特球体检验结果

KMO 样本测度		0.832
巴特利特球体检验	Approx. Chi-Square	682.770
	df	69.000
	Sig	0.000

在做因子分析之前，需要使用 KMO 测度来检验数据是否适合做因子分析。KMO 越接近 1，越适合于做因子分析；KMO 过小，则不适合做因子分析。根据 Kaiser(1974)的观点，KMO 在 0.9 以上，非常适合；0.8～0.9，很适合；0.7～0.8，适合；0.6～0.7，不太适合；0.5～0.6，很勉强；0.5 以下，不适合。

从表 5-4 中可以看出，本调查样本的 KMO 值为 0.832，很适合做因子分析。而且巴特利特球体(Bartlett'S test of sphericity)检验的显著性概率为 0.000，小于 0.01，也证明数据具有相关性，很适合做因子分析。各指标的因子分析结果如表 5-5所示。

表 5-5　与组织认知能力相关的指标的因子分析结果

因子	指标代码	因子荷重		α 系数
		F1	F2	
F1	CS02	0.791	0.021	0.72
	CS03	0.882	0.162	
	YS02	0.736	0.278	
	CS01	0.818	0.127	
	CS06	0.792	0.126	
	CS04	0.801	0.108	
	YS01	0.784	0.253	
	YS03	0.712	0.028	
	CS07	0.685	0.090	
	CS05	0.705	0.181	
F2	HQ03	0.207	0.897	0.83
	XS03	0.293	0.941	
	LY03	0.070	0.901	
	HQ02	0.281	0.899	
	HQ01	0.297	0.884	
	XS02	0.173	0.871	
	JL03	0.108	0.832	
	LY04	0.221	0.818	
	JL04	0.085	0.796	
	XS01	0.075	0.782	
	LY01	0.173	0.761	
	IY02	0.075	0.701	
	JL02	0.077	0.698	
	JL01	0.174	0.653	
	LY05	0.081	0.585	

对指标的因子分析得到 2 个因子，一共解释了总体方差的 76.332%，分别有 10 个、15 个指标进入了 F1、F2，该结果与原构思吻合。通过计算 Cronbach α 系数，我们发现两个因子的一致性系数分别达到 0.74 和 0.83，全部达到了 0.70 以上，说明测量的一致性程度较高并且内部结构良好。对企业竞争优势指标的信度与效度分析 KMO 分析的结果如表 5-6 所示。

表 5-6　企业竞争优势指标的 KMO 和巴特利特球体检验结果

KMO 样本测度		0.801
巴特利特球体检验	Approx. Chi-Square	692.810
	df	71.000
	Sig.	0.000

从表 5-6 中可以看出，巴特利特球体检验的显著性水平为 0.000，小于 0.01，说明指标具有相关性，适合做因子分析。KMO 值为 0.801，适合做因子分析。各指标的因子分析结果见表 5-7 所示。

表 5-7　企业竞争优势指标因子分析结果

因子	指标代码	因子荷重							α 系数
		F1	F2	F3	F4	F5	F6	F7	
F1	NL01	0.897	0.062	0.189	0.017	0.085	0.067	0.243	0.83
	NL03	0.902	0.261	0.065	0.133	0.198	0.279	0.076	
	NL02	0.834	0.191	0.156	0.144	0.292	0.312	0.071	
F2	NL04	0.229	0.833	0.028	0.121	0.275	0.134	0.131	0.81
	NL06	0.152	0.868	0.179	0.203	0.119	0.205	0.290	
	NL05	0.209	0.801	0.277	0.132	0.290	0.061	0.059	
F3	NL09	0.070	0.088	0.821	0.298	0.077	0.190	0.272	0.81
	NL07	0.129	0.061	0.879	0.269	0.061	0.077	0.112	
	NL08	0.277	0.140	0.619	0.070	0.181	0.309	0.261	
F4	NL10	0.141	0.269	0.059	0.901	0.065	0.127	0.212	0.83
	NL11	0.135	0.314	0.201	0.891	0.019	0.301	0.096	
	NL13	0.217	0.129	0.069	0.890	0.133	0.114	0.309	
	NL12	0.156	0.237	0.273	0.790	0.073	0.288	0.127	

（续表）

因子	指标代码	因子荷重							α 系数
		F1	F2	F3	F4	F5	F6	F7	
F5	NL18	0.242	0.088	0.317	0.127	0.859	0.090	0.133	0.78
	NL16	0.160	0.069	0.133	0.041	0.891	0.377	0.080	
	NL19	0.159	0.192	0.171	0.152	0.802	0.181	0.209	
	NL17	0.290	0.066	0.301	0.320	0.811	0.241	0.131	
	NL15	0.181	0.266	0.129	0.066	0.783	0.081	0.206	
	NL14	0.071	0.219	0.232	0.201	0.661	0.020	0.067	
F6	NL21	0.019	0.099	0.067	0.066	0.268	0.822	0.189	0.76
	NL22	0.133	0.266	0.129	0.028	0.144	0.758	0.119	
	NL20	0.028	0.016	0.261	0.209	0.137	0.677	0.266	
F7	NL24	0.198	0.091	0.311	0.099	0.217	0.098	0.890	0.80
	NL23	0.329	0.173	0.124	0.377	0.112	0.217	0.809	

对指标的因子分析得到七个因子，一共解释了总体方差的 82.036%，分别有 3、4、3、6、6、3、2 个指标进入了 F1、F2、F3、F4、F5、F6、F7，该结果与原构思吻合。

通过计算 Cronbach α 系数，我们发现七个因子的一致性系数分别达到 0.83、0.81、0.81、0.83、0.78、0.76、0.80，全部达到了 0.70 以上，说明测量的一致性程度较高并且内部结构良好。

5.2.3　相关分析

为了分析组织认知能力与企业竞争优势之间的关系，本部分对基于组织学习、组织知识的认知能力和企业竞争优势之间进行相关分析。研究采用 Pearson 相关分析法。相关分析结果如表 5-8 所示。

表 5-8　组织认知能力与企业竞争优势的相关分析

企业竞争优势		管理者能力	企业战略	技术创新	市场营销	人力资源	财务管理	界面管理
组织认知能力	相关系数	0.235	0.245	0.241	0.209	0.387	0.169	0.387
	显著性	0.032	0.014	0.019	0.036	0.019	0.109	0.020

注：显著性水平 0.05。

从表 5-8 中可以看出，组织认知能力与企业竞争优势显著正相关，说明组织认知能力与企业竞争优势之间有正向联系。除组织学习与企业财务管理能力之间的相关性不显著外，组织学习、组织知识和组织认知能力与企业竞争优势都显著正相关。以上分析说明了组织认知能力与企业竞争优势之间具有正向相关性。

5.2.4　回归分析

在分析了组织认知能力与企业竞争优势之间的相关性之后，通过回归分析，可以进一步分析各要素对企业竞争优势的影响程度。为进一步研究各要素对企业竞争优势的贡献度，本章采用企业竞争优势的二级指标体系，即管理者认知能力、组织战略、企业技术创新、企业市场营销、企业人力资源管理、企业财务管理和企业界面管理七个指标。本部分采用多元线性回归方法进行回归分析。

组织认知能力与企业竞争优势关系总体回归效果。总体回归效果如表 5-9 所示。

表 5-9　模型总体效果

回归效果	多数相关系数(R)	判定系数 R^2 (R Square)	判定系数 R^2_{adj} (Adjusted R Square)	回归标准误差 Std. (Error of the Estimate)	序列相关检验 DW (Durbin-Watson)
1	0.532	0.281	0.229	0.908 016 45	1.798
2	0.521	0.332	0.229	0.845 781 06	1.902
3	0.517	0.321	0.229	0.887 460 47	1.701
4	0.558	0.298	0.229	0.810 926 64	1.916
5	0.523	0.254	0.229	0.890 866 22	1.812
6	0.554	0.341	0.229	0.801 466 02	1.798
7	0.536	0.301	0.229	0.890 073 35	1.802

从回归效果来看，七个模型均达到了非常显著的水平，证明回归效果良好。从总体参数效果表来看，DW 统计值分别为 1.898、1.902、1.701、1.916、1.812、1.798、1.802，说明各模型均不存在序列相关问题，其他各项指标也符合要求。

5.3 组织认知能力与企业竞争优势二级测量项目的回归分析

组织认知能力与企业竞争优势的二级测量项目的回归模型结果如表 5-10—表5-16 所示。

表 5-10 组织认知能力对企业高管能力的回归分析

因素	回归系数	标准差	标准回归系数	t	显著性
常数项	8.421×10^{-18}	0.092		0.000	1.000
组织认知能力	0.235	0.092	0.235	2.691	0.016
企业高管能力	0.217	0.092	0.217	2.259	0.019

表 5-11 组织认知能力对组织战略的回归分析

因素	回归系数	标准差	标准回归系数	t	显著性
常数项	8.421×10^{-18}	0.094		0.000	1.000
组织认知能力	0.245	0.094	0.245	2.671	0.007
组织战略能力	0.248	0.094	0.248	2.269	0.008

表 5-12 组织认知能力对企业技术的回归分析

因素	回归系数	标准差	标准回归系数	t	显著性
常数项	8.421×10^{-18}	0.089		0.000	1.000
组织认知能力	0.241	0.089	0.241	2.668	0.008
企业技术能力	0.269	0.089	0.269	2.852	0.019

表 5-13　组织认知能力对市场营销能力的回归分析

因素	回归系数	标准差	标准回归系数	t	显著性
常数项	8.421×10^{-18}	0.092		0.000	1.000
组织认知能力	0.209	0.092	0.209	2.517	0.019
市场营销能力	0.241	0.092	0.241	2.692	0.009

表 5-14　组织认知能力对企业人力资源管理的回归分析

因素	回归系数	标准差	标准回归系数	t	显著性
常数项	8.421×10^{-18}	0.090		0.000	1.000
组织认知能力	0.387	0.090	0.287	2.474	0.009
企业人力资源管理能力	0.225	0.090	0.225	2.067	0.016

表 5-15　组织认知能力对企业财务管理的回归分析

因素	回归系数	标准差	标准回归系数	t	显著性
常数项	8.421×10^{-18}	0.087		0.000	1.000
组织认知能力	0.169	0.087	0.169	1.903	0.055
企业财务管理能力	0.280	0.087	0.280	2.525	0.009

表 5-16　组织认知能力对企业界面管理的回归分析

因素	回归系数	标准差	标准回归系数	t	显著性
常数项	8.421×10^{-18}	0.088		0.000	1.000
组织认知能力	0.387	0.088	0.387	2.827	0.010
企业界面管理能力	0.228	0.088	0.228	2.259	0.014

从表 5-10—表 5-16 可以看出，组织认知能力相关要素的回归系数对应的显著性概率均小于 0.05，都与 0 有显著差异，均应作为解释变量出现在方程中。两常数项的 t 显著性概率大于 0.05，表明常数项与 0 没有显著差异，故不出现在方程

中。这说明组织认知能力相关要素都会影响企业竞争优势,因此,组织认知能力对企业竞争优势有显著影响作用。

从表5-15来看,常数项对应的显著性水平为1,大于0.05,因此不进入回归方程。组织认知能力的标准回归系数在0.05的显著性水平与0有显著差异,说明组织认知可以显著影响企业财务管理能力的提升。组织认知能力指标的回归系数对应的显著性水平为0.055,略大于0.05,说明组织认知能力的对企业财务管理能力的提升影响不显著。这可能是由于企业财务管理能力和管理效率要求专门性的业务知识和技能,专门化的知识和技能培训以及本部门影响可能大于组织的整体认知能力影响。

5.4 本章小结

本章利用问卷数据和数理统计工具对组织认知能力系统构成要素与企业竞争优势之间的关系进行了分析。相关分析和实证分析的结果得到了相同的结论,说明分析结果的正确性。

统计分析结果基本验证了总体假设的正确性。通过分析,我们得出结论:组织认知能力可以显著影响企业竞争优势。因此,企业竞争优势可以通过在组织学习、组织知识、组织能力、认知模式、个体认知、共享心智模式和管理者认知为构成成分的组织认知能力系统基础上得以培育和发展。

第6章 结论与展望

与以往任何时候相比，竞争都更加惊心动魄，价值创造和价值毁灭往往只是一念之间，机会转瞬间变成灭顶之灾。曾经指引公司攻城掠池、战无不胜的传统竞争优势战略在复杂性、动态性、多样性、不确定性与日俱增的数字化全球资源整合时代失去了昔日的光辉而不堪一击，因为事先制定的战略只是代表了这个瞬息万变的数字化新经济时代的某一瞬间。尽管人们承认关于商业环境变化无常的观点已是老生常谈，但还是有太多的公司做不到高瞻远瞩，忽视未来的各种可能。很多时候，很多公司如同被一叶障目，只关注可视的生存时限和有限的成长机会。在此背景下，本书研究了组织认知能力使得企业在复杂、动荡的环境中卓立于一个拥挤、混乱的世界并获取长久的竞争优势。

6.1 研究结论

基于演化经济学和复杂适应系统的观点认为企业具备生命有机体的性质，而不是一台机器，它是一种分散的系统，是思想的系统，是共同工作、共同学习的人的系统，它是智能型的，以人类认知能力为发动机。到20世纪90年代，企业理论研究和实践人员逐步达成共识，即尝试从理论与经验层面去理解企业在面对环境变化时，何种条件下能够保持其竞争优势而另外一些情形下则不能。在这一过程中，以往基于定位和资源优势的一些静态理论逐步被更为动态地探析企业如何重组和整合其资源以适应环境变化的动态能力理论所取代。个体的认知、学习、知识、经验、技能决定个体的能力，同样道理，企业竞争优势和企业的组织认知、组织学习、组织知识和组织技能有着密切的联系，以集体属性而不是个体属性存在的知识体系构成企业的竞争优势。在数字化的全球资源整合时代，企业必须不懈地通过组织学习、知识创新和知识传播，锻造动态的企业核心能力，修正自己对本行业的认识，创建竞争的规则，并向现状发起挑战，才能更好地构建其竞争优势。具体而言。

首先，在文献研究的基础上，本书抛弃了传统的机械式组织概念，引入了有机生命系统、演化系统、复杂适应系统观念以深刻认识组织或者企业的本质，并探析了组织能力起源的不同视角，尤其是演化理论、学习理论、知识理论视野中的组织能力的培育和发展。

其次，在新的组织概念的基础上，笔者借用认知科学领域的创见，从组织的角度探析了认知、认知结构、认知过程、认知风格、管理者认知、共享心智和组织认知的微观模式，把认知研究从个体、团队层面推进到组织层面，并界定了组织认知概念和其内涵。笔者借助于扎根理论，分析了组织认知能力系统的构成要素，并建构了组织认知能力系统理论模型，为认知视角的企业竞争优势研究设定了前提和基础。

第三，笔者研究了微观认知视角的企业竞争优势文献，针对学习与企业竞争优势、知识与企业竞争优势、管理者认知与企业竞争优势，以及组织能力与企业竞争优势进行了梳理，以此为基础，笔者构建了认知视角的企业竞争优势模型。

第四，通过问卷设计和调研，提出了研究假设，设计了研究指标，通过描述性统计、效度测试、信度分析、回归分析，用实证的方式，笔者着重研究了组织认知能力系统对企业竞争优势的影响，并验证了假设，即组织认知能力与企业竞争优势正相关。

6.2 主要创新点

基于演化经济学和复杂适应系统的观点认为企业具备生命有机体的性质，而不是一台机器，它是一种分散的系统，是思想的系统，是共同工作、共同学习的人的系统，它是智能型的，以人类认知能力为发动机。到 20 世纪 90 年代，企业理论研究和实践人员逐步达成共识，即尝试从理论与经验层面去理解企业在面对环境变化时，何种条件下能够保持其竞争优势而另外一些情形下则不能。在这一过程中，以往基于定位和资源优势的一些静态理论逐步被更为动态地探析企业如何重组和整合其资源以适应环境变化的动态能力理论所取代。个体的认知、学习、知识、经验、技能决定个体的能力，同样道理，企业竞争优势和企业的组织认知、组织学习、组织知识、组织技能有着密切的联系，以集体属性而不是个体属性存在的知识体系构成企业的竞争优势。在数字化的全球资源整合时代，企业必须不懈地通过组织学习、知识创新和知识传播，锻造动态的企业核心能力，修正自己对本行业的认识，创建竞争的规则，并向现状发起挑战，才能更好地构建其竞争优势。具体而言，本书主要创新点包括以下几方面：

第一，本书在组织和组织能力研究的基础上界定了组织认知能力概念，并运用扎根理论(Grounded Theory)对组织认知能力系统的构成要素进行了研究，提出了组织认知能力系统构成要素的五个方面，即"管理者认知、组织成员个体认知、组织学习、组织知识、组织能力"，并以此为出发点，提出了组织认知能力的 25 项具体构成要素，构建了组织认知能力系统理论模型。

第二，本书从组织认知的微观视角探析了企业竞争优势的获取，这突破了传统的企业竞争优势的研究范围和局限，使得竞争优势分析从企业外部回归到企业内部，更具体地说，是回归到了企业最核心的资源，即组织成员的认知能力上来，开拓了企业研究和企业竞争优势研究的新视野。

第三，本书在组织认知能力的基础上，构建了企业竞争优势理论模型，在样本调查、研究的基础上，通过数据分析、验证了认知因素对企业竞争优势的正向影响。

6.3　研究的不足之处

首先，尽管认知视角的组织、组织战略、组织能力研究方兴未艾，并在管理者认知、共享心智模式、交互式记忆等基于个体或者团队层面的认知研究领域取得了极为丰富的成果，对组织战略理论、组织能力理论和企业竞争优势源起做出了极大的贡献，但组织层面的认知研究依然稀少，这主要是由于理论界依然没有摒弃传统的机械式组织概念，没有深入认识组织的本质，即作为有机体的复杂适应系统。因此，组织认知的概念在不多的研究文献中呈现出混乱和模糊。本书在组织认知能力概念的界定上、组织认知能力系统构成要素及其模型建构上依然存在不足，主要是理论推演多、实践验证少。

其次，本书在企业竞争优势的指标选取中存在倾向性，主要选择了认知能力相关的指标，而忽略了企业所在环境、企业制度、市场竞争程度等更宏观的影响企业竞争优势的重要指标。

第三，在实证研究中，研究方法比较单一，尽管本书进行了前期的现场访谈和调查，收集了不少一手资料，并运用数理统计方法进行定量分析，但还是偏重于理论探讨和研究。如果在研究方法上进一步采用多个案例跟踪研究和大样本书，则更能透视企业竞争优势的获取与微观认知能力之间的关系，取得更理想的研究结果。

6.4 研究展望

从微观认知能力视角研究企业竞争优势的获取和持续是企业研究的新视角，有着广阔的研究前途。由于研究所涉及的众多学科领域的知识和其本身的前沿性，因此，这需要研究者洞悉国内外相关领域的研究进展和研究者本人广博、厚实的跨学科知识，主要包括认知科学、心理学、管理学、经济学等学科，以及较强的数学功底，系统论、信息科学的基本方法和工具。本书只是尝试性地研究了部分问题，取得的成果也是初步的。具体看来，本研究可以在如下几个方面进一步进行展望。

第一，跨层认知互动研究。跨层研究是指在不同层面的认知分析中详细考察认知现象的影响。比如个体认知研究在其他层面的认知分析环境中与组织有很大的相关性。一个研究方向就是把集体或者说组织层面的认知与个体认知联系起来(Calder 和 Schurr，1981)。比如组织是如何影响个体认知图式的发展(March 和 Simon，1958)，或在不同的组织领域内引导个体专门知识的获取的(Dearborn 和

Simon，1958)？组织成员是通怎样的认知过程来获取相同的认知世界的方式的？另外一条研究之路是数个分析层面上的认知互动。在范式变革，比如战略调整时期可能很容易观察到群体和组织中的认知互动。在面对新问题时使用旧有的惯例可能导致适应性很低的原型反应。危机状态下往往依赖熟悉的惯常行为，尽管这些行为可能不合适(Billings、Milburn 和 Schaalman，1980；Staw et al.，1981)。适应性行为需要"遗忘"以便能够学到新的惯例(Argyris 和 Schon，1978)。这就意味着在组织中所有的层面，信息获取、理解、储存和使用的认知结构和过程必须要用对当前环境反应的合适与否以及是否对变革有灵活性来测量和评价。这提出了与选择、社会化和培训有关的问题，这些问题使个体认知到偏爱的信息类型和信息处理方式，让"高潜能"人员在不同工作岗位、不同企业、不同国家轮岗的实践被制定出来用以丰富其认知结构，提升其专门知识以促进其认知过程的发展。

第二，其他研究方向涉及个体认知过程对更高层面分析的认知过程的影响。Schroder、Driver 和 Streufert (1967)以及 Brehmer (1976)的研究表明个体认知功能的特点与群体现象有关。更具体地说，重要的组织成员或者一个新的 CEO 的影响可能被测量评价。比如说，具有国际经验的个体在组织中的存在是否可以让组织在其"观点"上更全球化？具有特定功能背景的 CEOs，比如说市场营销背景，如何改变组织文化以使组织更加重视顾客导向？

第三，超越组织层面的认知分析。日益增加的兼并、合资和战略联盟提出了对组织间层面的认知进行分析的可能性。组织间缺少共享认知可能引发一些问题。就合资企业而言，这一认知过程更限于每个组织的某个群体；就兼并而言，培养共享认知的需要可能更加广泛。变革的本质以及行业的变化都要求重新建立认知结构。金融服务行业提供了一个很好的例子。商业银行正在考虑与保险公司、信贷银行和投资银行建立伙伴关系。通常，潜在合作伙伴的认知结构和信息处理的速度是区别很大的。比如，股票经纪对速度的要求比信贷风险决策要快很多。通过与其他银行，甚至以前的竞争对手，而不是外国银行或企业合并而带来行业的集中。可是就算是非常相似的银行间的合并，也需要学习对方的"语言"以及问题的"理解"方式。不断变化的行业结构也挑战对于谁是竞争对手的认知。随着超市如家乐福或西尔斯百货公司开始提供金融服务，还没有把这一类别的公司看作竞争对手的银行可能会措手不及(Porac 和 Thomas，1990；Zajac 和 Bazerman，1991)。此外，企业的国际化或者说全球化进一步突出了超越组织层面的认知分析。民族文化的差异可能导致不同的信息处理方式：注重细节或者注重整体可能反映不同的教育实践和价值体系;对客观还是直观信息类型的偏好反映了关系重要性或者说“现实”本质的差异。这些文化差异可能导致对相似战略问题的不同解释和反应(Schneider 和 DeMeyer, 1991)。培养“全球化的思维系统”——对经理人员和企业的召唤,有可能吗?“全球化的思维系统”是什么呢?如何培养呢?这充分地说明了超越组织层面对组织中的认知现象进行研究的必要性以及迫切性。

第四,针对组织认知能力与企业竞争优势之间关系的研究需要更大的样本范围,并对样本范围进行细分,比如说特定行业中的企业、特定区域范围内的企业或者跨国企业比较研究;另一方面可扩大影响企业竞争优势的因子选取标准和范围,从微观的、动态的角度研究组织认知能力与组织学习、组织知识、组织能力、组织绩效和企业竞争优势的关系,并通过设计中介变量和调节变量,探索中介和调节机制下的组织认知与企业竞争优势的关系。

参考文献

[1] Abelson R. P.. Script processing in attitude formation and decision making[J]. J. S. Carroll & J. W. Payne Cognition & Social Behavior, 1976.

[2] Ackoff R. L. , Emery F. E.. On purposeful systems[M]. Aldine-Atherton, 1972.

[3] Argyris C. , Schön D. A.. Organizational Learning: A Theory of Action Perspective[J]. Reis, 1997, 10(77/78):345-348.

[4] Argyris C.. Overcoming organizational defenses: Facilitating organizational learning[J]. Overcoming Organizational Defenses Facilitating Organizational Learning, 1990, 10(4): 4079-4087.

[5] Argyris C. , Schön D. A.. Organizational learning: a theory of action perspective[M]// General Inequalities 2. Birkhäuser Basel, 1978:419-427.

[6] Ashforth B. E. , Fried Y.. The mindlessness of organizational behaviors[J]. Human Relations, 1988, 41(4):305-329.

[7] Blaylock B. K. , Rees L. P.. COGNITIVE STYLE AND THE USEFULNESS OF INFORMATION[J]. Decision Sciences, 2010, 15(1):74-91.

[8] Bougon M. , Weick K. , Binkhorst D.. Cognition in Organizations: An Analysis of the Utrecht Jazz Orchestra[J]. Administrative Science Quarterly, 1977, 22(4):606-639.

[9] Downey H. K.. Cognitive and Organizational Structures: A Conceptual Analysis of Implicit Organizing Theories[J]. Human Relations, 1983, 36(12):1065-1089.

[10] Brunsson N.. The Irrational Organization[J]. Trans. Am. Nucl. Soc. (United States), 1982, 42(1):33-42.

[11] Cannon-Bowers J. A. , Salas E. , Converse S. A.. Cognitive psychology and team training:

Training shared mental models and complex systems[J]. Human Factors Society Bulletin, 1990, 33(12), 1-4.

[12] Cannon Bowers, Janis A., Salas, Eduardo, Blickensderfer, Elizabeth, et al.. The impact of cross-training and workload on team functioning: A replication and extension of initial findings[J]. Human Factors the Journal of the Human Factors & Ergonomics Society, 1998, 40(1):92-101.

[13] Chatman J. A., Bell N. E., Staw B. M.. The managed thought: The role of self-justification and impression management in organizational setting[J]. Oral Surgery Oral Medicine Oral Pathology, 2014, 52(4):446-448.

[14] Churchland P. M., Churchland P. S.. Could a machine think? [J]. Scientific American, 1990, 262(1):32-7.

[15] March, James G.. A behavioral theory of the firm[M]. Prentice-Hall, 1963.

[16] Richard L. Daft, Karl E. Weick. Toward a Model of Organizations as Interpretation Systems[J]. The Academy of Management Review, 1984, 9(2):284-295.

[17] Deioitte and Touche Consulting, From e -learning to enterprise learning[R], New York: Deloitte Research, 2001.

[18] Dixon N. M.. Organizational learning: A review of the literature with implications for HRD professionals[J]. Human Resource Development Quarterly, 2010, 3(1):29-49.

[19] L. L. Cummings, W. E. Scott, Jr.. Readings in organizational behavior and human performance[J]. Readings in Organizational Behavior, 2015, 69(6):739-756.

[20] Richard L. Daft, Karl E. Weick. Toward a Model of Organizations as Interpretation Systems[J]. The Academy of Management Review, 1984, 9(2):284-295.

[21] Douglas M.. How institutions think[M]. Syracuse University Press, 1986.

[22] Dunn W. N., Ginsberg A.. A Sociocognitive Network Approach to Organizational Analysis [J]. Human Relations, 1986, 39(11):955-975.

[23] Eden C., Spender J. C.. Managerial and Organizational Cognition: Theory, Methods and Research[J]. Academy of Management Review, 1999, 24(2):3-8.

[24] Fiedler F. E.. The Contribution of Cognitive Resources and Behavior to Leadership Performance[J]. Journal of Applied Social Psychology, 2010, 16(6):532-548.

[25] Hamel G., Prahald C. K.. Competing for the future; what drives your company's agenda: your competitor's view of the future or your own? [J]. Harvard Business Review, 1994, 72(4):122-129.

[26] Hamel G.. Competition for competence and interpartner learning within international strategic alliances[J]. Strategic Management Journal, 2010, 12(S1):83-103.

[27] Garvin D. A.. Building a Leaning Organization[J]. Harvard Business Review,1993,71(4): 78-91.

[28] Hedberg B.. How organizations learn and unlearn? [J]. Handbook of Organizational Design, 1981.

[29] Takeuchi, Hirotaka. The knowledge-creating company[M]. Oxford University Press, 1995.

[30] Imai K., Nonaka I., Takeuchi H.. Managing the new product development process: how Japanese companies learn and unlearn [J]. Division of Research, Harvard Business School, 1984.

[31] Klimecki R., Lassleben H.. Modes of Organizational Learning: Indications from an Empirical Study[J]. Management Learning, 1998, 29(4):405-430.

[32] Richard Klimoski, Susan Mohammed. Team mental model: construct or metaphor? [J]. Journal of Management, 1994, 20(20):403-437.

[33] Meindl J., Stubbart C., Porac J. F.. Cognition within and between organizations[M]. Sage Publications, 1996.

[34] Lee S., Jr. J. F. C., O'Keefe R. M.. A system for organizational learning using cognitive maps[J]. Omega, 1992, 20(1):23-36.

[35] Laukkanen M.. Comparative Cause Mapping of Organizational Cognitions[J]. Organization Science, 1994, 5(3):322-343.

[36] Nelson R. R., Rosenberg N.. Technological Innovation and National Systems, in R. R. Nelson(ed.), National Innovation Systems: A Comparative Analysis[M]. New York: Oxford University Press,1993,3-21.

[37] Nelson, Richard R.. An evolutionary theory of economic change[M]. Cambridge Mass.: Harvard University Press, 2009.

[38] Penrose E.. Theory of the Growth of the Firm[J]. Journal of the Operational Research Society, 1959, 23(2):240-241.

[39] Stubbart C. I.. MANAGERIAL COGNITION: A MISSING LINK IN STRATEGIC MANAGEMENT RESEARCH[J]. Journal of Management Studies, 2010, 26(4): 325-347.

[40] Walsh J. P.. Managerial and Organizational Cognition: Notes from a Trip Down Memory Lane[J]. Organization Science, 1995, 6(3):280-321.

[41] Senge P. M.. The Fifth Discipline: The Art and Practice of the Learning Organization[J]. Performance Improvement, 2010, 30(5):37.

[42] Senge P. M.. The dance of change: the challenges of sustaining momentum in learning

organizations[M]. Nicholas Brealey, 1999.

[43] Prahalad C. K. , Hamel G. . The Core Competence of the Corporation[J]. Harvard Business Review, 2006, 68(3):275-292.

[44] Quinn J. B. . Strategic Change: "Logical Incrementalism. "[J]. Sloan Management Review, 1978, 20:7-19.

[45] Teece D. J. . Knowledge and Competence as Strategic Assets[J]. Competitive Challenge Strategies for Industrial Innovation & Renewal, 1998, volume 10(4):159-184.

[46] Teece D. J. . The Competitive challenge: strategies for industrial innovation and renewal: the Transamerica lectures in corporate strategy, School of Business, University of California, Berkely[M]. Harper & Row, Ballinger Division, 1987.

[47] Williams J. R. . How Sustainable is Your Competitive Advantage? [J]. California Management Review, 1992, 34(3):29-51.

[48] Weick K. E. , Roberts K. H. . Collective mind in organizations: Heedful interrelating on flight decks[J]. Administrative Science Quarterly, 1993, 38(3):357-381.

[49] Prahalad C. , Hamel G. . The core competence of the corporation[J]. Harvard Business Review, 1990, 68(3):275-292.

[50] Neisser U. . Cognitive Psychology[J]. Science, 1974, 183(4123):402-403.

[51] White Raymond M. . Cognition, mental structures and processes[M]. Allyn and Bacon, 1980.

[52] Houston J. P. . Essentials of psychology[M]. Academic Press, 1981.

[53] David P. Ausubel. The facilitation of meaningful verbal learning in the classroom[J]. Educationlal Psychologist, 1977, 12(2):162-178.

[54] Sternberg R. J. . The componential analysis of human abilities [microform]: intelligence, information processing, and analogical reasoning[J]. American Journal of Psychology, 1978.

[55] Witkin H. A. , Lewis H. B. , Hertzman M. . Personality Through Perception: An Experimental and Clinical Study[J]. Quarterly Review of Biology, 1955, 53(4):181-184.

[56] Samuel Messick. The nature of cognitive styles: Problems and promise in educational practice[J]. Educational Psychologist, 2009, 19(2):59-74.

[57] Sternberg R. J. . Mental self-government: A theory of intellectual styles and their development[J]. Human Development, 2010, 31(4):197-224.

[58] Newell, Allen, Simon, Herbert A. . Computer science as empirical inquiry: symbols and search[J]. Commn Acm, 1976, 19(3):113-126.

[59] Watson J. B. . Psychology as the Behaviorist Views It[J]. Psychological Review, 1913,

101(2):248-253.

[60] Watson. Behavior: An introduction to comparative psychology[M]. New York: Holt, 1914.

[61] Watson J. B.. Behaviorism[J]. Journal of Nervous & Mental Disease, 1926, 74(2):255.

[62] Cohen S. G., Bailey D. E.. What makes teams work: Group effectiveness research from the shop floor to the executive suite[J]. Journal of Management, 1997, 23(3):239-290.

[63] Sundstrom E., De Meuse K. P., Futrell D.. Work teams: Applications and effectiveness [J]. American Psychologist, 1990, 45(2):120-133.

[64] Johnsonlaird P. N.. Mental Models: Towards a Cognitive Science of Language[J]. Inference & Consciousness, 1983, 47(1/2):438-445.

[65] John R. Wilson, Andrew Rutherford. Mental models: Theory and application in human factors[J]. Human Factors, 1989, 31(6):617-634.

[66] Converse S., Cannon-Bowers J. A., Salas E.. Shared mental models in expert team decision making[J]. Individual and group decision making: Current issues, 1993:221.

[67] Wenzel, Lucy H., Kurt Kraiger. Conceptual development and empirical evaluation of measures of shared mental models as indicators of team effectiveness //Brannick M. T., Salas E., Prince C., Ed.. Team Performance Assessment and Measurement[M]. Mahwah, NJ: Erlbaum, 1997:75-96.

[68] Marks M. A., Zaccaro S. J., Mathieu J. E.. Performance implications of leader briefings and team-interaction training for team adaptation to novel environments[J]. Journal of Applied Psychology, 2000, 85(6):971-986.

[69] Rentsch J. R., Klimoski R. J.. Why do "great minds" think alike?: antecedents of team member schema agreement[J]. Journal of Organizational Behavior, 2001, 22(2):107-120.

[70] Levesque L. L., Wilson J. M., Wholey D. R.. Cognitive divergence and shared mental models in software development project teams[J]. Journal of Organizational Behavior, 2001, 22(2):135-144.

[71] Stout R. J., Cannonbowers J. A., Salas E., et al.. Planning, shared mental models, and coordinated performance: An empirical link is established[J]. Human Factors, 1999, 41(1):61-71.

[72] Cannon M. D., Edmondson A. C.. Confronting failure: antecedents and consequences of shared beliefs about failure in organizational work groups[J]. Journal of Organizational Behavior, 2001, 22(2):161-177.

[73] Mccann C., Baranski J. V., Thompson M. M., et al.. On the utility of experiential cross-training for team decision-making under time stress[J]. Ergonomics, 2000, 43(8):

1095-1110.

[74] Wegner, Daniel M.. Transactive Memory: A Contemporary Analysis of the Group Mind // Theories of group behavior[J]. Springer, 1987:185-208.

[75] Wegner D. M.. A computer network model of human transactive memory[J]. Social Cognition, 2011, 13(3):319-339.

[76] Krauss R. M. , Fussell S. R.. Perspective-Taking in Communication: Representations of Others' Knowledge in Reference[J]. Social Cognition, 2011, 9(1):2-24.

[77] Hollingshead, Andrea B.. Distributed knowledge and transactive processes in decision-making groups[J]. Research on Managing Groups & Teams, 1998, 1.

[78] J. Orr. Sharing Knowledge, Celebrating Identity: War Stories and Community Memory in a Service Culture[J]. Collective Remembering Memory in Society, 1990.

[79] Brandon D. P., Hollingshead A. B.. Transactive Memory Systems in Organizations: Matching Tasks, Expertise, and People[J]. Organization Science, 2004, 15(6):633-644.

[80] Henry R. A.. Improving group judgment accuracy: Information sharing and determining the best member[J]. Organizational Behavior & Human Decision Processes, 1995, 62(2): 190-197.

[81] Littlepage, Robison, Reddington. Effects of task experience and group experience on group performance, member ability, and recognition of expertise[J]. Organizational Behavior and Human Decision Processes, 1997, 69:133-147.

[82] Liang, Diane Wei and Others. Group versus Individual Training and Group Performance: The Mediating Role of Transactive Memory[J]. Personality and Social Psychology Bulletin, 1995, 21(4):384-393.

[83] Moreland. Transactive memory: Learning who knows what in work groups and organizations[M]. In: L. Thompson, D. Messick, J. Levine (Eds.), Sharing knowledge in organizations. Hillsdale, NJ: Lawrence Erlbaum, 1999,3-31.

[84] Akgun, Byrne, Keskin. Knowledge networks in new product development Projects: A transactive memory perspective[J]. Information & Management, 2005, 42:1105-1120.

[85] Yoo, Kanawattanachai. Development of transactive memory systems and collective mind in virtual teams[J]. The International Journal of Organizational Analysis, 2001, (9): 187-208.

[86] Gutwin, Greenberg. Team Cognition: understanding the Factors that Drive Process and Performance[M]. Washington: APA Press, 2004.

[87] Allaire, Firsirotu. Theories of organizational culture[J]. Organization Studies. 1984,5(3): 193-226.

[88] Daft, Weick. Toward a model of organizations as interpreting system[J]. Academy of Management Review, 1984, 9(2):284-295.

[89] Swieringa J., Wierdsma A. F. M.. Becoming a learning organization: beyond the learning curve[J]. Addison-Wesley series on organization development, 1992, 31(6):531-536.

[90] Angelmar R., Schneider S. C.. Cognition in Organizational Analysis: Who's Minding the Store? [J]. Organization Studies, 1993, 14(3): 347-374.

[91] Hodgkinson G. P.. The Cognitive Analysis of Competitive Structures: A Review and Critique[J]. Human Relations, 1997, 50(6):625-654.

[92] Lant T. K., Shapira Z.. Organizational Cognition: Computation and Interpretation[M]. L. Erlbaum Associates Inc., 2001.

[93] West J., Gallagher S.. Challenges of open innovation: the paradox of firm investment in open-source software[J]. R & D Management, 2010, 36(3):319-331.

[94] Boyatzis R. E.. The Competent Manager: A Model for Effective Performance[J]. Competent Manager A Model for Effective Performance, 1982, 9:80-82.

[95] Richardson. The organization of industry[J]. Economic Journal, 1972(82): 115-131.

[96] Penrose E.. Theory of the Growth of the Firm[J]. Journal of the Operational Research Society, 1959, 23(2):240-241.

[97] Nelson, Winter. An evolutionary theory of economic change[M]. Cambridge, MA: Harvard University Press,1982.

[98] Tirole J.. Corporate Governance[J]. Econometrica, 2010, 69(1):1-35.

[99] Loasby B. J.. The evolution of knowledge: beyond the biological model[J]. Research Policy, 2004, 31(8):1227-1239.

[100] S. A. Lippman, R. P. Rumelt. Uncertain Imitability: An Analysis of Interfirm Differences in Efficiency under Competition[J]. The Bell Journal of Economics, 1982, 13(2):418-438.

[101] Wernerfelt B.. A resource-based view of the firm[J]. Strategic Management Journal, 1984, 5(2):171-180.

[102] Prahalad C. K., Hamel G.. The Core Competence of the Corporation[J]. Harvard Business Review, 2006, 68(3):275-292.

[103] Teece, Pisano. The dynamic capabilities of firm: An introduction[J]. Industrial and Corporate Change, 1994, 3: 537-555.

[104] Teece, David J., Pisano, Gary, Shuen, Amy. Dynamic capabilities and strategic management[J]. Strategic Management Journal, 1997, 18(7):509-533.

[105] Kathleen M. Eisenhardt, Jeffrey A. Martin. Dynamic Capabilities: What Are They? [J].

Strategic Management Journal，2000，21(10/11)：1105-1121.

[106] Zott C.. Dynamic Capabilities and the Emergence of Intraindustry Differential Firm Performance：Insights from a Simulation Study[J]. Strategic Management Journal，2003，24(2)：97-125.

[107] Subbanarasimha P. N.. Strategy in turbulent environments：the role of dynamic competence[J]. Managerial & Decision Economics，2001，22(4-5)：201-212.

[108] Miner A. S.，Bassoff P.，Moorman C.. Organizational Improvisation and Learning：A Field Study[J]. Administrative Science Quarterly，2001，46(2)：304-337.

[109] M. J. Hatch. Exploring the empty spaces of organizing：how improvisational jazz helps redescribe organizational[J]. Organization Studies，1999，20(1)：75-100.

[110] Weick K.. Improvisation as a mindest for organizational analysis[J]. Organization Science，1998,9，543-555.

[111] Christine Moorman，Anne S. Miner. Organizational Improvisation and Organizational Memory[J]. The Academy of Management Review，1998，23(4)：698-723.

[112] Crossan M.，Cunha M. P. E.，Vera D.，et al.. Time and Organizational Improvisation [J]. Academy of Management Review，2005，30(1)：129-145.

[113] John Seely Brown，Paul Duguid. Knowledge and Organization：A Social-Practice Perspective[J]. Organization Science，2001，12(2)：198-213.

[114] 白新文，王二平. 共享心智模型研究现状[J]. 心理科学进展，2004，12(5)：791-799.

[115] A·班杜拉. 思想和行动的社会基础：社会认知论[M]. 上海：华东师范大学出版社，2001.

[116] 陈致宇，陈世权. 管理系统认知结构及其知识获取[J]. 商业研究，2006(17)：23-26.

[117] 崔婷. 企业能力系统涌现机理及层次演进研究[D]. 天津大学，2006.

[118] 党兴华，李莉，汤喜建. 企业技术创新合作中的组织认知模式问题研究[J]. 科技管理研究，2006，26(12)：97-100.

[119] 金杨华，王重鸣，杨正宇，等. 虚拟团队共享心理模型与团队效能的关系[J]. 心理学报，2006，38(2)：288-296.

[120] 彭聃龄，张必隐. 认知心理学[M]. 杭州：浙江教育出版社，2004.

[121] 孙林岩，金天拾. 新的认知模型——认知综合模型[J]. 管理科学学报，1996(3)：67-72.

[122] 董小焕，庸少宏. 知识管理的有效途径——构建以认知结构为基础的学习型组织[J]. 科技管理研究，2007，27(6)：145-146.

[123] 王岚，王凯. 基于认知模式的企业集群知识转移研究[J]. 科学学与科学技术管理，2008，29(2)：119-122.